KAIFENG JINGJI

LANPISHU 2019

开封经济蓝皮书

（2019）

耿明斋◎主编

企业管理出版社
ENTERPRISE MANAGEMENT PUBLISHING HOUSE

图书在版编目（CIP）数据

开封经济蓝皮书（2019）/ 耿明斋主编. —北京：企业管理出版社，2019. 8

ISBN 978 - 7 - 5164 - 1992 - 2

Ⅰ. ①开…　Ⅱ. ①耿…　Ⅲ. ①区域经济发展—研究报告—开封—2019　Ⅳ. ①F127. 613

中国版本图书馆 CIP 数据核字（2019）第 167723 号

书　　名：开封经济蓝皮书（2019）
作　　者：耿明斋　等
责任编辑：刘一玲　崔立凯
书　　号：ISBN 978 - 7 - 5164 - 1992 - 2
出版发行：企业管理出版社
地　　址：北京市海淀区紫竹院南路 17 号　　**邮　　编**：100048
网　　址：http：//www. emph. cn
电　　话：编辑部 68701322　发行部 68414644
电子信箱：80147@ sina. com　zbs@ emph. cn
印　　刷：北京市青云兴业印刷有限公司
经　　销：新华书店
规　　格：710 毫米 × 1000 毫米　16 开本　15. 5 印张　210 千字
版　　次：2019 年 8 月第 1 版　　2019 年 8 月第 1 次印刷
定　　价：48. 00 元

《开封经济蓝皮书（2019）》
编委会

前　言

中原发展研究院是在河南省委、省政府的支持和关怀下，由省政府研究室、省发改委与河南大学共建，依托河南大学运转的一家新型高端智库研究机构。为提升地方智库更好的发挥作用，2016年4月，中原发展研究院被聘为开封市政府智库，率先开创了地方智库建设的新模式，拓展了高校智库发展的新空间，打开了融入地方发展的新通道。

为贯彻落实开封市市委、市政府的重大战略部署，中原发展研究院与开封市政府发展研究中心共同拟定了包括热点专题和重大战略研究专题等在内的系列研究计划。《开封经济蓝皮书》是系列研究计划的重要组成部分，旨在客观反映开封经济社会发展的最新进展，是全面了解开封经济社会发展和运行情况最便捷的工具书。2017年《开封经济蓝皮书（2017）》首次出版，今年是《开封经济蓝皮书（2017）》系列的第三本。

开封作为千年古都，长期在中原地区政治、经济、文化和社会发展中占据重要位置。特别是2005年郑汴一体化战略实施以来，开封焕发出勃勃生机，各项指标均走到了河南省的前列。作为全面反映开封经济社会发展和运行情况的著作，本年度《开封经济蓝皮书（2019）》重点反映了开封市2018年经济社会发展最新进展情况，以专题形式探讨了开封市重点领域、行业的发展状况以及未来应努力的方向，并提出了有针对性的发展建议。同时，还就中原发展研究院承担的开封市政府2018年度智库课题部分成果进行梳理，提炼主要观点及政策建议。

本年度《开封经济蓝皮书（2019）》自2018年11月启动，2019年4月底定稿交付出版社，由我主编，提出编撰思路和基本框架，并最终审定书稿。李燕燕教授任执行主编，负责组织编撰并承担相应部分撰写任务。娄春杰、刘涛、张建秋、信恒占、杨新、李少楠、吕雅琪、王征等负责资料搜集梳理、基础研究和分工撰写及整理其余部分。全书分“总论篇”“产业篇”“旅游篇”“自贸篇”“营商环境篇”“战略总论篇”及“战略解读”等七部分，具体结构及分工如下：

总论篇（李燕燕、刘涛）；产业篇：郑汴港产业带产业现状评价及发展方向（张建秋），开封市传统制造业现状及发展建议（杨新）；旅游篇：开封市旅游业现状及未来发展方向（娄春杰）；自贸篇：中国（河南）自由贸易试验区开封片区建设成果及发展方向（信恒占）；营商环境篇：开封市优化营商环境第三方评估工作的实践（李少楠）；战略总论篇：开封发展定位与方向是由娄春杰根据开封市委侯红《市委十一届六次全会暨市委工作会议》讲话及耿明斋教授关于《开封发展定位与方向》研究报告整理提炼的；战略解读（一）至战略解读（四）是由王征、吕亚琪根据中原发展研究院2018年度智库课题成果整理提炼。

耿明斋

2019年6月10日

目　录

第一章　总论篇

2018年是“十三五”规划期承前启后的一年，亦是开封市蓝皮书编写的第三年。梳理回顾2018年以及“十三五”规划以来开封经济运行的基本走势，总结“十三五”以来开封经济取得的成绩和存在的短板，明晰制约开封经济高质量发展的障碍和瓶颈，厘清亟待解决的问题，为顺利实现“十三五”规划期的目标打下坚实的基础是本年度蓝皮书的主要工作。总论篇共分为四部分内容：一是回顾2018年开封经济运行的整体情况；二是分析“十三五”以来开封经济发展面临的主要障碍和瓶颈；三是对2019年开封经济发展面临的宏观经济环境以及其经济走势进行展望；四是保障措施和政策建议。

一、2018年开封经济运行分析

2018年是全面贯彻十九大精神的开局之年，开封经济发展面临多年来少有的国内外复杂严峻形势和艰巨繁重的改革发展任务。面对经济出现新的下行压力，在省委、省政府的坚强领导下，全市上下高举习近平新时代中国特色社会主义思想伟大旗帜，全面落实党的十九大精神和习近平总书记视察指导河南及开封时的重要讲话精神，坚持稳中求进工作总基调，坚持新发展理念，以高质量发展为根本方向，以供给侧结构性改革为主线，持续保底线、保民生、保运转、优环境、上项目、求发展，较好完成了市十五届人大一次会议确定的目标任务。

总体来看，全市经济社会呈现出“稳、进、好”的态势，即经济增长平稳推进，政府财力显著提升，社会稳定，居民可支配收入稳步增长。全市生产总值突破2000亿元大关；[①]一般公共预算收入140.68亿元，税收突破100亿元大关，占一般公共预算收入的73.1%，高于全省2.5个百分点；信访总量、事故起数分别下降38.1%、35%；城镇登记三次产业结构调整为13.7∶38.9∶47.4，三产比重提高2.5个百分点；新增城镇常住人口7.27万人，城镇化率达到48.9%；土地利用综合改革、国企改革、“放管服”改革、普惠金融改革、人才管理体制改革等“五大改革”取得实质性进展。生产效率显著提升，单位生产总值能耗下降8.8%。此外，开封在多个领域实现零的突破：开封海关成功获批，开放平台实现新突破；粮食产量实现15连增，2018年成为新中国成立以来开封粮食生产的第一高产年份；入选全国首批黑臭水体治理示范城市、全域普惠金融改革试验区、全省首批促进科技与金融结合试点地区等10多个国家级省级试点；城市“双修”、百城提质、自贸区改革创新、构树扶贫等工作经验在全省全国推广。具体而言，2018年开封经济有如下几个方面尤为值得关注。

（一）2018年开封经济总量跨上新的台阶

无需赘言，自2007年郑汴一体化进入实质性推进阶段以来，开封经济即进入到了中华人民共和国成立以来经济增速最快的阶段。2007—2017年开封经济总量增速仅次于郑州位列河南省十八个地级市第二位。2018年开封经济总量（GDP）实现历史性突破达到2002.23亿元。开封经济总量由1949年的1.38亿元到2011年突破第一个“千亿级大关”，用了62年时间；而由2011—2018年突破第二个“千亿级大关”则仅仅用了7年时间。经济总量跨上新的台阶对于一个地区的长远发展有着至关重要的意义和作用，特别是对于一个处于工业化阶段的区域。各种类型的规模经济或外在经济，无论是企业内或企业间，产业内还是产业间的，无不需要相应地理空间的经济总量达到一定规模之后才会开

① 本书2018年数据均来自河南和开封政府工作报告，2018年之前的数据均来自河南省、开封市以及中国统计年鉴。

始逐渐显现并在区域经济增长中发挥作用。开封经济总量突破2000亿元大关无疑会加快本地区各类产业内和产业间的规模经济和外部经济的化学反应速度，为各类企业和产业的发展提供良好的外部发展环境。

（二）“三二一”的经济结构进一步强化，第三产业对经济的支撑作用愈发凸显

2015年开封市的经济结构原来的“二三一”转化为“三二一”，是当时河南省十八个地市唯一经济结构呈现“三二一”的省辖市。回顾2007年以来开封经济进入快速发展阶段，一、二、三产业对开封经济发展的贡献度依次为10.68%、40.23%、49.85%（2007—2018年一、二、三产业对经济增长的贡献度）。而2017—2018年，一、二、三产业对开封经济增长的贡献度依次为：-5.16%、14%、91.17%，第三产业贡献了开封经济总量增量的91.17%，已成为开封经济发展绝对的中坚力量。[①] 截至2018年开封三次产业结构为13.64∶38.76∶47.60，一、二产业比重较2007年分别下降1.14和1.5个百分点，而第三产业比重则上升了2.65个百分点。2018年开封第三产业增速达8.2%，居全省第三名，第三产业对开封经济的支撑作用愈发凸显。

（三）社会消费品零售总额、进出口总值增速位居全省三甲，旅游业表现亮眼

2018年开封社会消费品零售总额达到980.56亿元，较2017年增长11%，增速位列全省十八个地市第二名，而全市净出口总值更是较2017年实现了53.9%的增幅，远远高于全省5.3%的平均增速，位列全省第一名。2018年开封共接待中外游客6806.8万人次，旅游综合收入达602.2亿元，分别较2017年增长16.1%和24.6%。旅游综合收入占

---

① 一、二、三产业对经济增长的贡献度，我们采用2017—2018年一、二、三产产值的增加额除以经济总量的增加额，以其占比为一、二、三产的贡献度。需要说明的一点，2017年数据来自《2018年河南省统计年鉴》，而2018年数据则来自《2018年河南省综合总计月报》，数据因来源的差异统计口径会略有差异，但不影响总体判断。

经济总量的比重也由2017年的25.6%提升至31.9%。开封第三产业成为开封经济发展的主导力量与旅游业近年来的快速发展关系紧密，在一定程度上可以说旅游业给开封第三产业的发展注入了巨大的活力与推力。旅游业是一个较其他产业更能促进居民收入和地方税收增长的产业，2018年开封经济增速仅为7%，但居民可支配收入较2017年增长9.3%，税收收入增长18%。

（四）工业供给侧结构性改革效应显现，工业发展质量开始提升

规模以上工业的发展水平代表了一个地区的工业发展水平，企业的盈利状况则在很大程度上代表了该地区工业的发展质量。虽然从总量上看，特别是三次产业结构上看，工业是开封经济的一个短板，但是2018年开封规模以上工业企业利润总额增幅高达52.2%，远远高于全省平均水平的16%，盈利增幅位居全省第一，[①] 全市规模以上工业企业每百元主营业务收入中的成本同比减少2.25元，比全省（0.48元）多降1.77元；资产负债率为52.5%，低于全省（59.6%）7.1个百分点，显示出开封工业企业良好的发展质量。同时，我们也应该注意到开封规模以上工业中，战略性新兴产业和高新技术产业增加值同比分别增长12.9%和12.2%，分别高于全部规模以上工业增速（7.7%）5.2个和4.5个百分点，比重分别提升10.3个和0.7个百分点。高新技术企业达到62家，创新型龙头企业和“科技小巨人”企业达到22家，国家科技型中小企业突破100家，重点实验室等科技创新平台突破200家，开封工业结构正在逐步优化升级，呈现出高质量发展的趋势。

（五）对标国际，营商环境持续优化

2017年4月1日中国（河南）自由贸易试验区开封片区正式挂牌以来，开封片区秉持“为国家试制度、为地区谋发展”的使命担当，

① 数据为2018年1—11月份数据，具体见《2018年河南省综合总计月报》。

坚定不移贯彻新发展理念，持续深化“放管服”改革，优化营商环境，积极培育新动能，一系列改革探索和创新实践走在全省、全国前列。在全省首家建立了营商环境评估指标体系，在 2018 年、2019 年连续开展营商环境第三方评估，并根据评估结果，明晰短板弱项，制订实施了营商环境建设的针对性措施，营商环境建设取得了阶段性成果。营商环境的持续优化使得开封对省外资本的吸引力极大增强，2018 年，新引进省外资金项目 246 个，实际到位省外资金 618.3 亿元，益海嘉里、上海均和等一批大项目、好项目落户开封。作为全国“放管服”改革的先行区和示范区的河南自贸区开封片区，已成为开封经济社会发展的桥头堡和新的增长极。2018 年，河南自贸区开封片区新设立企业 1738 家，注册资本 247.19 亿元，进出口总额 13.46 亿元。

二、开封经济当前存在的突出问题

正如前文所言，2018 年是“十三五”规划期承前启后的一年，及时总结成绩和问题对于高质量完成“十三五”规划的各项目标十分必要。不可否认自 2007 年郑汴一体化实质性推进以来，开封经济的表现可圈可点。但也正如《2016 年开封经济蓝皮书》所指出的那样，开封经济发展还存在：工业对区域经济发展的支撑力弱、城镇化水平低，中心城市对经济的带动力不强、生产性服务业发展滞后等问题，[①] 上述问题经过三年实践是否得到有效解决或好转呢，又有哪些新的问题出现呢？本节我们将对这些问题进行分析。

（一）　经济下行压力大，发展任务重

经济下行压力增大不仅仅是开封面临的问题，全国多数省份地市都普遍存在经济下行压力增大的问题，把该问题提出并视为当前开封存在的突出问题主要是因为：首先，开封经济从 2007 年进入到了经济发展

① 具体分析请参见《2016 年开封经济发展蓝皮书》。

的快轨道，但是截至目前其人均 GDP 还没有恢复到改革开放初期远远高于河南省平均值的水平。1978 年开封人均 GDP 与河南人均 GDP 比值为 1.24，而当前比值仅为 0.889，从人均 GDP 的角度看开封经济还处在河南省十八个地市的中下游位置，发展任务依然繁重；其次，从近两年开封经济总量的增速看已经出现了明显的下滑态势，2017 年、2018 年经济增速低于全省平均水平，这也直接导致开封经济总量占全省比重由 2016 年的 4.36%，降低至当前的 4.17%。作为河南省新兴副中心城市、郑州大都市区核心的重要组成单元，对于一个经济体量和人均产值仍然处在全省中下游位置的城市，当前的经济增长表现显然难以让人满意。

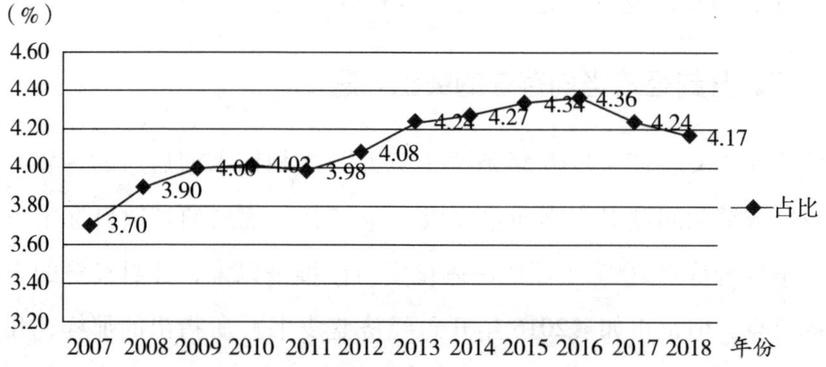

图 1-1　开封经济总量占河南省比重

数据来源：2017 年之前数据来自历年《河南省统计年鉴》，2018 年数据来自《2018 年河南省综合总计月报》。

（二）工业对经济发展的支撑作用亟待增强

开封经济增长近两年表现不佳，就不得不说开封的工业发展问题。在一定意义上开封经济未能实现实质上的改变就是因为其经济存在明显的短板，而这个短板就是开封的工业。对于一个工业化阶段尚未完成，仍然处在工业化中期阶段的区域，如果没有工业的长足发展，该区域很难跨越增长的瓶颈同时也会给第三产业特别是生产服务业的发展带来消极影响。截至目前开封第二产业的总量仅为776亿元（第二产业增加值），位列全省第15位。多年来开封工业增速一直滞后于河南省平均增速，即使郑汴一体化实施以来该状况仍然未得到改观。不能简单判断一体化对开封工业没有影响。一体化对工业的影响，较对制造业的影响时间上会滞后，毕竟开封旅游有相当的基础，当外部条件具备后很快会看到成效。而制造业特别是形成集群式的发展需要较长的时间和积累。2018年从开封规模以上工业增长数据看，开封工业的发展质量较之前已经有了明显的改观，但要形成对经济较大的促进力，其规模亟须快速膨胀。

（三）生产性服务业发展滞缓

第三产业对开封经济的巨大支撑和推动作用有目共睹，但正如前文所言开封第三产业的快速发展很大程度上源于开封旅游业的快速发展。如果从生产性和生活性服务业看，开封生产性服务业发展状况并不乐观。2016年我们曾经计算了2015年开封和河南生产性服务业占第三产业产值的比重，当时二者相差7.9个百分点，即开封生产性服务业的比重尚未达到全省平均水平。那么这一状况是否得到改观呢？我们根据中国统计局发布的《生产性服务业分类（2015）》所提供的生产性服务业划分标准，我们分别计算了2017年开封和河南生产性服务业占其第三产业的份额，分别为52.97%和65.29%，[①] 不可否认无论是开封还是河南省生产性服务业占第三产业增加值的比重均有不同程度的上升，但开封生产性服务业比重较全省平均水平的差距却进一步拉大了。导致该情况最重要的原因是开封金融业发展缓慢。全省金融业增加值占第三产业比重为13%，而开封金融业增加值占第三产业比重仅为4.5%。此外工业发展滞后也是导致开封生产性服务业发展滞后的一个重要原因。

---

① 数据系作者根据生产性服务业行业界定标准，根据《2015年中国统计年鉴》《2015年河南省统计年鉴》计算得出。需要说明的问题是，由于统计年鉴只公布了大类行业（2位数行业）的相关数据，因此有可能对生产性服务业的比重计算造成一定的误差。

（四）城镇化水平不高，中心城市对经济带动力弱的格局尚未得到根本转变

截至2018年，以常住人口计的城镇化率开封为48.9%，同期河南城镇化率为51.71%，二者相差2.81个百分点。而在2015年开封市以常住人口计的城镇化率为44.23%、河南为46.85%，二者相差2.62个百分点，即开封近两年城镇化率较全省平均水平不仅没有缩小反而差距有一定程度的拉大。同样，我们在《开封经济发展蓝皮书（2016）》中指出，开封中心城市对区域经济发展的带动力弱的情况也未改善。截至2017年开封中心城区GDP占全市GDP的比重为23.31%，与2015年基本相同，[①] 远低于全国近65%和全省31.3%的水平。我们知道经济集聚规模小，经济过于分散的空间格局，不仅反映出开封当前的产业以传统产业为主，创新性产业、高科技产业比重不高的产业结构问题，而且会导致其经济分工水平难以提高，经济效率难以提升。较为突出负面影响就是难以为生产性服务业发展提供平台支撑。

此外，《开封经济蓝皮书（2016）》曾着重指出郑汴一体化亟待深化，而近年来开封政府也在一体化深化方面下了很大功夫，如推进开港经济带，郑开双创走廊，郑汴产学研结合示范带，沿黄生态带建设等，但经济发展有其自身规律，很多工作从开展实施再到开花结果都有一定的时间滞后性。我们指出当前开封经济存在的问题和瓶颈其目的是为了找到制约开封经济发展的因素，而非对一些工作的评价更非否定。

三、2019年宏观经济形势分析及经济走势展望

（一）2019年宏观经济形势分析

2019年是新中国成立70周年，是全面建成小康社会、实现第一个百年奋斗目标的关键之年。但也就是近两年我国却遭遇近十年来宏观经

---

① 因为祥符区当前大面积区域仍和县相当，故本位未把其列为中心城区。

济形势最为复杂、严峻，不确定不稳定因素最多的时期。2018 年第三季度经济增速是十年来最低的一个季度，第四季度增速虽有所回升，但经济下行压力依然存在。2019 年，必须认识到我们面对的是两难多难问题增多的复杂局面，实现稳增长、防风险等多重目标，完成经济社会发展等多项任务，处理好当前与长远等多种关系，政策抉择和工作推进的难度明显加大。

国内外宏观环境分析。国际：世界经济增速放缓，经济全球化遭遇波折，保护主义、单边主义加剧，多边主义受到冲击，国际金融市场震荡，国际大宗商品价格大幅波动，不稳定不确定因素明显增加，外部输入性风险上升。特别是中美经贸摩擦给一些企业生产经营、市场预期带来不利影响。国内：我们面对的是经济转型阵痛凸显的严峻挑战。新老矛盾交织，周期性、结构性问题叠加，经济运行稳中有变、变中有忧。国内经济下行压力加大，消费增速减慢，有效投资增长乏力。实体经济困难较多，民营和小微企业融资难融资贵问题尚未有效缓解，营商环境与市场主体期待还有较大差距。自主创新能力不强，关键核心技术短板问题凸显。一些地方财政收支矛盾较大。金融等领域风险隐患依然不少。深度贫困地区脱贫攻坚困难较多。生态保护和污染防治任务仍然繁重。在教育、医疗、养老、住房、食品药品安全、收入分配等方面，群众还有不少不满意的地方。

我省依然处在蓄势崛起的关键时期和爬坡过坎、转型攻坚的紧要关口。一是转型发展任务艰巨。增长方式粗放、结构矛盾突出、创新能力不强的状况尚未根本改变，新产业、新业态、新模式依然较少，发展新动能仍然不足。二是企业经营困难较多。经济下行压力加大，市场需求增长放缓，能源原材料、人工、用地成本较高，企业盈利空间受限，部分企业经营困难加重。三是风险隐患不容忽视。市场预期不稳，一些企业面临再融资受阻、资金链断裂风险，个别市县偿还债务压力增大，经济社会矛盾交织，风险隐患不可小觑。四是民生还有不少短板。城乡居民持续增收制约因素较多，贫困群众生活改善任务较重，生态环境形势依然严峻，教育、医疗、养老等公共服务还不能很好满足人民群众需要。

同时，政府工作存在不足，有些改革和政策措施落实不到位，形式主义、官僚主义仍然突出，督查检查考核过多过频、重留痕轻实绩，加重基层负担。一些干部观念落后、作风浮漂、能力不够，存在推脱、慵懒、不作为、慢作为等现象，一些领域腐败问题仍然多发。

（二）2019 年开封经济走势展望

尽管从宏观经济形势的分析看，开封未来经济发展确实面临着多年来少有的严峻形势，但具体到开封的经济发展方面既有困难也有机遇。2019 年经济社会发展的主要预期目标：继续保持“三个同步”“三个高于”，全市生产总值增长 7.2% ~7.7%，规模以上工业增加值增长 7.5% 左右，全员劳动生产率增长 7%，一般公共预算收入增长 10% 左右，税收占一般公共预算收入比重达到 72% 以上，固定资产投资增长 8.5% 左右，社会消费品零售总额增长 11% 左右，居民消费价格指数涨幅控制在 3% 左右。更加突出优化经济结构。服务业增加值占生产总值的比重达到 47.5%，质量效益明显提升。更加突出创新发展。研究与试验发展经费投入强度达到 1.5%，战略性新兴产业增加值、高技术产业增加值占规模以上工业增加值比重分别达到 6.5%、4.2%，技术合同成交额增长 20%，高新技术企业达到 75 家，每万人发明专利拥有量达到 1.8 件。更加突出协调发展。常住人口城镇化率提高 1.7 个百分点，人均预期寿命持续提高，九年义务教育巩固率达到 96%，医疗卫生、文化、体育等社会事业全面进步。更加突出绿色发展。单位生产总值能耗下降 3% 以上，全市 $PM_{2.5}$平均浓度、PM_{10}平均浓度、空气优良天数比例、主要污染物排放量等环保指标完成省下达目标。更加突出开放发展。进出口总额增长 10%，实际利用外资增长 3%，实际利用省外资金增长 5%，营商环境进一步优化。更加突出共享发展。居民人均可支配收入增长 8% 左右，44 个贫困村退出贫困序列，3.35 万农村贫困人口实现脱贫，城镇新增就业 6 万人，城镇调查失业率、城镇登记失业率分别控制在 5.5% 以内、4% 以内。确定以上总体要求和预期目标，更加凸显新发展理念，有利于摆脱惯性思维、路径依赖，把工作重点放在推进高质量发展上来。

四、保障措施及政策建议

（一）持续打好三大攻坚，牢牢守住高质量发展底线

防范化解风险。按照“八个一批”方式，防范化解政府债务风险，依法规范政府举债行为，有效控制债务率。防范金融风险，严厉打击非法集资等违法违规金融活动，严防金融机构出现操作风险、信用风险和流动性风险。防范社会风险，压实安全生产责任，确保实现“一杜绝两下降”目标。抓好重点群体信访维稳，推进法治信访“一中心一机制”建设，开展积案化解攻坚，妥善解决拖欠工程款、农民工工资等群众切身利益问题；加强网络综合治理，推进依法治网。完善自然灾害应急处置机制，有效防控非洲猪瘟等疫情。持续深化扫黑除恶专项斗争，严厉打击黄赌毒、盗抢骗、网络传销等各类犯罪，维护社会治安大局稳定。

推进精准脱贫。严格贯彻“六个精准”“五个一批”要求，加大深度贫困村、特殊贫困群体脱贫攻坚力度，重点解决好实现“两不愁三保障”面临的突出问题。继续打好“四大硬仗”、开展“五大行动”、实施“四大工程”，持续推进“六业扶贫”，深化行业扶贫，确保所有贫困村出列、3.35万农村贫困人口稳定脱贫。着力破解贫困人口返贫、贫困村集体经济发展等问题，切实提高脱贫攻坚质量。

抓好污染防治。深入实施经济结构提质、生态功能提升、国土绿化提速、环境治理提效“四大行动”。打好蓝天保卫战，调整优化能源、产业、交通、用地等四大结构，持续强化扬尘污染管控，严控秸秆垃圾焚烧，推进机动车和低空面源污染防治，开展产业集聚区和工业园区企业绿化、净化、美化专项整治。打好碧水保卫战，加强饮用水水源地保护，全面落实河长制、湖长制。打好净土保卫战，严格执行《土壤污染防治法》，加强建设用地风险管控，做好重金属污染防控、重点行业

企业用地调查、固体废物和危险废物规范化管理工作。

（二）积极扩大有效需求，保持经济发展稳中有进

扩大有效投资。开展“项目推进效率年”活动，聚焦产业转型、文化旅游、民生服务、生态环保、基础设施、现代农业等六大领域，重点实施“三个100”工程，确保签约落地、新开工建设、竣工建成重大项目各100个以上。落实好重大项目推进“六项机制”和首席服务官制度，“一企一策”破解难题，实现项目建设接续推进。拓宽融资渠道，规范运用引导基金、PPP、BOO等多种模式，积极争取国家、省项目资金支持。放宽市场准入，激发民间投资活力，确保民间投资增速高于固定资产投资增速。

释放消费潜力。以更大气魄建设国际文化旅游名城，打造中原现代服务业之都。落实个人所得税专项附加扣除政策，重点激活文化旅游、房地产、汽车家居、教育体育、健康养老等消费热点，优化消费产品供给。深入开展旅游环境综合整治，完善旅游设施，提升全域服务品质。升级改造一批开放式街区和城市综合体，新建一批高星级酒店、特色精品酒店，择优培育评定一批金宿级、银宿级旅游民宿。持续办好“一带一路”城市旅游联盟年会及菊花文化节、清明文化节等重大节会，策划包装郑开国际马拉松赛、足球联赛等赛事活动，办好开封市第十届运动会。严厉打击侵害消费者权益行为，改善消费环境，让消费者“能消费”“愿消费”“敢消费”。

加强对外贸易。加快推进综合保税区申建工作，统筹规划建设文化艺术品保税仓、医疗器械保税仓，建成上海均和集团国际贸易结算中心，新建均和全球供应链总部基地及跨境贸易综合体。主动融入“一带一路”，规划建立港区联动空运货物开封服务中心、开封跨境电子商务发展中心，支持外贸企业建立“海外仓”。加强与曼彻斯特市等国际城市交流合作，组织优秀企业、优质产品“走出去”，提高经济外向度。

（三）推进产业转型升级，促进实体经济做强做优

加快制造业转型升级。强化政策引导，持续推动16个重点产业转型发展，深入实施传统制造业“三大改造”，大力开展“质量标杆进企业”活动，弘扬劳模精神和工匠精神，支持企业增品种、提品质、创品牌。支持8家企业创建绿色示范工厂；谋划实施一批技术改造项目，完成技改投资150亿元以上；加快工业智能化改造，建设智能化示范生产线30条，力争省级智能工厂达到4个、智能车间达到8个。建立支持工业经济“四个50”机制，紧盯50家龙头企业、50家“双高”企业、50家困难企业和50家动态入库企业，搞好服务、破解难题、促进发展。加快晋开、东大等工业企业“退城入园”，促进产业集聚区提质增效。

提升重点产业链水平。聚焦“8+1”产业链，健全“六个一”培育机制，着力补链、延链、强链，打造主导产业优势明显、大中小企业协同配套的优势产业集群。提升汽车及零部件产业链，加快推进奇瑞汽车30万台整车扩建项目。提升装备制造产业链，引导中联重科、茂盛机械等制造业企业研发新产品、开拓新市场，推动开封空分、东京空分等空分企业链式集群发展。提升精细化工产业链，做大做强杞县聚甲醛等项目，支持精细化工产业集聚区争创省级高新区，引导化工产业向研发领域延伸、向精细化方向发展，创建绿色园区。提升医药和医疗器械产业链，支持生物制药、医疗器械、医疗服务等行业发展。提升纺织服装产业链，引导企业加大服装设计、品牌策划环节投入，向高附加值方向转型。提升家居产业链，加快恒大家居联盟产业园、碧桂园现代筑美家居产业园等项目建设，推动家居产业链向智能家居、整体家装方向延伸。提升新材料产业链，加快开封碳素二期工程建设，启动碳素新材料产业园规划建设，建成超高功率石墨电极生产线和研发中心；支持铝型材和铝精深加工产业发展，大力招引铝箔、交通用铝、航空用铝等新材料研发制造企业。提升农副产品加工产业链，推动益海嘉里、河南省大蒜现货交易中心等项目建设，新建一批畜禽、花卉、果蔬、木材等特色高效农产品生产加工基地，打造全链条、全循环、高质量的农副产品加

工产业化集群。提升文化旅游产业链，充分发挥文化旅游资源优势，积极创建国家全域旅游示范城市，促进旅游业与传媒、养生、会展等行业深度融合，推动“文化+”向“高端要素+文化”拓展，推进清明上河园三期、朱仙镇二期、小宋城二期、960·乐在宋朝等文旅项目建设，深度挖掘开封文化IP资源，打造一批独具开封特色的文化品牌，让开封文化走出去、有活力。

积极培育新兴产业。按照河南省培育发展“10+8”新兴产业集群要求，充分发挥自贸区、经济技术开发区、电子商务示范基地等国家级园区优势，大力发展新经济、新业态、新模式。着力发展数字经济，编制完成《开封市数字经济发展规划》，推进易华录中原数据湖等智慧城市项目建设，推动大数据与实体经济深度融合，着力壮大智慧产业、数字经济体量。做强电子商务和物流产业，探索“电商产业园+物流园”融合发展新模式，建设县乡村三级电商物流网络体系。积极培育绿色经济、总部经济、足球产业、金融服务业等新业态，逐步形成拉动经济增长的新动能。

加快一、二、三产业融合。加快转变农业发展方式，构建现代农业产业体系，形成“一产接二连三”的互动型、融合型集群发展模式。认真贯彻落实粮食安全生产责任制，新建高标准粮田30万亩，持续巩固粮食生产能力。大力支持农业龙头企业发展，建设一批与龙头企业有效对接的生产基地，实现农业生产经营专业化、标准化、规模化。推进“五优四化”，发展高效种养业和绿色食品业，叫响杞县大蒜、开封西瓜、兰考蜜瓜等农产品品牌，支持更多农产品申报国家地理标志。扶持奶牛肉牛肉羊产业发展，创建国家级和省级稻渔综合种养示范区、水产健康养殖示范场。推动农业与文化旅游、教育体育、健康养老等产业互通互融，打造一批特色鲜明的田园综合体。

（四）深化改革开放创新，充分释放发展动力活力

深化重点领域改革。推进机构改革，3月底前基本完成市县区机构改革。深化土地利用综合改革，坚持“五统一”，科学制订土地供应计划，保障安置房建设用地，完成补充耕地1.5万亩。深化国企改

革，稳妥解决市属70户“僵尸企业”处置后续问题；加快实现从管资产向管资本转变，做好企业清产核资，完善现代企业制度，全力支持国有企业混合所有制改革和上市发展。全面推进普惠金融改革试验区建设，加快建设“一平台四体系”，深化“普惠通”APP与金融机构合作，为中小微企业、工商个体、创客群体、贫困户、普通市民等提供更加便捷、多元化的金融服务。同时，抓好财税、教育、科技、文化、社保等改革。

大力开展招商引资。开展“精准招商服务年”活动，按照“门槛要高、条件要优”原则，围绕“8+1”产业链，招引一批国内外500强、上市公司等龙头企业；围绕培育新业态，招引企业总部、专业咨询、会展经济、赛事策划等新兴产业；围绕外向型经济，招引国际贸易、国际物流、国际金融等外向型企业。创新招商方式，实施专业招商、定点招商、商会招商、以商招商、小分队招商等；注重节会招商，筹备好清明文化节经贸活动、菊花文化节系列招商活动，组织参加第十一届中国中部投资贸易博览会、第十三届投洽会等系列经贸活动，力争引进5亿元以上项目55个。落实好招商引资“六项机制”和“五个一”跟踪服务机制，切实提高项目履约率和资金到位率，严格兑现政府承诺。

推进创新驱动发展。主动融入郑洛新国家自主创新示范区，加快郑开双创走廊建设，支持开封市大学科技园创建省级大学科技园，全力打造全省“双创”示范基地。提高财政投入效率，引导企业增加研发投入，鼓励企业与高校、国家级科研机构共建研发平台。加快促进科技与金融结合试点地区建设，积极探索科技金融开封模式。

（五）加快城乡融合发展，形成协调发展新格局

深入实施乡村振兴战略。围绕农业强、农村美、农民富，加快推进产业、人才、文化、生态、组织“五个振兴”。科学编制全市及各县区乡村振兴五年规划，完成乡村振兴“1+6”示范带阶段性任务。持续深化农村改革，推动乡村土地全域综合整治试点工作，盘活农村土地资源，吸引更多优质资本下乡，壮大农村集体经济，增加农民收入。持续

实施农村饮水安全巩固提升工程，突出垃圾治理、污水处理、厕所革命，补齐农村基础设施短板。深入推进移风易俗，培育优良家风、文明乡风和新乡贤文化，实现农村人居环境与文明素质双提升。

全域推进百城提质工程。坚持城市规划、建设、管理、经营等"四个高质量"，做好以水润城、以绿荫城、以文化城、以业兴城等"四篇文章"，促进城市由外延扩张转向内涵提质。把规划作为城市建设的"第一粒扣子"，汲取先进城市规划理念，高标准做好新一轮城市总体规划、土地利用总体规划修编工作，完成城市"双修"、生态水系、综合交通、乡村振兴等专项规划编制和重点片区城市设计。实施棚户区改造三年行动计划，加快推进"1+7+N"棚户区改造项目，实现4个棚户区改造遗留项目征收清零；着力提升城市综合承载能力，完成老旧小区整治改造任务30个以上。完成拆除违章建筑三年行动计划目标。以交通治"堵"、环境治"污"、市容治"脏"、服务治"差"为重点，强化城市精细化管理，扎实开展全国文明城市、国家生态园林示范城市等"五城联创"。加强现代公共文化服务体系建设，完善"六馆一城"，推动县级图书馆、文化馆、博物馆全部达到部颁三级标准，村级综合性文化服务中心实现全覆盖，提升城市品质。

加强古城保护和利用。深入推进"五个全域"，继续实施城市"双修"，加快城墙贯通工程、故宫文物数字化馆开封分馆等项目建设。加快开封古城保护立法，争取设立宋都古城保护修缮专项基金。实施历史文物保护性修缮，强化物质文化遗产保护和非物质文化遗产传承创新，做好古州桥汴河遗址考古发掘工作，保护好文化遗存、民俗民风，争创国家文物保护利用示范区，延续古城历史文脉。

推进郑汴港深度融合。积极融入郑州大都市区建设，持续推进郑汴一体化"533"工程，高标准编制完成郑开双创走廊、沿黄生态带、大运河文化带等专项规划。支持城乡一体化示范区实施"大提升、大招商、大建设"行动，做好概念规划及重点区域城市设计，开工建设西湖二期工程。全面推进自贸区开封片区"一心四谷两港"建设，推动中央商务中心成规模、健康乐谷出形象，大力发展文化创意、金融服务、现代物流等新兴服务业，推进国家产城融合示范区土地流转、收储以及生态廊道建设工作，发展临港经济。强化区域协调发展，持续提升各区综合实力，统筹推进东部新城、北部片区、南部片区基础设施和产业项目布局。

（六）推进实施重大工程，强化基础支撑能力

持续以“八网”建设为重点，久久为功，善作善成，提升城市服务功能。完善路网。畅通“五环九横十二纵”城市路网，畅通各县、祥符区与市区通道。加快郑开城际铁路延长线、郑民高速杏花营收费站、连霍高速开柳路龙亭站出入口改扩建，开尉路北延及开尉路慢行系统等工程建设。完善水网。加快《开封市水生态文明建设暨四水同治专项规划》编制工作，做好南水北调入汴、涡河治理、王庵引黄调蓄工程前期工作；完成“一渠六河”、涧水河综合治理工程，全面启动水系一期工程；实施惠济河流域生态治理、马家河综合治理、运粮湖引黄调蓄工程等十大重点水利工程，加快赵口灌区二期、大运河疏浚等工程建设，打造亲水宜人水生态格局。完善绿网。积极创建国家森林城市，实施国土绿化十大工程，启动市区防护林建设，完成造林15.6万亩。完善热网。持续推进北方地区冬季清洁取暖试点城市项目建设，提高热源供给，新敷设供热主管线30公里，完成30座换热站升级改造，实现新增入网面积500万平方米，城区集中供热普及率达到90%。完善气网。确保城区燃气气化率达到97%以上，县城燃气气化率达到75%以上。完善电网。建设35千伏及以上电网工程21项，新增变电容量1023兆伏安，线路长度352.84公里。完善云网。推动智慧开封建设，进一步整合政务云、旅游云、交通云等数据资源，实现大数据资源共建共享。完善管网。完善地下综合管廊规划，新开工建设地下管廊3公里以上，推进海绵城市建设，提升防汛排涝能力。

（七）深入优化营商环境，持续增强发展软实力

优化政务环境。持续深化“放管服”改革，巩固扩大“一网通办”前提下“最多跑一次”改革成果，加快“马上办、网上办、就近办、

一次办”智能化改革，按照“三级十同”标准，不断完善并联审批模式，实现审批时间压减一半以上。完善优化营商环境评估指标体系、第三方评估和双月点评制度。严格落实国家减税降费政策和我市促进非公有制经济高质量发展“三十条”政策措施，对小规模纳税人“六税两费”减征50%；健全市县两级领导干部联系企业家制度，深化“万名干部进万企”活动，构建亲清新型政商关系。

优化人才环境。坚持引进外部人才和培育本地人才并重，落实“汴梁英才计划”。鼓励大众创业万众创新，用好用活双创平台，让人才有用武之地；推动政府公务人员与金融机构、国有企业等单位人员双向挂职锻炼，畅通人才成长通道；实施“千名精英学子留汴工作计划”，出台人才安居乐业实施办法，切实解决住房、子女教育等实际问题，让人才留得住、能发展。全力支持河南大学“双一流”建设，办好开封大学和开封文化艺术职业学院，加快职教园区发展，为高质量发展提供更加充裕的人才支撑。

优化金融环境。强化金融政策统筹，加快整合信用资源，逐步构建全社会信用体系。实施“引金入汴”工程，推动中原国际绿色（产品）交易中心、嘉兴南湖金融服务有限公司入驻开封，吸引更多金融、类金融机构在开封设立分支；加强政银企定期会商，为在汴企业提供股权融资、债券、基金、融资租赁、资产证券化等多元化融资渠道，发展绿色金融，解决企业融资难题。支持清明上河园主板上市，力争在资本市场直接融资取得新突破。

（八）聚焦八需破解八难，切实增进民生福祉

持续实施省、市民生实事，制定2019年破解民生“八需八难”百项任务清单，精心做好民生工作。聚焦高质量就业需求，开展就业创业“四大工程”，支持返乡下乡创业，确保新增城镇就业6万人，登记失业率控制在4%以内。聚焦便捷出行和停车需求，加强公共交通、停车场、慢行交通、旅游交通等建设，加快断头路打通和交通路口渠化改造；推广智慧停车系统，新建公共停车泊位4000个；优化调整公交线

路20条，新增公交专用道20公里；聚焦就近就便入学需求，坚持教育优先发展战略，提高教育教学质量，促进基础教育均衡发展；实施优质教育资源倍增工程三年行动计划，全面落实教育“十项大礼包”，推进优质教育资源合理配置；探索启动中小学课后延时服务机制；普惠性幼儿园覆盖率达到80%；提高教师工资待遇，改善工作生活条件，让教师有礼遇、受尊重。聚焦高水平就医和养老需求，深入推进综合医改，强化“四医”联动，实施“健康素养促进行动”，做好传染病、慢性病防控；完善医疗服务体系，建成2个区域医疗中心，加快市中心医院新院区等十大医疗卫生项目建设，开工建设国家中医药传承创新工程，持续加强基层“中医馆”建设，畅通市县乡三级急救绿色通道；全面建立门诊统筹制度，提高基本医保、大病保险、困难群众大病补充医保保障水平；继续提高城乡居民基础养老金最低标准，继续调增企业和机关事业单位退休人员基本养老金；加快城市社区养老服务设施建设，推动医养结合，满足多层次养老需求。聚焦便捷办事需求，高质量推进“一村（格）一警”，高标准建成“一中心四平台”，推动“互联网+政务服务”向基层延伸，实现全市乡镇（街道）便民服务规范化。聚焦“舌尖上的安全”需求，全面落实“四个最严”“四有两责”要求，持续深化“食药环”专项整治，加强食用农产品交易市场建设和管理，切实强化餐饮、疫苗等食品药品安全监管；建设餐厨废弃物资源化利用、无害化处理中心，完成改造中小学及托幼机构食堂、中型以上社会餐饮场所“互联网+明厨亮灶”1600家。聚焦群众居住需求，加快建立多主体供给、多渠道保障、租购并举的住房制度，争创全国住房租赁市场发展试点城市，基本建成公租房799套，竣工791套；坚持“房住不炒”定位，因城施策、分类指导，推动房地产市场平稳健康发展。聚焦清洁宜居环境需求，完善提升城市道路、照明、排水、污水处理等市政设施，城市主次干道机械化清扫率保持100%。推进垃圾分类处理，推广市场化保洁模式，实现农村生活垃圾收运处置体系全覆盖，加强农村生活污水治理。

第二章　产业篇（一）
郑汴港产业带产业现状评价及发展方向

为抢抓郑州大都市区、中国（河南）自由贸易试验区、郑州航空港经济综合实验区等国家战略机遇，推动郑汴一体化深度融合发展，开封市成立“十三五”郑汴港产业带建设协调领导小组，统筹郑开创新创业走廊（简称郑开双创走廊）和开港经济带的规划建设工作。郑汴港产业带主要包括开港产业带和郑开双创走廊，其连接着省会郑州、古老的开封、未来的航空城，承载着河南弯道超车的希望，也是开封产业补短板和产业转型升级的重要载体和平台，更是开封经济“出新彩”的重要亮点。

一、郑汴港产业带产业发展现状

（一）开港产业带

开港产业带北临郑开大道、南至商登高速、东起开尉公路（规划东移线）、西达机西高速，总面积583平方公里，区域内共包括杏花营组团、朱仙镇组团、临港组团等三个功能组团。《开港产业带空间及产业发展规划》于2017年3月份启动，经过多次反复修改后，目前编制工作基本完成。

杏花营组团：杏花营组团是开封市传统的装备制造的主要聚集地，2018年奇瑞汽车、开封空分等重点骨干工业企业产值分别增长124%、99.8%。总量提高的同时也在持续推动结构转型，对传统制造业重点推进智能、绿色、技术“三大改造”。同时，杏花营组团积极依托自贸区建设，布局保税仓储，截至目前开封保税物流中心（B型）已备案。开封保税物流中心（B型）位于宋城路以北、汉兴西路以南、十三大街以西、十六大街以东区域（面积约 840 亩），项目一期计划建设面积 229 亩。项目建成后，将具备保税仓储、流通性简单加工、分拨配送、国际转口、入场所退税、保税展示交易和电子商务等功能。

朱仙镇组团：朱仙镇组团是郑汴一体化、郑汴港金三角地带重要的节点城市，也是祥符区动力转换、结构调整、产城融合的主平台。2017 年全国知名产业新城运营商、A 股上市企业华夏幸福与祥符区政府签署了 200 多亿元的投资协议，在朱仙镇组团谋划了华夏幸福产业新城和影视小镇项目。2017 年 3 月祥符区与郑州易斯顿美术学院、黄河交通学院、郑州电力职业技术学院等三所高校签约落户开港经济带西姜寨高等教育园区，改变了祥符区没有大学的历史。2018 年是朱仙镇组团建设的关键年，华夏幸福祥符产业新城、闽商天下石·石文化创意产业园建设项目（一期），开封朱仙镇国家文化生态旅游示范区（二期）被列入了河南省重点项目。启动了祥符产业新城和祥符影视产业小镇项目一期建设，国际智能装备产业园、新能源汽车产业园、康佰甲医疗手术机器人项目和影视内外景基地建设等都在有序推进中。加速闽商天下石·石文化产业园（石博园）一期项目建设进度，该项目是由 106 家闽籍石制品企业众筹投资，建设内容包括石博物馆、石展馆、石体验馆、综合电商平台、会议中心等，目标是打造“西有绿博园，东有石博园”的品牌。进一步推动了朱仙镇国家文化生态旅游示范区度假、观光、养生三大功能区建设，朱仙镇国家生态文化旅游示范区已累计完成投资 20.5 亿元，启封故园累计接待游客 80 万人次，完成了启封故园二期温泉酒店、状元街等重点项目建设。另外，新东润地产集团运量河特色小镇、高等教育园区、万钧现代农业观光园项目也都有了实质性进展，同时就现代农业基地项目和启封古城遗址公园项目积极地与恒大集团、华侨城集团等外部资本对接，取得了一定的成效。

临港组团：临港组团位于开尉公路（现状）以西，规划二十大街南延线以东，商登高速以北，规划机场大道东延线以南区域。临港组团继续依托良好区位优势和发展基础，主动对接开港产业带空间规划，以打造中原临港高铁新城为最终目标。产业规划上深入对接郑州航空港经济综合试验区高端制造、临空产业发展，以先进制造业配套、航空产业配套等定制化产业为抓手，以现代物流业为支撑，逐步融入郑州航空港经济综合试验区产业体系，形成空港高端化、定制型配套产业集聚区域。

（二）郑开双创走廊

郑开双创走廊的提法源于河南省以及开封市“十三五”规划中提出的郑汴产学研结合示范带，党的十九大后，省委、省政府围绕发挥优势打好“创新驱动”这张牌，提出建设全国重要的科技创新策源地——郑开双创走廊。[①] 郑开双创走廊开封片区东至西关北街，南至郑开大道，西至与中牟的行政边界，北至连霍高速，东西长约 20 公里，南北宽约 5 公里，总用地面积约 78.2 平方公里，辐射区域向东延伸至公园北路，规划的空间结构为“一廊两园两镇”。一廊：以东京大道和大运河、碧水河、涧水河为轴带的交通景观复合廊道。两园：开封运粮湖引智产业园和开封西湖文化旅游创新园。其中，运粮湖引智产业园位于中牟边界以东十三大街以西的运粮湖周边，文化旅游创新园位于十二大街和金明大道之间、开封西湖周边，两园已经明确了责任主体，已委托上海复旦大学统一做编制运粮湖引智产业园发展规划和园区城市设计，目前正在与规划设计单位进行对接。两镇：运粮湖科技小镇和汴西湖文旅小镇，两镇包含在两园之中。目前，古运河开封段疏浚工程设计方案已完成，赵口干渠东移方案已通过专家评审、省水利厅认可，水工程规划同意书、防洪影响评价报告评审及批复完成，土地预审意见、社会风险评估报告评审、环境影响评价报告及批复、水土保持方案评审、水资源论证报告评审及批复、选址意见书等工作已经完成。发改委项目申请报告书的核准已批复，初步设计专家评审已完成。征地工作土地丈

① “郑开双创走廊”后来改为“郑开科创走廊”，但最终又改回到“郑开双创走廊”，故在本部分中涉及历史事件梳理时就以当时的“郑开科创走廊”名称来表示，以记录事件的完整性。

量已完成，赔付工作正在进行中。

郑开双创走廊被誉为“中原硅谷”和“河南的中关村”，自提出以来就受到了省委、省政府的重点推介，2018 年 4 月召开的第十二届中国（河南）国际投资贸易洽谈会大数据产业发展暨郑开科创走廊建设交流会和 2018 年 7 月召开的第 13 届中欧区域政策合作研讨会上，省委、省政府都将郑开科创走廊进行重点推介，引起了社会各界的广泛关注。尤其是在第十二届中国（河南）国际投资贸易洽谈会大数据产业发展暨郑开科创走廊建设交流会上，河南省发展和改革委员会分别与中国建设银行河南省分行、中国联通大数据公司、中国进出口银行河南省分行、烽火通信科技股份有限公司就支持郑开科创走廊规划建设和国家大数据综合试验区发展签订了框架合作协议，郑州市、开封市、中牟县、省投资集团也分别与天津大学、中国信息通信研究院、甲骨文（中国）软件系统有限公司、星环信息科技有限公司、中国建筑一局（集团）有限公司、中建方程投资发展有限公司、北京三鼎文唐实业发展有限公司等 18 个单位或企业签订了合作协议。

2018 年是郑开双创走廊开封片区的起步之年，2018 年 7 月 3 日，郑开双创走廊（开封片区）概念规划通过专家评审。郑开双创走廊开封片区产业发展定位是作为中原产业发展的引领核心之一，将强化科技创新和文化创新能力建设，以创新推动中原地区产业转型升级和现代经济体系建设，积极应用大数据技术，以大数据产业引领和服务于创新能力建设。开封片区将构建 2 + 5 产业体系，即以“科技 + ”“文化 + ”为发展主线，推动文化、科技与生产制造、生产性服务业、生活性服务业的融合，孵化培育“科技研发”“商贸服务”“创意设计”“文化休闲”“教育培训”等产业板块，发挥大数据产业的引领、支撑作用，开展“政产学研”合作，推动科技创新和成果应用。同时，为加快推动郑开双创走廊建设，开封市郑汴港协调建设领导小组组织团队赴上海、杭州两地市实地考察沪嘉杭 G60 科创走廊规划建设情况，学习发达地区双创走廊建设的先进经验。

值得说明的是，2018 年 4 月 19 日开封市也组织参加了 2018 年大数据产业发展暨郑开科创走廊建设交流会及项目洽谈对接专题活动，开封市政府分别与天津大学、阿里巴巴签订合作框架协议，推动天津大学中原先进技术研究院项目和阿里巴巴新外贸示范区项目在郑开科创走廊开封片区落地建设。其中，天津大学中原先进技术研究院项目主要建设先进技术研究中心、天津大学（开封）技术转移中心、众创空间、科技孵化器等，目前天津大学正在遴选团队组建化工新材料、先进钢结构、文化创意、智能制造与装备、仪器仪表与生物医学工程研究中心等 5 个专业化研究中心。而阿里巴巴新外贸示范区项目主要从事外贸、园区、金融、物流、电商等方面建设，重点打造政策配套体系和电商业务体系，目前开封电商产业园 3、4、5 层跨境电商联合办公及孵化区正在筹备，人才服务商、产品拍摄服务商、一达通服务商、培训服务商已经入住。2018 年 8 月 21 日，“开封 · 中关村智酷人才与产业创新基地”项目签约，该项目以软件开发人才培养为切入点，带动开封软件产业发展，延伸产业链条，形成产业集聚，为开封产业转型发展与高质量发展注入新要素、增添新活力。另据了解，“开封 · 中关村智酷人才与产业创新基地”是中关村软件园在河南落地的首个人才与产业创新基地，该基地将以“一平台、一学院、一基地”模式，实施“技术协同 + 人才协同”、促进“宜业 + 宜创”，不断为开封双创建设发展增光添彩，打造成为促进河南人才高地和郑开双创走廊建设的重要枢纽平台。2018 年 10 月 11 日，由开封市人民政府、中关村软件园主办，开封市城乡一体化示范区管委会、中国（河南）自由贸易试验区开封片区管委会、中关村智酷双创人才公司承办的开封 · 中关村智酷人才与产业创新基地创新合作交流会在北京中关村软件园举行，会议邀请了百度、网易、新浪、京东、汉王科技、华米科技、文思海辉、博彦科技、软通动力、中科院北京分院、中关村智科服务外包产业联盟等 200 余家企业和机构代表出席，开封市政府向各企业表达了真诚欢迎中关村企业深度参与本地的经济社会发展的愿望，加深了双方的合作，为后续企业的进驻奠定了基础。

二、郑汴港产业带产业发展方向

（一）开港产业带

杏花营组团主要依托开封市现有产业基础进行升级发展。依托自贸区内外双向产业发展优势助力国际商贸、保税仓储发展，依托郑民高速、陇海铁路等对外交通着力打造提升现代冷链物流，依托现有汽车及零部件等产业基础扶植装备制造及其下游产业发展，借助运粮河天然生态优势、德豪光电科技园创新服务平台建设发展生态高科技创新小镇。

朱仙镇组团主要以融入郑州大都市区中部“绿心”生态空间，借力航空港区进行发展。依托朱仙镇古镇文化品牌和西姜寨乡丰富生态植被资源，对接郑州国际机场72小时免签等对外政策优势，以生态文旅为依托，以特色小镇为承载，以全方位多维度的公共服务供给为支撑，进一步打造成生态文旅及新兴产业融合的生态组团。依托运粮河、贾鲁河、涡河等优质生态资源，利用生态修复等创新手段打造生态养生、休闲农业、都市农业等相关产业。利用良好区位优势和生态优势，引领带动科技教育等产业发展。依托航空港区产业外向辐射，承接航空港区相关下游产业转移，发展电子信息相关产业。朱仙镇组团以大量自然生态廊道为基础，以1~3平方公里为基本单元，形成多个生态型、技术型、文化型特色产业小镇。

临港组团主要借力郑州航空港综合实验区及尉氏县现有产业基础进行发展。依托航空港区高端制造产业基础及对外服务需求，着力打造现代物流、航空配套、高端制造等相关产业。利用尉氏县现有产业基础及北侧大量生态腹地，升级完善食品加工及相关产业。

（二）郑开双创走廊

郑开双创走廊的产业发展方向主要围绕“一廊两园两镇”中的两园展开，即开封运粮湖引智产业园和开封西湖文化旅游创新园。其中，运粮湖引智产业园重点项目主要包括中关村大厦项目和中原数据湖项目，开封西湖文化旅游创新园重点项目主要包括西湖东岸古建商业配套项目以及开封市文化交流中心及周边商业综合体项目。

中关村大厦项目。开封·中关村智酷人才与产业创新基地是2019年新建重点项目，该基地将整合政产学研用要素，以“带土移植”模式，强化中关村与河南开封区域在产业聚集、创新项目、创新人才等方面的互动，建设运营人才聚合平台和协同创新平台，力争打造成为带动开封新型IT产业创新发展的重要辐射源和承接双创服务核心与区域经济转型升级的重要载体。通过设立3.4万平方米的空间并进行双学的规划功能分区，最终聚焦新型IT服务、电子商务及新零售、互联网+、双技服务等四大产业集群。目前，基地拟入驻企业共15家，现北京小蜜蜂消防互联已于3月15日正式挂牌营业，其他如博士健康、诺尔机器人、盈利盛、日昇源双技、盛誉财务、金东数字创意、非常新媒体、艾恩特智能双技、古时候双技、软通动力、快手、京东以及中国城投建设集团等企业5月底前全部入驻。

中原数据湖项目。该项目建设完成后将实现600PB的光磁融合存储能力，目前为保障项目的顺利实施，按照开封市政府与市城乡一体化示范区管委会的要求，河南省新惠建设投资有限公司拟与易华录公司组建项目公司，根据项目建设规模拟定注册资本金约3.2亿元。该项目将吸引不少于30家大数据和人工智能的生态合作伙伴入驻园区，对开封市构建数据产业生态具有重要作用。在旅游和医疗领域，拟引进如博彦双技、大地云游、酷旅互动数据、九夏投资、人大金仓、汇医慧影、中联医疗、浩宇信达、和仁双技、北大医疗、格灵深瞳等相关的生态企业。在交通领域，拟引进如四维智城、数字政通、四方伟业、飞渡双技等相关的生态企业。依托中原数据湖的数据资源，易华录公司将根据政府数据导入的总量、质量及类别，将会形成对不同领域的数据应用，届时“全方位+立体化”的大数据产业服务体系将会初步形成。先期将开展数据湖示范工程建设（建设地点暂定浙商广场A栋），拟逐步实现100PB的光磁融合存储能力，同时打造大数据展厅，为开封市展示大数据应用、实现“以数招商”提供新名片。

西湖东岸古建商业配套项目。该项目位于西湖东岸，主要建设西湖东岸商业服务区玉楼、宴宾楼、上馆驿、西园、西园滨水商业街等项目。目前，该项目 11#、12#院正常施工，7#、9#院施工单位、监理单位招标工作已经公示，3#、4#院现场临建已完成且施工许可证已办理完成，5、6、10 号院招标已完成。

开封市文化交流中心及周边商业综合体项目。该项目位于附一大街以西，一大街以东，金耀路以北，东京大道以南，主要建设多功能综合楼、度假酒店等。目前，该项目各单体工程均按施工进度顺利进行，高层已部分封顶，多层现已全部封顶。

三、郑汴港产业带产业发展存在的问题

（一）产业支撑不足、高层次创新资源匮乏

目前，开港产业带三个主团建设进度参差不齐，符合规划的产业项目支撑不够。有的组团项目与规划存在冲突，需要调整；有的组团项目较少，甚至未开工建设。双创走廊是以高端创新资源集聚为核心的创新平台，但目前双创走廊建设入驻的高新企业仅有天津大学中原先进技术研究院和阿里巴巴新外贸示范区两家企业，国内外有影响力的高校、科研机构及领军人才几乎没有，高层次创新资源及平台严重匮乏。

（二）配套政策不完善

目前，开港产业带空间及产业发展规划、双创走廊开封片区概念性规划已基本完成，其他规划也在积极编制，2018 年下半年已经进入建设期，但目前针对该区域的招商引资、财政资金、人才建设等配套政策基本没有，造成开港经济带和郑开双创走廊的吸引力不够，集聚高端科研平台和人才的后劲不足。

（三）土地问题协调进度慢

郑开科学大道开封段项目涉及中牟境内插花地和一般耕地调整。其中，开封与中牟交叉 2.66 公里道路、规划的运粮河桥西端占用中牟土地等问题，按照省政府有关会议纪要，由属地政府进行征收建设，目前

还需要进一步沟通对接。

（四）基础设施建设资金压力大

东京大道西延工程的建设主体为开封新区基础设施建设投资有限公司，该公司承担着开封新区的许多基础设施建设任务，目前政策形势下融资存在困难，资金压力较大，东京大道西延工程建设资金还未落实。

四、政策建议

（一）积极呼吁并推动省市两级体制机制创新

省级层面：郑汴港产业带的发展既有省委、省政府的关切，也有郑州市、郑州航空港经济综合实验区、开封市三方的利益诉求，因此郑汴港产业带必须进行省级层面的体制机制创新，要建立省委、省政府主导，郑州、港区、开封深度参与的运行协调机制，最大限度打破行政壁垒，充分调动社会各界参与的积极性。在具体规划和工作对接上，开封市应积极与省直及郑州、港区、中牟相关单位对接。

市级层面：在开封市“十三五”郑汴港产业带建设协调领导小组的统一领导下，建立市级统筹负责以及市有关部门参加的开港产业带和郑开双创走廊建设协调推进机制。市城乡一体化示范区、市发改委、市规划局、市国土局、市水利局、市文物局、祥符区、尉氏县等有关部门，按照职责做好建设用地指标保障、交通设施建设、项目规划选址、河道疏浚和生态景观建设等工作。

（二）探索土地优先保障政策

优化建设用地结构和布局，优先保障开港产业带和郑开双创走廊项目的用地需求。对郑汴港产业带给予用地计划指标进行配置管理，用于保障制造业转型升级和新兴产业。优先安排新产业发展用地，按照鼓励发展的新产业、新业态政策要求，结合开封地方实际，以“先存量、后增量”的原则，优先安排用地供应。对新产业发展快、用地集约且需求大的地区，可适度增加年度新增建设用地指标。随着郑汴港相应规划和基础设施的完成，未来将会迎来用地高峰，因此应根据产业发展规划和项目储备计划适当提前2～3年储备较充足的建设土地，加紧实施前期开发，完成“七通一平”等基础建设，鼓励立体开发，建设多层厂房、标准厂房，变“生地”为“熟地”，变“项目等地”为“地等项目”。一旦项目签约成功，马上可以进入出让程序随时供地。另外，应通过充分利用闲置空闲土地，积极盘活利用低效土地，提高土地资源利用效益。推进标准厂房建设，开展对空余或闲置工业厂房、仓储用房等存量房地资源挖潜节地行动，缓解用地紧张矛盾。

（三）制定投融资机制创新政策

郑汴港产业带尤其是郑开双创走廊是以科技型、创新型企业为重要支撑的，因此要建立与其相适应的投融资机制。建立创业风险投资基金、双创产业发展专项基金等，对重点项目、获奖项目进行债券、贴息、补助、奖励等支持。符合双创导向的项目，优先申报国家专项建设基金和相关专项资金，优先享受专项资金补助或扶持政策，优先支持向政策性银行争取长期低息的融资贷款。支持知名天使投资人、天使投资机构等在双创走廊内设立种子（天使）基金。支持各类社会资本投资郑开双创走廊内科技创新创业项目，引导金融专营机构创新金融产品和服务，加强对创新创业项目和科技型小微企业的金融支持。鼓励创新型企业在主板、中小板、创业板、新三板等各类资本市场挂牌上市。出台科技领域小微企业融资配套政策，研究推进专利、商标、版权等知识产权资产的评估、转让、处置工作。

（四）大力开展招商引资

深入实施“精准招商突破年”活动，大力开展“一业一策”精准专业招商，开拓创新、狠抓落实，全方位、多层次、宽领域的开展招商引资工作。按照“门槛要高、条件要优”原则，招引一批国内外500强、上市公司等龙头企业。制定详细的招商引资政策，加大政府财政支持力度，对符合郑汴港产业带发展方向的入驻企业可在税收、土地及信贷方面给予扶持。要围绕各产业园区主体功能定位，制订专项支持政策，紧盯行列龙头企业和高端科技研发机构，组织开展专业化招商活动，力争签约一批引领性、标志性企业和项目。完善机制，强力推进，全面提高招商成效：一是完善联系分包推进机制。每个项目都明确一名牵头人，作为项目协调人，从项目的联络、对接、洽谈、开工、建设等环节，全程跟踪服务，一抓到底，一包到底，重点解决项目推进过程中的突出难题。二是完善督导推进协调机制。定期召开项目推进工作会，梳理在谈项目，针对每个项目制订推进方案，确定项目推进工作时间节点。三是完善服务联动机制，对新上项目的前期工作，全力配合项目投资方市场调查、政策咨询等服务，形成“有人管、有人谈、有人盯、有人干、有人帮”的良好推进机制。注重节会招商，筹备好清明文化节经贸活动、菊花文化节系列招商活动，组织参加中国中部投资贸易博览会、投洽会等系列经贸活动。落实好招商引资“六项机制”和“五个一”跟踪服务机制，切实提高项目履约率和资金到位率，严格兑现政府承诺。

（五）实施人才引进战略

制订高层次人才支持计划，开通科研机构和高端人才进入的“绿色通道”，对于入驻的科研机构可给予事业单位编制和扶持资金。对于落户的高层次人才，给予财政补贴和税收优惠，优先解决其落户、住房、子女入学等问题。科教人员以科技成果作价入股参与企业经营的自主权，对通过校企合作取得研发成果的科研人员给予资金奖励，高薪聘请拥有丰富经验和创业资源的企业家、天使投资人和专家学者、科技领军人才等担任双创发展的创业导师或在创业培训机构任兼职教授等。借助实施“千名精英学子留汴工作计划”，围绕郑汴港产业带进一步出台人才安居乐业实施办法，让高端的创业创新型人才留得住、能发展。全力支持河南大学“双一流”建设，发挥人才的“蓄水池”和“中转站”作用，为郑汴港产业带的高质量发展提供更加充裕的人才支撑。

（六）推动创新要素加快聚集

在国际创新发展史上，通过一条或多条高速公路作为重要连接轴建设创新走廊是多城跨区域合作的一种重要模式。在国外，美国 128 号公路创新廊道、英国M4走廊等依托区域交通廊道，以组团模式实现“以点带面”发展的演变，成功发展成为世界知名的高技术产业创新走廊。美国128号公路是一条长108公里的高速公路，环波士顿市外缘绕行，公路两旁布局着电子、宇航、国防、生物工程等领域的各类公司和工厂，已发展成与硅谷齐名的美国微电子技术中心，被称为“美国的技术公路”。美国128号公路创新廊道的成功秘诀在于其背后拥有强大的智力支撑，囊括了哈佛大学、麻省理工学院等数十所高等院校，其为波士顿高技术工业区提供了大量高水平的科学家、工程师和高级技术人员。

但是，郑汴港产业带尤其是郑开双创走廊现在的创新要素聚集能力不够，东京大道西延工程这一连接轴还没有建成，这些都加剧了开封创新要素的聚集的困难。与发达地区不同的是，在科研投入不足的欠发达地区要建设双创走廊，必须要充分做到各种创新要素汇聚，包括资源要素、人才要素、文化要素、金融要素、信息要素等。因此，河南省应尽快出台支持郑开双创走廊建设的政策措施，要充分发挥政府部门主导作用和企业主体作用，广泛调动大学、协会、科技创新联盟等方方面面的积极性、主动性、创造性。郑州大学、河南大学等高校要勇于担当、发挥引领性作用，在探索校地、校企合作联动的新模式，在聚集高端要素、营造创新生态、实现成果转化等方面做出更多探索、更大贡献。同时，政府要建立完善高等学校、科研院所成果转化激励机制，推动科技成果加快向现实生产力转化，进一步打开科技创新和增添发展动力的通道。要注重知名高等院校和科研机构的引进和培育。

（七）全力以赴加快项目建设进度

结合目前空间布局和产业现状，高质量、高水准做好发展规划和城市设计，为下一步郑汴港产业带的建设夯实基础。同时，加快现有项目建设，进一步完善项目协调推进机制，落实好重点项目“六项机制”，层层细化分解建设任务，明确建设进度节点，强化督导责任考核。抓好项目服务，重点抓住项目立项、土地、规划、环保、设计等关键环节，帮助协调解决实际问题，确保项目建设顺利推进。要抢抓项目建设黄金期，加快项目建设进度，要借大项目的吸附能力，引入更多全产业链上的配套服务企业，并做好产业集群构建的相关工作。要提高认识抓落实，抢抓当前建设时机，全力以赴抓好项目建设进度。坚持问题导向，强化项目建设前期工作，强化现场巡查与督查。要强化协调，梳理和化解项目推进中的难题，发扬一抓到底的工作作风，在保障建设项目进度的同时把好工程质量关。要加强保障，建立有效保障机制，营造健康良好工作氛围，确保按时间节点推进建设，进一步加快政府投资项目建设进程。

第三章　产业篇（二）
开封市传统制造业现状及发展建议

总体来说，开封的工业发展存在工业总量与企业结构普遍偏小的局面，且作为典型的传统农区，工业化的内生动力不足、面临着竞争化的外部环境，工业发展异常危艰。随着经济发展进入新常态以来，全国范围的产业结构转型升级，即为开封的工业发展带来了更为沉重的压力，同时也带来了难得的机遇。面临新格局，开封市委、市政府为开封工业的发展定下了“创新驱动新型工业化城市”的主基调，也就意味着开封真正认识到了创新对把握时代机遇，推动工业发展的重要意义。然而创新不代表完全抛弃传统制造业。深入了解现有制造业的发展基础，寻找阻碍发展的问题根源，以创新思维寻求破解，从而实现传统制造业的转型升级，有着重要的意义。

一、汽车及零部件产业发展现状及政策建议

（一）开封市汽车及零部件产业发展现状

目前，奇瑞汽车河南公司已具备年产 30 万台整车生产能力，成为奇瑞公司最大的商用车生产基地，为其提供了 80% 的产能。2018 年奇瑞汽车河南公司实现产量 11. 2 万台，同比增长 77%，总产值 73. 86 亿元，同比增长 123%，出口创汇达 1. 1 亿美元，在全国商用车出口业务中排名第二。

开封市汽车零部件产业也因奇瑞汽车 2011 年建成投产取得了较快发展，已拥有武秀汽车配件有限公司、广佳汽车饰件有限公司、恒鹏汽车零部件有限公司等零部件相关企业百余家。开封市已初步形成了以奇瑞汽车为龙头，汴西产业集聚区与尉氏县产业集聚区为支撑的汽车及零

部件产业集群，生产涵盖冲压、车桥、仪表、注塑、内饰、涂装、压缩机、刹车系统等产业链条。

开封市汽车制造业一度保持较高水平的增长，年增加值由2012年的41091万元增长到2015年的145932万元，增加值一直处于正增长状态。但在2016年，增长速度出现了较大程度的下降，说明该产业发展缺乏一定的稳定性，受外部市场环境影响较大（见图3－1）。

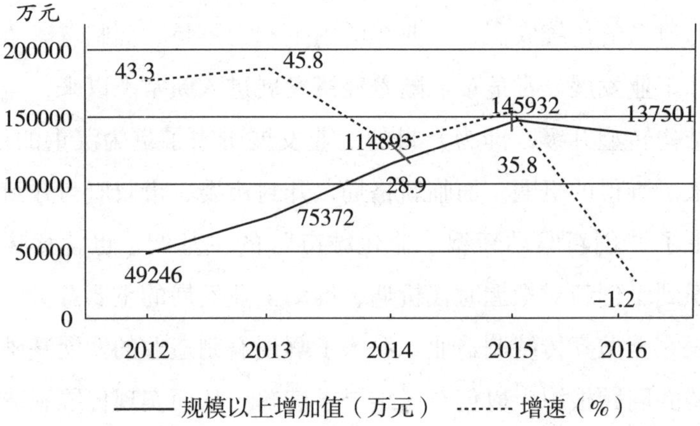

图3－1　2012年以来开封市汽车及零部件产业发展概况

资料来源：开封市统计年鉴。

开封市发展汽车及零部件产业已具备一定的集群优势，在河南省汽车产业发展中占有重要地位：①拥有国内知名整车制造企业。奇瑞汽车河南公司累计投资总额逾40亿元，拥有国际化标准的生产线和生产设备。②已形成了较为完整的产业链条。开封市汽车零部件产业已拥有零部件相关企业百余家，产品门类齐全。③具有规模较大的铝型材生产基地，能够在汽车轻量化的背景下为汽车及零部件产业发展提供丰富的铝材料。④地理位置优越，具有交通枢纽地位，是郑州大都市区的核心城市、郑汴港核心区的重要支点，跨区配套生产便利。

（二）汽车及零部件产业存在问题及政策建议

1. 面临问题

虽然开封市汽车及零部件产业总体发展较快，但也存在一些亟待解决的问题：

（1）产业规模结构不合理，组织水平低。开封汽车生产企业仅有奇瑞一家，围绕奇瑞落地的配套企业以小微企业居多，企业发展对奇瑞产能扩张的依赖较为明显，配套企业之间的纵向联合水平低，尚不足以形成较为全面的配套供应能力。

（2）产品结构单一，过分依赖外部环境。奇瑞开封基地以生产农用车为主，近年开始转向商用车和乘用车市场，迄今为止暂时只有捷途系列取得了瞩目成绩，需要更多优秀产品的沉淀和积累，提高对汽车市场变化的适应力。相对的，各家汽车配套企业力量单薄，产品结构单一，不具备独立运营的能力，极度依赖于下游企业的发展状况。

（3）自主创新能力较弱。相关企业更多的尚处于模仿和追求成品率的阶段，投入创新研发的力度不足，产品集中在非关键性零部件上，缺乏核心竞争力。

（4）抗风险能力差，缺乏外部融资能力。汽车及零配件产业普遍存在毛利润偏低，投资需求偏大的情况，资本积累速度较慢，普通商业贷款难以满足其发展需要，难以从正规的商业银行机构取得贷款。

2. 发展路径

（1）提高产业组织水平，培育汽车产业集群。要实现开封汽车及零部件企业转型升级，必须打造以整车企业为龙头的产业链，针对性地引进与已有汽车及零部件功能配套的企业，延长、加强现有产业链，形成整车制造与零部件生产相互促进、互动发展的格局。同时鼓励整车企业与零部件企业实现股权交叉，充分利用金融资本和金融市场，支持有条件的企业实现兼并和联合，壮大企业实力。将现有的汽车产业基地发展为链式化经营，高质量、高经济效益的产业集群，从而发挥集聚效应，促使开封市汽车及零部件产业做大做强。

（2）鼓励技术创新，扶持环保型汽车企业。在节能减排标准愈发严格的大环境下，新能源汽车已经成为行业的发展趋势。要抓住本轮发展机遇，积极响应国家政策，促使开封市汽车产业弯道超车。依托奇瑞等整车企业发展新能源汽车，重点扶持新型动力等方面的技术创新。鼓励零部件企业逐步淘汰落后产能，在汽车朝轻量化发展的契机下，实现技术改造和产品创新。加强与知名院校科研机构的合作，开展协同创新，提升研发团队整车和关键零部件领域创新能力。

（3）加强区域分工协作，打造郑开汽车产业走廊。目前郑州已经形成中牟汽车产业集聚区、宇通工业园等 4 个整车生产聚集区，拥有宇通客车、郑州日产、上汽等整车企业 7 家。开封汽车及零部件企业要想获得长足发展，必须融入到郑州产业集聚区的框架之中。全面加强区域产业合作，按照发挥比较优势、合理分工的原则，实现产业互补。鼓励零部件企业参与跨区的配套生产及产业整合，摆脱依赖于某一下游厂商的局面，在与郑州地区的整车制造企业合作的同时注重错位发展，打造郑开汽车产业走廊，使之成为中国汽车生产中心。

（4）把握好细分市场，挖掘现有市场空白。把握好细分市场已经成为企业扬长避短、发挥优势、扩大市场占有率的重要策略之一。捷途系列是目前国内市场上能买到的最便宜的中型 SUV，这相当于是在原有本土品牌主打得紧凑型 SUV 的基础上进一步地进行了产品的下探。同时，捷途系列锁定的目标群体为三四线甚至更加偏远的中低端市场，而这个市场，目前正是中国汽车市场中最具有活力的部分。开封市汽车及零部件产业在发展过程中一定要密切关注市场变化，深入挖掘现有的市场空白，抢占行业高位。

3. 政策支持

（1）增强政策组合优势。突出针对性和实用性，市县联动加大支持力度，形成政策组合拳

1）落实省、市支持转型发展攻坚战若干财政政策，统筹用好省、市级各类资金基金。充分利用国家重大技术装备关键零部件进口免税政策、国家和省、市首台（套）重大技术装备奖补政策，建立企业智能化改造、“机器换人”和质量品牌建设等财政奖补机制。

2）落实好《关于实施“汴梁英才计划”的意见》规定的政策措

施，进一步深化人才发展体制机制改革，着力破除束缚人才发展的旧思想、旧观念。要优化工作流程，畅通生活保障服务“绿色通道”，让人才无后顾之忧，加快高层次人才集聚。

3）强化用地保障。对开封市以汴西新区发展基地主体、通许电动车发展基地为补充的汽车产业用地实行重点保障，按照整车企业生产基地及配套零部件产业园集中连片建设的原则，提前开展土地整理和储备，为新引进整车企业和现有骨干企业扩能改造创造条件。

4）加强基金支持。梳理建立产业项目库，通过市场化运作，积极向国家、省产业基金推介，或本着谁出资谁收益谁享有的原则，与项目所在县（市、区）成立子基金等形式，采取股权投资等方式，推动一批重点项目建设。

（2）增强区域市场优势。坚持政府及公共领域先行，加大私车购买支持力度，加快完善充电设施网络。

1）加大本地产品推广力度。按照国家调整的政府公务用车配备标准，将符合条件的本市产品纳入开封市政府用车范围，同等条件下优先采购。支持鼓励市内重点工程以及企事业单位、社会团体新增或更新车辆，在同等条件下优先采购本市产品。

2）全面落实政府机关、公共机构率先使用新能源汽车相关规定，原则上全市新增及更新的公交车辆、市政环卫车辆全部纯电动化，新增及更新的邮政、出租、通勤、轻型物流配送、旅游景区等作业车辆新能源车比例 2021 年不低于 85%。对纯电动乘用车实行不限行、减免停车费等政策，对城市配送的纯电动货车实行便利通行政策，鼓励个人、非公企业等用户购买使用新能源汽车。

3）加快充电及车联网基础设施建设。科学确定建设规模和空间布局，同步建设充电智能服务平台，形成较为完善的充电基础设施体系，并按照“桩站先行”的要求，引导社会资本加大力度，通过公开竞争，授予特许经营权，在车桩融合发展统一规划的基础上，分类有序推进桩站建设，快速建成充电基础设施网络，确保建设规模适度超前。

(3) 增强产业协同优势。推进生产性服务业、会展产业等协同发展，增强零部件配套优势，坚持培育与引进龙头企业并重，实现全产业链融合共生。

1）大力发展生产性服务业，完善园区配套措施。要极力完善以物流运输、人力资源管理与培训服务为主的生产性服务业。积极搭建第三方物流共享平台，畅通整车及零部件外输内运物流通道，为汽车产业的良性健康保驾护航。同时，完善产业园区的基础设施，建设一定数量的文体休闲场所，形成新的商业聚集区，为工业生产提供良好的生态环境和生活保障。

2）积极发展会展经济，丰富招商渠道。利用历史文化名城优势积极发展会展经济，借助汽车会展吸引更多汽车及零部件产业落户开封，壮大产业实力。同时，创新汽车产业招商政策，着力开展驻地招商、委托招商、以商招商。

3）重点推动各产业集聚区抢抓国家实施新能源汽车补贴、放宽外资股比限制等政策机遇，密切跟踪国内外优势汽车企业投资动向和新能源汽车布局需求，针对意向企业，特别是国内外优势汽车企业，开展新能源及网联汽车项目精准引进。加强与知名新兴汽车设计制造企业、互联网汽车企业对接，积极争取设立智能网联汽车研发生产基地。

4）加快发展网联汽车零部件。加强车载终端、车载芯片、无线通信设备、智能传感器等关键零部件企业及系统集成供应商引进和培育，鼓励人工智能、互联网、信息通信等企业与车企深度融合，形成一批网联汽车零部件和自动驾驶系统解决方案优势企业。支持市内零部件企业与整车企业在研发、采购等方面深度合作，构建稳固供应链体系。

二、装备制造业的发展现状及政策建议

（一）开封市装备制造业发展现状

开封市的装备制造业一度非常薄弱，主要集中在与日常生活和农业生产有关的简单的机械修配和农机制造领域。中华人民共和国成立后，

装备制造业迎来了发展的大好机遇，逐渐成长为一个新兴产业，在开封市的工业体系里占有非常重要的位置。

目前，以河南煤化开封大型空分设备、开元空分、黄河空分、东京空分等为主力军的空分特色产业约占全国市场份额的1/3，并具备10万等级及以上的特大型空分装备制造能力。以天元网架、安利达金属、诚信钢结构等为代表的金属钢构制造企业产品占有国内外市场份额逐年增加。以开封强力预应力集团为首的30多家预应力制造企业占有全国预应力市场30%以上的份额。以瑞创机械、茂盛粮机、千里机械等企业为代表的农机生产企业在全国都有较高知名度。

开封市装备制造业拥有良好的发展势头和诸多优势：①行业起步早，具有一定产业基础。②产品有一定认可度，基础客户群稳定。③拥有国家级空分设备特色产业基地。④要素价格具有较高的竞争优势。开封市的工业用地价格在全国仍处于较低水平，劳动力价格与东部沿海地区和周边大中城市相比也更为低廉。

（二）装备制造业存在问题及政策建议

1. 面临问题

以空分为代表的开封装备制造业发展面临着以下问题：

（1）经济进入新常态，部分行业产能过剩。随着经济结构调整，发展方式转变，过去粗放式扩张的产能特别是钢铁行业等面临转型升级的压力，而与之紧密联系的装备制造业也随之受到了一定冲击，出现了订单减少，回款困难等现象，生存难以为继。

（2）小微企业众多，龙头企业起点不高。以空分行业为例，龙头企业开封空分在空分行业发展的黄金时期，并未抓住机遇投入研发实现不断转型升级、做大做强，现在已经在一定程度上落后于杭氧集团等国内大型空分企业，而依靠龙头企业人才、技术成长起来的诸多小微企业，也逐渐在竞争中处于下风，逐渐开始互相压价，恶性竞争，无法产生合力。

（3）装备制造业面临激烈竞争，整体利润率不高。随着市场竞争不断激化，技术逐渐落后，作为传统行业的装备制造业毛利率进一步下降，无力投入资本进行技术升级，逐渐陷入恶性循环。

（4）企业技术水平低，知识产权保护意识薄弱。由于毛利率不高，资本积累困难，企业投入研发的资金很少，而开封之前的环境对创新创业支持力度不足，知识产权更无法得到有效保护，也缺乏吸引和留住相关人才的条件，转型升级困难重重。

2. 发展路径

（1）发展智能装备制造业，研究制订重点行业智能化改造方案。实施智能车间建设行动，全面推广“数控一代”技术产品，促进人工转机械、机械转自动、单台转成套、数字转智能。实施“设备换芯”“生产换线”和“机器换人”改造计划。支持企业应用自动化成套装备、自动化成套控制系统，优化工艺流程，建设柔性智能制造单元，提升设备运转效率和产品质量稳定性。重点突破农业机械数字化设计、可靠性与自动监测、智能信息化等关键核心技术标准研发，向高效智能、舒适便捷、节约可靠方向发展，提升产品的技术水平，攻占高端农业机械市场。

（2）深化互联网在制造领域应用，实施“互联网＋制造”行动。开展工业云及工业大数据创新应用试点，支持制造业云平台建设，打造制造资源池，提供开放共享的数据挖掘分析、个性化定制和精准营销等大数据应用服务。鼓励制造业骨干企业通过互联网与产业链各环节紧密协同、全面互联，推行众包设计研发和网络化制造等新模式。鼓励互联网企业与制造企业无缝对接，培育智能监测、远程诊断管理、全产业链追溯等工业互联网新应用。建设智能制造解决方案云平台，集中展示和推广各行业优秀智能制造解决方案。

（3）积极化解过剩产能，大力发展绿色制造。严格节能节地节水、环保、安全、技术等准入条件，因业、因地、因企制宜，主动压减产能，严控新增产能，淘汰落后产能，改造优势产能。按照企业主体、政府推动、市场引导、依法处置的办法，对不符合能耗、环保、质量、安全等标准和长期亏损、资不抵债、停产半停产的“僵尸企业”以关停并转、兼并重组、破产清算等方式逐步予以出清。加强执法监督检查，防范金融、社会风险，为高效率优化资源配置创造有利条件。

（4）加强品牌建设，实施品牌发展战略。在空分设备、农机装备等领域打造一批拥有自主核心技术、具有国际竞争力的知名产品、知名企业、知名品牌。推动区域品牌、企业品牌、产品品牌价值评价，培育壮大消费热点品牌，提升品牌价值和效应，扩大“开封制造”影响力。发挥品牌引领作用，争创国家级、省级知名品牌示范区，提升区域经济竞争力。实施商标战略，促进商标品牌集约式发展。支持企业争创中国驰名商标、河南省名牌产品，积极培育地理标志保护产品，进一步促进产业转型升级和区域竞争力提升。

（5）培育优势产业集群，实施亿级优势产业集群培育工程。强化龙头带动、集群引进、延链补链和协作配套，突出链式整合和横向联合，围绕主导产业发展百亿级特色产业集群。通过规划编制、政策引导和协调联动，推广“整机＋配套”“原材料＋制成品”“制造业＋服务业”等优势特色产业链模式，大力推动上下游产业链集聚、同类产品同类企业集聚、制造业与生产性服务业融合集聚，建设产业特色鲜明、配套服务完善、分工合作有效的现代制造业集群，打造在全国具有一定影响力的新型制造业示范基地。

3. 政策支持

加快政府职能转变，坚持问题导向、破解瓶颈制约、深化企业服务，全面推进体制机制改革，营造市场化、法制化的产业生态，培育创新文化和制造文化，推动制造业变大变强。

（1）营造公平竞争市场环境，深化行政审批制度改革。公布政府权力清单和责任清单，推行行政审批标准化建设，全面实行工商营业执照、组织机构代码证和税务登记证“三证合一”登记制度。深化市场准入制度改革，实施负面清单管理，加强事中事后监管，促进各类要素在市场中合理流动和优化配置。

（2）强化制造业人才支撑，加强人才统筹规划和分类指导。组织实施制造业人才引进和培养计划，推进经营管理人才、专业技术人才和技能人才队伍建设。大力引进和培养高层次创新创业人才和创新创业团队，实施专业技术人才知识更新工程和先进制造卓越工程师培养计划，加强省内高校制造业相关学科建设，建设一批工程创新训练中心，打造高素质专业技术人才队伍。

（3）充分利用现有资金渠道，积极支持高端装备发展。继续实施现行高端装备及基础件财税支持政策。完善和落实支持创新的政府采购政策，促进高端装备共性技术研发和新产品规模化应用。继续推进首台（套）重大技术装备保险补偿试点工作。搭建政银企合作平台，研究建立产融对接新模式，引导和推动金融机构创新金融产品品种和服务方式。促进高端装备企业融资、规模化发展。

（4）兼并重组部分小微企业，优化制造业产业结构。针对开封市制造业多且乱的格局，首先将开封市制造业企业进行摸底调查，将大型企业、小精尖的特色企业、小型低端企业进行分类。尝试将小型低端企业进行兼并重组，增强其整体实力，优化开封市制造业散乱无序的局面。

（5）健全产业创新体系，提高自主创新能力。统筹考虑开封市现有科技布局与科研资源的基础上，加强高端装备技术研发基地（平台）建设，加大技术创新力度，突破和掌握关键核心共性技术，加大关键制造装备研发力度。组织引导高端装备领域骨干力量，建立集“产、学、研、用”为一体的高端装备产业联盟，构筑专利共享平台，在科研开发、市场开拓、业务分包等方面开展合作，实现重大技术突破和科技成果产业化。

三、精细化工产业发展现状及政策建议

（一）开封市精细化工产业发展现状

全市化工企业主要在开封精细化工产业集聚区，尉氏县、通许县、

杞县、祥符区也有零星分布。总体来看，全市化工行业细分为化工、化肥、农药、橡胶等四大类。截至 2018 年 6 月，化工产业集群共有规模企业 136 户，实现主营业务收入 196.62 亿元，比上年同期增长 15.75%；实现利润总额 24.16 亿元，比上年同期增长 126.35%。开封市精细化工产业聚集区 2018 年全年实现主营业务收入 99.37 亿元，完成全口径税收 1.91 亿元，完成固定资产投资 16.5 亿元，从业人员累计达到 1.29 万人，污水集中处理率 100%，建成区面积达 4.75 平方公里。

开封市精细化工产业集聚区是全国 14 个精细化工基地之一，在高端化工产业发展上拥有一定优势，人才资源丰富，且有着优越的地理优势，在化工企业“退城入园”的新形势下，开封精细化工产业集聚区成为全市乃至全省退城入园工作的重要载体；江苏、浙江等地区由于环保和成本压力比较大，逐渐往中部西部的化工园区转移，这也为开封的回归工业有着强有力的支撑。

总体而言，开封市化工产业保持着可观的发展态势，规模以上增加值从 2012 年的 659069 万元增加到 2016 年的 979909 万元，增加了 1.5 倍（见图 3－2）。

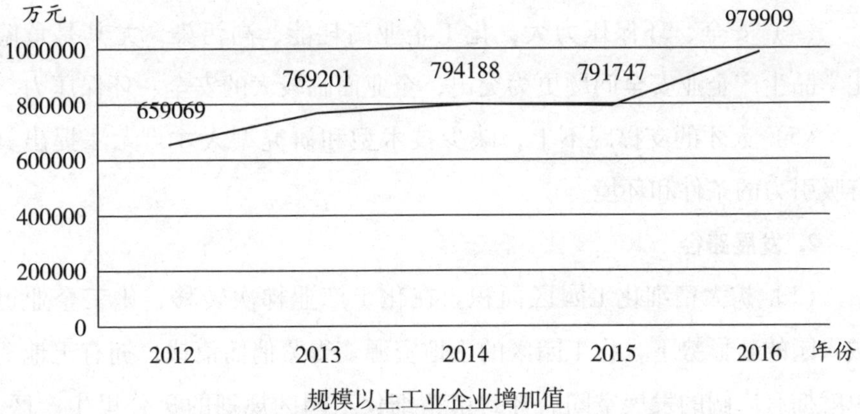

图 3－2　2012 年以来开封市化学产业发展概况

资料来源：开封市统计年鉴。

（二）精细化工产业存在问题及政策建议

1. 面临问题

目前开封市的精细化工产业还处于起步发展阶段，企业规模还不大，经济效益还不突出，产业整体还存在以下一些问题：

（1）发展空间不足。开封精细化工产业集聚区作为全市乃至全省退城入园工作的重要载体，需要充足的发展空间，但当前面临着无地可用的被动局面，导致很多优秀化工企业不能够搬入园内，造成我市精细化工产业不够集中，亟须通过用地调整，扩大园区空间范围。

（2）目前开封精细化工园区主要以开封东大化工有限公司作为发展精细化工的重要原料，是精细化工发展的最大支撑，现在的发展主要围绕东大来发展产业链。化工产业链的完整，既有利于增强企业合力，减少成本，提高竞争力，也有助于实现封闭式循环，最大限度地减少污染和排放。但现存产业链不够完善，缺乏一些关键环节企业，有待进一步招商。

（3）部分企业技术比较落后，污染排放较大，加上未能及时改造提升生产工艺，导致产品能耗较高，附加值较低，市场效益欠佳，升级改造任务艰巨。

（4）安全、环保压力大，化工企业高耗能、高污染，尤其是危险化学品生产企业安全问题更为突出，企业面临较大的安全、环保压力。

（5）人才的支撑跟不上，缺少技术型和研究型人才，无法提出具有吸引力的条件和环境。

2. 发展路径

（1）扩大精细化工园区面积。在化工产业梯次转移、化工企业退城入园的新形势下，化工园区的土地资源变得紧俏而值钱，拥有土地资源就拥有广阔的发展空间。开封市精细化工园区规划的 9 公里生产区，如果刨去村庄和建成区，可用土地已非常有限，无力打造千亿化工产业集群的发展目标。抓紧扩大园区面积，即为当前发展争取空间，也为后续发展积累财富。以2020年城市规划调整为契机，将精细化工园区规划区域全部纳入开封市城市总体规划范围，并根据打造千亿产业集群的建设需要再扩大规划面积10平方公里左右。加大土地供应指标和补充耕地指标向集聚区的倾斜力度，保证当前在谈优质项目的土地供应，尽快改善集聚区产能结构。

（2）加强产业链式延伸。目前，开封市精细化工园区已围绕东大化工的烧碱项目形成链条较长的盐化工产业链，下一步可借助周边地区煤炭资源比较丰富的优势培育发展煤制化学品产业链，也可在园区及周边发展化工材料加工、化工装备制造、化工物流贸易、环保治理设备等化工配套产业，围绕东大化工的氯气、氢气、烧碱等资源，引进耗氯、耗氢项目，打造龙头带动格局；围绕五一新材、双塔涂料和夸克纳米等三家涂料企业延伸产业链；盛宏丰化工主要原料甲醇和烧碱，可以围绕盛宏丰化工链做40亿～50亿元的胶黏剂产业；围绕九泓化工苯酐、增塑剂的上下游，持续发力，上马高附加值、更环保、标准更高的增塑剂和添加剂等产品项目；拉长农药产业链条，重点发展高效、低毒、安全的密菌酯、杀虫除草剂原药、中间体、植物源生物农药，并建议将金鹏化工、大地农化等小型农药类化工企业整合并成一定规模企业，加强企业间的物料联系，放大关联效益，降低安全风险，降低运输成本，形成以兰博尔、博凯和合并而成的企业农药类化工生产链；延伸橡胶制品产业链条，发挥产业基础优势，重点推进铁塔橡胶搬迁、金久龙汽车用传送带项目，研发大型农机及矿山输送传送带等产品。

（3）高规格规划园区，打造千亿产业集群。在河南省没有国家级化工园区的情况下，开封市精细化工园区要抢抓机遇，高起点规划、高标准建设、高规格管理，做规范化园区、专业化园区、绿色化园区。在化工行业调整、化工企业入园的形势下，通过规范化建设，可以为化工企业打造稳定的发展环境，增强投资者的信心，引进规模较大的优质项目；化工行业涉及易燃易爆、高温高压、有毒有害化学品较多，造成环境污染比较严重，要解决这些困扰，必须走专业化园区发展之路；污染防治攻坚战的扎实推进对化工行业的发展既是重大机遇，也是重大挑战，加快产业转型升级，建设绿色化工园区，不仅是化工园区长久发展的根本大计，也是推动产业高质量发展、打造高水准园区的客观需求。清理千亿化工产业的集群结构，明确发展路径，让效益凸显、结构明晰的化工产业集群成为开封工业建设的主战场，成为全市税收收入的重要来源，成为推动城市建设的重要支撑。

（4）成立集聚区科技合作中心。开封精细化工产业只有通过技术引进和技术创新来实现结构调整、链条延伸、附加值提高。引进国内知名的科技成果转移中介机构，成立专业化公司，以市场化运作推进精细化工集聚区企业与高校和科研所的科技和人才合作，充分发挥中介结构在信息和资源方面的优势，着力解决企业在市场判断、新品研发、提升集聚区依托科技支撑转型升级的能力。

（5）科学推进产城融合。在产业发展新趋势下，伴随产业的升级，产业对城市服务的要求日益提高。由于环保和安全的问题，化工园区大多与城市保持一定的距离，要尽量避免在化工园区建设大规模城市群，但可以做到人、财、物之间的流通。加快城镇化步伐，对汪屯中学、汪屯小学进行改造完善；推进集聚区活动中心建设，扩大公租房规模并完善生活配套设施，为周边进厂务工人员提供技能培训；完善集聚区及周边道路交通网建设；启动被征地农民养老保险工作，让企业职工和周边农民共享集聚区发展成果。

3. 政策支持

（1）组织攻坚团队。依托由主管副市长为组长的化工产业转型发展专项工作组，建立由各有关县区分管负责同志、有关部门主要领导为成员的工作专班，同时各有关县区也要成立相应组织，定期召开精细化工产业发展工作推进会，研究掌握项目建设推进情况，协调解决发展中存在的问题和困难，确保各项工作扎实高效推进，为精细化工产业转型发展提供有力保障。

（2）严格市场准入，加大环保设施投入。认真贯彻国家产业政策，严格化肥、甲醇等产品市场准入条件，淘汰过剩落后产能，对于不符合准入条件的，国土资源、环境保护等相关部门不得办理有关手续。要通过市场机制和土地等要素供给政策杠杆，以及安全生产、环境保护、节能减排等法律法规和政策调控措施，促进土地、资源、人力等各生产要素向优势企业、优势产品集中，彻底改变化工行业低水平扩张、发散性无序发展的局面。建议市级层面加大对集聚区废气在线检测体系建设和废气收集“一企一管一池”建设的财政支持力度，加强集聚区污染监管能力和溯源能力，有效解决废气扰民、废水乱排等困扰集聚区发展的环保难题，树立良好发展形象。

（3）改制高规格园区管委会，推进企业家精神培育。制订专题培育计划，每年至少两次组织集聚区各负责人到发达地区考察学习经营理念和发展经验；定期邀请知名企业家和行业专家到集聚区讲课，提升各企业负责人的管理能力和执行能力；推行荣誉奖励计划，对经营有道、贡献巨大的企业家，以荣誉市民、城市钥匙等精神奖励给予充分肯定。

（4）加大科研创新支持力度。鼓励企业大力引进行业专家提升技术工艺；支持企业推进集聚区科技孵化器建设，为高端精细化学品项目的入驻和发展提供保障；加快成立创新发展基金，以完整的产、学、研、金体系支持集聚区优势产业和优质企业做大做强。

（5）储备专业人才队伍。建立完善的的专家库，利用专家资源服务我市化工项目建设，在校企科研和技术合作、资源共享的基础上充分利用河南大学、开封大学、化工技师学院等高校师资和研发力量，力争解决化工行业发展的工业治理问题。建议以精细化工产业集聚区为我区经济建设主战场，将每年引进和招聘的人才优先分配至精细化工产业集聚区工作锻炼，并配套优厚的政策待遇和优先的晋升机遇，以强有力的人才队伍打牢集聚区实现跨越发展的基础。

四、新型材料产业发展现状及政策建议

（一）开封市新型材料产业发展现状

近年来开封市把新型材料业作为新兴产业集群之一重点扶持，取得了长足发展，2017 年年底，开封市新型材料业规模以上工业企业达 65 家，占全市规模以上工业企业个数的 5.9 %。开封市 2017 年新材料产业实现主营业务收入 131.76 亿元，仅占全省主营业务收入的 2.79%。

开封市有杞县新材料园区、精细化工产业集聚区、通许县产业集聚区等三大产业集聚区。开封市有着优秀的企业：如新大新材料公司产品市场占有率一直位居中国晶硅片切割刃料生产企业前列；华瑞化工新材料拥有河南唯一的光气生产资质；位于杞县的熙朝型材是中原地区最为齐全、最有实力的铝工业型材生产厂家；永煤集团开封龙宇化工有限公司生产的聚甲醛在全国聚甲醛销售市场中占有重要的份额。当前开封市正处于工业转型升级的关键期，很多设备、应用都离不开材料的支撑，新材料已经成为制约开封市制造业转型升级的突出短板，开封市新材料产业有着巨大的发展前景。

（二）新型材料产业存在问题及政策建议

1. 面临问题

虽然开封市新型材料产业总体发展较快，但也存在一些亟待解决的问题：

（1）产业集中度不高，企业平均规模偏小、布局不够合理，产业协同不够，缺乏市场话语权。

（2）企业研发投入不足，缺少拥有自主知识产权的新技术、新工艺、新装备，新品开发速度滞后于产业发展需求，缺乏核心技术，自主创新能力不足，人才普遍缺乏。

（3）安全隐患和环保压力问题，开封华瑞化工新材料有限公司拥有着河南省唯一的光气生产资质，光气是重要的有机合成原料，光气即

可造福于人类，但存在着很大的安全隐患，又可给人类带来灾难。而新材料产业往往与化工联系密切，环保问题不容忽视。

（4）新材料企业多为高耗能企业，开封市电费比较昂贵，政府用电补贴不足，企业生产成本居高不下。

2. 发展路径

（1）打造特色产业集群。各产业集群应该做好分工，防止重复建设和产能过剩，着力打造杞县新材料园区、精细化工产业集聚区、通许县产业集聚区等三大产业集聚区。开封市新材料产业必须重视以园区为依托的集群发展模式，引导同类型的新材料企业向园区聚集，促进新材料企业、项目和资金、技术、人才等要素向专业化中小企业协作配套的产业集群，推动产业链向上下游延伸，完善产业培育体系，通过产业链整合和专业化分工促进行业创新和快速发展。充分发挥园区的平台作用，以优势骨干为龙头，通过企业集聚、产品集成方式，加速新材料产业集群的成长与壮大，走出一条低消耗、少污染的新型工业化道路。

（2）建设技术创新平台。围绕规划确定重点方向的区域标志性产业，进一步强化支持和引导措施，依托有条件的园区（如精细化工产业集聚区）内龙头企业，联动省科学院化工研究所、河南大学化工学院，着力打造集技术研发、企业孵化和创新服务于一体的产业技术创新中心。加强与国内专业研发机构和专业生产企业的技术合作，鼓励国内大型企业和研发机构来开封市建立新材料研发中心，推进关键技术研发和产业化，解决产品应用、设计规范、标准技术等瓶颈问题，在高分子材料、耐火材料、超硬材料等领域形成一批优势产品。

（3）做大做强龙头企业。围绕杞县新材料产业园区、开封市精细化工产业集聚区和优势产业，积极引进战略投资，培育优势骨干企业，创新产品种类，提升产品附加值。大力支持和引导铝型材、石墨电极、煤化工、耐火材料、光伏材料等龙头产业，通过参股、控股、资产收购等多种方式实施战略重组，针对产业缺项、技术缺项实施并购，整合产业链上下游资源，优化资金、技术、人才等要素配置，提升产业集中度和竞争力。

（4）推动绿色发展，重视安全环保。对于危害严重，污染巨大的生产工艺，鼓励支持相关企业通过技术研发、产线升级等手段，逐步淘汰。推动有一定污染的相关企业进入化工园区发展，进一步加强园区的安全生产与环保管控措施，最大限度减少危害。

3. 政策支持

（1）加大政策支持。加强空间布局，鼓励集约利用土地，引导企业向新型材料园区聚集，对重大新型材料产业项目，优先安排建设用地指标。设立郑州市新型材料产业发展基金，通过贷款贴息、短期融资、贷款担保等方式，加大对相关企业科技创新、产品升级、平台建设、节能减排等的支持力度。积极争取国家和省级专项资金、基金，促进开封市新型材料产业发展。鼓励社会资本投入新型材料研发和项目建设，拓宽融资渠道，降低融资成本。支持有条件的企业上市融资、发行债券等。

（2）强化人才保障。结合开封市新型材料产业研发、转化、生产、管理等方面实际，有计划地引进一批产业高端人才。充分挖掘现有高校、科研院所和相关企业的人才优势，发现并培育一批本土领军人才。注重产教融合、校企合作，鼓励行业企业参与人才培养，加快产学研用联盟建设，积极吸引社会资金、机构参与人才培育活动，提高人才培养与产业发展的吻合度，完善梯次人才队伍。

（3）优化发展环境。积极帮助新型材料企业协调解决市场开拓、项目建设、社会融资等方面的困难问题，认真落实“千人帮千企”活动，加大企业服务力度。抓好各项惠企减负政策的督促落实，深入开展企业负担调查评价，切实减轻企业负担，降低实体经济成本。

（4）加大用电支持。结合输配电政策调整，推动开封电厂建立直供园区电网，允许年用电量1000万千瓦时及以上的新材料企业全电量参与市场交易，降低用电成本。

（5）推广智能制造。对新材料企业发展智能车间、智能工厂等智能制造方式，采用数字化设计、装备智能化升级、可视化管理、质量控制与溯源、智能物流等先进智能应用的，选取2～3户示范企业授予“智能制造新材料企业”牌照，国土资源部门在用地上予以积极支持。

五、生物医药产业发展现状及政策建议

（一）开封市生物医药产业发展现状

开封有着悠久的医药工业历史，化学制药、中药制药是两大传统类别，1949年成立的开封制药厂和1957年成立的中药制药厂是其中的两个代表。生物医药产业作为开封市重点发展的战略性新兴产业之一，也是开封市最优可能培育成为支柱产业的战略性新兴产业。加快生物医药产业持续创新，推进开封市生物医药产业技术转型升级，是开封市科技发展重大战略需求。

2017年，开封市生物医药产业共实现主营业收入67.1亿元，比上年增长27.6%。2018年1—6月实现主营业务收入31亿元，比上年同期增长5%；实现利润总额2.3亿元，比上年同期减少11.1%。目前，生物医药集群共有28家规模以上企业，其中，列入开封市双“50”企业的有：河南天地药业股份有限公司、开封制药集团有限公司、河南优德医疗设备股份有限公司。“十三五”期间，开封市生物医药产业规模不断加大，发展特色日益显著，增长速度持续提高，企业队伍不断壮大，为产业聚集和创新驱动发展奠定了坚实基础。

总体而言，开封市医药制造业保持了稳定的增长，工业增加值从2012年的65634万元增长到2016年的152640万元，增长了2.3倍（见图3-3）。从环比增长速度来看，呈现出前高后低的特征。同时，也说明了该产业目前增长后劲乏力，需要引起特别的重视。

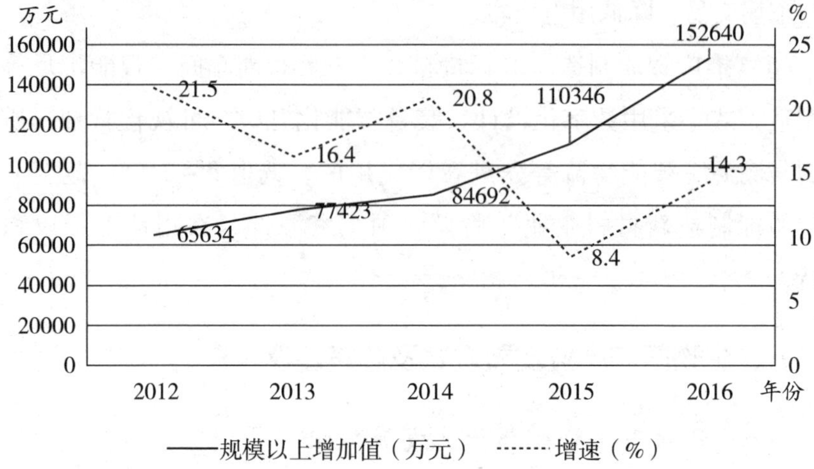

图 3-3　2012 年以来开封市医药制造业发展概况

资料来源：开封市统计年鉴。

（二）生物医药产业存在问题及政策建议

1. 面临问题

（1）产业聚集度和影响力还不高。相关企业存在小、散、乱的特点，并未形成聚集优势，无法促成产业链的连接，难以进一步提高竞争合力，实现共同发展。

（2）产品结构不够合理，生物医药产业集群规模以上企业偏重于传统的医药制造产业，高科技含量、高附加值的生物医药产业企业少、产品少，严格意义上说，生物医药产业集群目前仅仅具备雏形，有待进一步培育和发展。

（3）新上的医药及医药中间体项目多数与现有的企业没有配套联系，医药企业间的协作配合较少，资源不能有效共享，难以形成较强的行业竞争力和区域品牌，企业协作有待提高。

（4）企业创新能力和竞争能力还不强，产业发展缺乏资金投入。

（5）与相关科研机构的联系不强，提供的待遇相对较低，难以吸引专业层次高的技术人才。

2. 发展路径

（1）加强产学研医结合，提升创新能力。协力推进开封市生物医药产业企业与河南省人民医院、河南大学医学院共同发展合作，建立新型产学研技术创新体系，鼓励医药企业建立技术研发中心，加速医药科技成果本地转化，加大产品研发力度，增强行业综合竞争力和发展后劲。研究单位与医药企业知识和资本的相互渗透、相互互补各自不足，有效地解决生物医药企业的技术创新、研发效率及资金需求，推动新技术、新产品尽快从实验室走向市场。

（2）优化规划布局，促进产业聚集发展。支持企业有针对性地进行兼并重组，打破地区和所有制界限，整合生产要素，优化资源配置，完善产业链条，扩大生产规模，增强企业实力和市场竞争能力，开封市生物医药产业迅速发展扩大。通过政策引导和公共服务平台的建设，促使关联企业向产业聚集区转移，促进产业集聚和集群化发展。

（3）鼓励制造环节外包，实现跨越式发展。生物医药的研发环节是一个专业化程度高、涉及内容众多的复杂工程，淘汰率高和开发风险极大，迫使传统制药公司逐渐把精力放到新药的研发上，制造环节不可避免地进行了外包，这为后发区域实现生物医药产业的跨越式发展提供了契机。而开封市应该积极利用生物医药制造环节外部这一新的产业发展形态，引进生物医药产业的标准化生产环节，通过标准化生产环节向生物医药产业链上下游延伸，逐渐形成生物医药产业的“开封制造”效应。

（4）加大招商引资。首先要确定招商工作重点区域，目前中国生物医药产业集群已初步形成长三角、环渤海为核心，珠三角、东北等东部沿海地区集聚发展的总体产业空间格局。已批准设立的国家级生物医药产业基地的省市共 21 个，也主要分布在长三角、环渤海地区，上述区域将是开封市开展招商引企的重点区片，主动对接上述地区的国家级生物产业基地，加强与国内外大型生物医药企业联系，开展专题招商引资和承接产业转移活动，寻找产业转移和合作机会，重点引进生物医药产业链上下游配套关联企业及科研机构、销售企业等，快速形成产业集聚效应和产业集群发展优势。通过与生物医药产业的相关研究机构沟通、上网查询等方式，筛选出在国内外具有一定影响力的重点生物医药企业，并对根据经营主要产业产品分类，作为招商工作的主攻对象。

3. 政策支持

（1）加强产业政策扶持力度。进一步修订完善产业政策。市区联动，支持生物医药企业科技创新，鼓励生物医药相关企业开展重大产业技术攻关，支持企业获得《药品注册批件》和《医疗器械注册证书》。鼓励生物医药产业基地和龙头企业建设技术创新服务平台和专业技术服务平台。推进开展仿制药质量和疗效一致性评价工作。充分发挥战略性新兴产业发展等专项资金的杠杆作用，鼓励本市生物医药企业申报河南省的生物医药产业化项目，对市级财政予以支持的重大产业化项目，区财政给予匹配。

（2）拓宽融资渠道。鼓励金融机构积极开展商标权、专利权、新药文号、应收账款、仓储货单等多种形式的动产和权利抵（质）押贷款；继续加强创新型生物医药企业的挂牌上市辅导和培育，支持符合条件的企业上市融资，提升融资能力。积极争取省战略性新兴产业创投基金投资开封市生物医药产业。引导各类社会资本参与申报国家战略性新兴产业创投基金，支持开封市生物医药产业加快转型发展。

（3）建立众创空间。积极发展众创空间，大力推进大众创新创业，培育一批拥有特色技术、高端人才的创新型中小企业，提高医药新产品研制能力。成立开封市生物医药投资公司，建立众创空间。一是低门槛吸收生物医药创新团队；二是引进“有项目、有团队、有资金、有水平”的联合研究院入驻。构建一个国际化、高标准、立体化的项目孵化培育平台，形成“创业苗圃＋孵化器＋加速器”的孵化链条，提供“一站式、一条龙、拎包入驻”的孵化服务体系。实现高新技术产业与专业服务业叠加发展的创业平台，加速生物医药科技成果转化进程。

（4）深化企业服务。健全政策导向、要素保障、市场开拓、融资服务、困难企业帮扶等企业服务长效机制，指导企业用足用好政策，千方百计帮助企业解决生产经营中遇到的各种难题。加快创新产品产业化进程，对重点园区、项目、企业，相关地区及部门在立项审批、资金支持、土地审批、新药注册、GMP 认证、药品采购、环评等方面开辟“绿色通道”，推动创新型企业发展。对重点项目建设情况进行跟踪问效，并向所在地县（市、区）政府和行业主管部门反馈，奖优罚劣，推动项目顺利实施。

六、现代家居产业发展现状及政策建议

（一）开封市现代家居产业发展现状

近年来，开封市现代家居产业发展总体保持平稳健康发展。截至 2017 年 12 月，开封市仅家具制造业产业集群规模以上企业已有 89 家，实现主营业务收入 180 亿元，利润总额达 20 亿元，全市家具制造行业从业人员 2. 3 万余人，生产木制家具、金属家具 360 万余件以及胶合板、纤维板、刨花板等人造板 56 万立方米，规模以上工业企业增加值增速实现了 40. 95% 的飞跃式增长，产业集群发展势头强劲（见图 3 –4）。

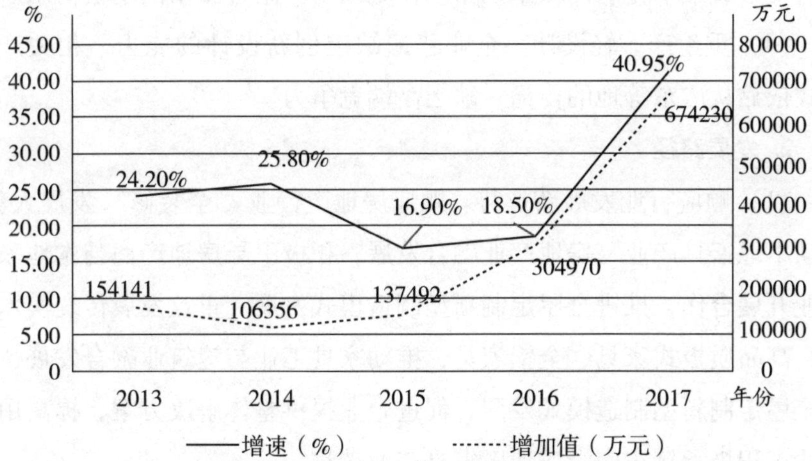

图 3 –4　家具制造业规模以上工业企业增加值及增速

资料来源：开封市统计年鉴。

开封市位处中原腹地，毗邻省会郑州，林业资源丰富，能够为板材家具企业提供充足的原料供给，温带季风气候非常符合实木加工企业的生产要求。另外，开封市地处中原经济开发区内，交通发达，市场潜力大，区位优势以及便利的交通也便于家居原辅材料的采购，而兰考县是河南省唯一获批的“河南省木制品进出口基地”，所以在原料、生产和销售上，开封的家具产业具备很大的优势。

（二）现代家居产业存在问题及政策建议

1. 面临问题

（1）生产工艺落后，面临环保压力。随着国家对环境保护的力度和重视程度的加深，许多传统家具企业面临环保整顿的压力，迫切需要转型升级。

（2）产业规模小、集聚程度低。产业分布呈现小、散、乱的特点，且加工生产仍处于较为低端的水平，难以吸引配套厂商及专门的物流服务，进一步地制约了开封家居产业的发展。

（3）缺乏区域采购市场的支撑。由于企业发展没有形成合力，无法自发形成集中化的区域采购市场，难以争夺附近城市的消费需求。

（4）重生产、轻设计。企业普遍缺乏创新设计的能力，相关产品样式依靠从广东等地的传播，缺乏高端竞争力。

2. 发展路径

（1）顺应行业发展新形势。顺应房地产行业“全装修”发展大势，推动本地家具产业与房地产业融合发展，积极引导房地产商与本地家居产业开展合作，推进全屋定制新型制造模式发展。重点发展传统实木家具、高品质板式家具、全铝家具，推动家具工业与建筑业融合发展，推进全屋定制新型制造模式发展，促进企业提供整体解决方案，提高用户体验。积极承接东南沿海地区家具产业转移。

（2）推动绿色制造。以安全、环保、生态为目标，坚定不移地推行绿色环保战略，推动建立绿色发展产业体系。鼓励企业的设备改造和技术更新，注重生产过程的节能减排，尽可能减少对环境的影响，推动家居行业绿色环保工程发展，促进行业生态文明建设与可持续发展。

（3）促进产业转型升级。以河南中部家居产业园（兰考恒大家具产业园）和尉氏县家居产业园两个重点园区为主导，加强对行业大型骨干企业的培养，带动周边企业集群式发展，进一步促进家居行业的结构调整与转型升级，推动产业向中高端迈进。引导家居产业向分工细化、协作紧密方向发展，推进家居行业的技术改造，促进行业从高能耗向低能耗转变，从低附加值向高附加值升级，推进信息化与工业化深度融合，进一步提升企业竞争力，增强企业盈利能力，提高行业整体盈利水平。

（4）补短板、延链条。利用兰考县“河南省木制品进出口基地”的优势，充分发挥开封的区位优势，以木材市场为先导加快配套产品的开发引进，促进产品链与产业链深度融合，全力推进家居产业的研发制造、设计加工、仓储物流、商业贸易等产业链建设，以制造带动商贸，以商贸推进制造，形成立体化的产业配套体系，建成大型家居原辅材料及成品市场。

3. 政策支持

（1）培育龙头企业。加大对龙头企业的扶持力度，设立创新奖励基金，鼓励龙头企业发挥自身行业带头作用，加大创新投入，实现产品的多样化、个性化，实现绿色化、智能化、高端化发展。同时给予企业品牌塑造补贴，支持企业强化品牌塑造，依托展会、广告等形式来使品牌走出去、开拓新市场。

（2）引导产业集聚。引导中小企业兼并、购买、整合等办法，在此过程中实现推动中小松散企业向家具产业园加快集聚，扩大规模，转型升级，改变“低、小、散”的发展模式，推动家具产业集群化发展。

（3）积极承接产业转移。按照“以商招商、产业链招商、集群招商、抱团招商”的思路，搭建平台、专业服务，加大力度承接珠三角、长三角、川渝地区、郑州等地现代家居制造业转移，同时注重产业工艺设备、清洁生产、污染防治水平的提升。积极承接广东、深圳等地名优家居企业和家居文化创意设计产业转移。

七、纺织服装产业发展现状及政策建议

（一）开封市纺织服装产业发展现状

1. 产业地位

纺织服装产业作为开封市传统优势产业之一，发展基础良好，产业链条相对完整，潜力较大。近年来，开封坚持以优化产品结构为主线，以品牌提升为引领，以培育优势骨干企业为重点，强力推进纺织服装产业升级发展。以尉纺集团、鑫旺棉业、福甬纺织、昊昌机械为龙头，引进多家服装生产和纺织机械制造企业，已经形成了纺织、印染、制衣、纺机制造相对完整的产业链条。截至 2017 年 12 月，该产业规模以上工业企业 137 家，其中棉纺织企业达 60 余家，拥有 160 万锭生产能力，制衣企业 30 余家，年产各类服装 5000 万件。其中纺织业 2016 年规模以上工业企业增加值增速为 –0.6%（见图 3 –5），目前正处于发展瓶颈期与转型升级关键期，纺织服装、鞋、帽制造业发展势头较好（见图 3 –6）。

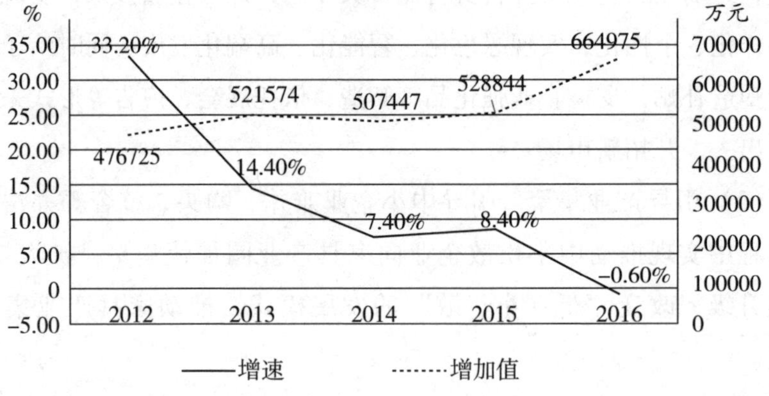

图 3 –5　纺织业规模以上工业企业增加值及增速

资料来源：开封市统计年鉴。

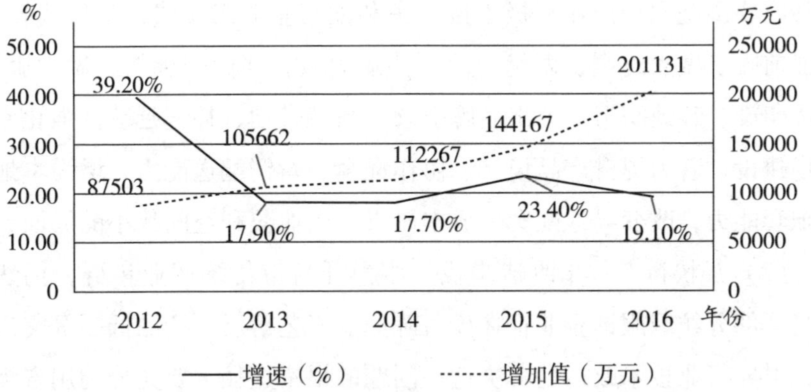

图 3－6 纺织服装、鞋、帽制造业规模以上工业企业增加值及增速

资料来源：开封市统计年鉴。

（二）纺织服装产业存在问题及政策建议

1. 面临问题

（1）目前开封虽然已经形成了纺、织、印染、服装、纺织机械相对完整的产业链条，但是上下游配套服务企业关联度并不是很高，产业生产配套能力还不强，尤其是在印染领域方面，开封现有的企业无论从技术、资金还是各方面实力上来说，都缺乏整体竞争力（印染、纺织机械仅有 1 家企业）。

（2）全市大部分纺织企业还基本停留在“纺纱”初级加工环节，纺织主打产品还是以初加工、低档次的粗支纱、白坯布为主。产品层次较低，产品差异性较小，可替代性较强，导致产品缺乏市场竞争力。

（3）纺织服装行业作为劳动密集型产业，其发展需要大量廉价劳动力和熟练技工，虽然开封纺织服装产业的发展已经为开封培养了一批熟练工人，但是仍然难以满足目前纺织服装行业对劳动力资源的需求。

2. 发展路径

（1）补齐产业短板。重点依托天隆纺织、鑫旺棉业、银海纺织、嘉联纺织、华银纺织等龙头骨干企业，打造尉氏县纺织产业集聚区和祥符区、通许县、杞县纺织产业带，围绕延链补链引进项目。尉氏县等有关县区要围绕主导产业积极承接龙头和配套企业组团式、集群式转移，做强前端、做大终端、做优中间、补缺短板，即做强棉纺、做大服装、做优印染、补缺织造。突出品牌引领、高端带动、补链延链，强化专业市场建设，着力提升产品设计、协作配套、营销配送能力，增强本地产业配套能力，改变异地配套、成本昂贵、企业盈利空间狭小的局面。

（2）加快行业技术改造步伐。作为开封市传统产业集群，仍然有相当一部分纺织服饰企业存在设备陈旧、工艺落后、产品低端等突出问题，引导行业技术改造是解决这一问题的根本途径，要充分利用省级先进制造业发展专项资金和基金，鼓励引导企业开展技术改造，通过先进设备、工艺提高产品科技含量和附加值。

推进纺织服装业技术改造升级。利用开封市纺织服装业产业基础和资源优势，逐步形成从棉纺、织造、印染到服装更为完整的纺织服装产业体系。鼓励企业采用高效能、低消耗、高适纺的先进工艺技术和新型生产设备进行加工生产，逐步实现生产过程中的自动化、智能化、连续化和产品的差异化、品牌化。

鼓励企业自身积极调整产品结构，引进先进设备，淘汰落后产能，以提高产品附加值及竞争力。纺织服装企业要注重把创新与市场相结合，着力在新材料、新工艺、新技术上下功夫，以进一步提高产品的附加值和企业的盈利能力，同时要把创新与发展循环经济、低碳经济等理念相结合，形成具有特色和核心竞争力的主打产品。

（3）灵活吸纳当地劳动力。首先，积极开展就业培训，帮助农村剩余劳动力掌握相关技能，以充分利用开封人口优势；其次，政府可以对纺织服装此类劳动密集型产业加以引导促进集聚效应，并统一配套相应基础设施与公共交通建设，积极促进产城融合，借此扩大企业用工区域，让更多的劳动力资源更方便地加入到行业生产中来，更进一步地挖掘人力资源，将农村剩余劳动力、下岗工人等转变为技术工人，为纺织服装行业的可持续发展提供丰富的劳动力资源；针对劳动力在农忙时返乡现象，一方面企业灵活制定考评激励规则，吸引工人继续工作；另一方面，可在农忙时节组织机械化收获、耕种，这样保证农业生产顺利进行，解决农村劳动力后顾之忧，保证产业生产与发展。

3. 政策支持

（1）组建攻坚团队。成立领导机构，建立市级领导为牵头领导，市工信委为牵头部门，相关部门共同参与的领导机制，定期分析研判纺织服饰产业转型发展措施、方法、步骤，保障集群健康持续快速发展，企业首席服务员收集纺织服饰重点企业存在的困难和问题，根据问题类型协助解决，疑难问题或共性问题，利用政企联席会议、工业领导小组会议等议事机构研究解决。

（2）加强产业联动，引导技术升级。以市场为导向，以自主创新为动力，以骨干企业为龙头，联动中小企业，建立纺织服装产业项目库，实行动态管理、滚动实施，将项目实施情况及时报送市补齐产业短板及转型发展攻坚领导小组办公室，构建链条完整、结构优化、关联配套、效益明显的特色纺织产业链条，同时引导企业积极开展绿色化改造、智能化改造以及技术改造。对企业在实施技术改造过程中购买的先进生产（检测、研发）设备给予一定比例补助，激发企业开展技术改造的热情。支撑开封市纺织服装产业快速健康发展，加快推进纺织服装产业集群向高附加值、高技术含量、高产业集聚度、低能耗、低污染的成熟化、现代化纺织产业集群转型。

（3）推动产城融合。探索建立完善产城互动发展机制，以农业转移人口市民化为核心，同时推进集聚区周边公共交通与配套基础设施建设，吸引当地农村剩余劳动力、技术工人和高端人才集聚，充分挖掘利用开封劳动资源，进一步强化用工保障，促进产业发展，形成产业集聚与人口集中良性互动、工业化与城镇化互促互进的机制。

八、农产品加工产业发展现状及政策建议

（一）开封市农产品加工产业发展现状

目前开封市已初步形成面粉及面制品加工、肉类加工、油料加工、

蔬菜加工、酒水饮料加工、传统特色食品等多个食品产业大类，面粉面食加工业在开封食品行业中较为突出，形成了以天丰家家福，江南面粉等为代表的面粉加工业的龙头企业，开封也是花生油等油料作物的主产区，出现了一批包公食品龙大植物油，豫康植物油等知名企业。截至2017年12月，开封市农产品加工产业集群共有规模以上企业300余家，其中农副食品加工企业较多，共有133家，还有食品制造企业73家、酒与饮料制造企业20家等。2016年，仅农副食品加工产业规模以上工业企业增加值已达664975万元，增速约为8.3%，2012—2016年农副食品加工业规模以上工业企业增加值与增速（见图3－7）。目前开封农产品加工产业发展势头良好，产业集群也已初具规模。

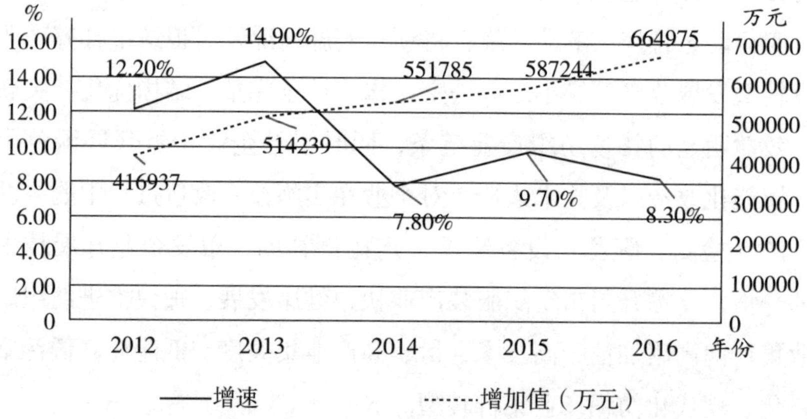

图3－7　农副食品加工产业规模以上工业企业增加值及增速

资料来源：开封市统计年鉴。

（二）农产品加工产业存在问题及政策建议

1. 面临问题

开封农产品工产业业发展中仍存在一些突出问题，导致开封难以将自身农业资源优势和区位优势充分发挥出来：

（1）相对于发达地区，开封农产品加工的深度和比例仍然偏低，整体加工转化存在初加工产品多，精深加工产品少问题。

（2）食品冷链物流建设滞后，食品生产加工销售过程质量安全隐患依然存在。

（3）全市龙头企业加工能力小、规模相对小、带动能力差，农副产品的相当部分产品品种、包装跟不上市场需求的变化，产品附加值不高。

（4）开封的农产品的深加工技术和装备普遍落后于发达地区。

2. 转型措施

（1）塑造农产品加工业的特色品牌和优势。开封市农产品加工企业数量众多，但产品品牌并不突出。在消费升级背景下，农产品加工企业应明晰自身的优势所在，结合当地地域、技术和资源，紧扣营养、新鲜、安全等消费升级后的市场核心诉求，塑造具有特色品牌的农产品加工企业。

（2）推进标准化生产和农产品品牌认证。搞好精加工与包装，在分等定级、精细包装上下功夫，提高市场知名度。通过多层次生产加工，延长产业链条，提高农产品附加值，提升产业化经营水平。大力发展、规范提升专业经济合作组织和行业协会，建成以龙头企业为主体、经济合作组织和行业协会为延伸、覆盖面广的农产品加工服务网络体系。

（3）加快农产品加工科技创新研发。企业应立足绿色、营养、安全、健康的产业发展新需求，加大创新投入，强化农业加工技术研发创新，全面提高加工能力和科技水平，提升农业加工产品市场竞争力，研发有机绿色食品和生产加工产业链条延伸产品，实现资源高效循环利用。强化农产品及加工副产品全值利用，强化加工科技引进转化，引进、筛选、提升、推广一批农产品加工重大关键技术、工艺和装备，全面提高农产品加工业技术水平。强化加工科技自主创新，引导企业创建科技创新团队，自主研发加工新技术、新工艺和新设备，全面提升加工产品市场竞争力。强化加工科技订单研发，按照“缺什么技术，补什么技术”原则，引导企业主动衔接高等院校、科研院所等科技研发单位，开展加工科技需求研发合作，加速推进企业加工技术精准更新。强化加工科技项目攻关，鼓励龙头企业争取国省重大农产品加工项目，弥补企业研发资金不足。强化加工科技创新驱动，推动实施“引进来、走出去”的人才培育工程，构建以龙头企业为主体，产学研相结合的推广应用平台，加快加工技术升级转化步伐。

（4）探索创新农产品加工新业态。推动“互联网＋农产品加工”发展模式创新，依托“大数据、物联网、云计算、移动网”等现代信息技术平台，推进现代农业加工业向网络化、智能化、精细化发展。结合开封深厚的文化底蕴，以开封风景名胜、森林公园等特色区域为依托对开封本土农副产品加工产品做宣传推介，深化创新拓展“农产品＋精深加工＋休闲旅游”的融合模式。引导扶持发展电子商务、农商直供、加工体验、中央厨房等新业态。

3. 政策支持

（1）市场主导，政府支持。遵循市场经济规律，充分发挥农业新型经营主体地位作用，实现资源合理配置。强化政府优质服务，扶持农产品加工园区，解决农产品加工业的制约瓶颈、滞后节点等难关难题。政府引导，综合协调管理，推动农产品加工业的整体进步。农产品加工业的发展是一个集生产、加工和销售于一体的系统工程，要求从原料的生产到加工和销售各环节的协调发展，要求以市场为导向，以技术创新为动力，以产业化经营为保障。要树立系统发展的思路，采取有效措施，打破部门和地区的界限，成立协调组织，加强对农产品加工技术创新的领导。

（2）积极扶持龙头企业。支持龙头企业申报和驰名商标推介，形成若干发展潜力大、科技含量高、辐射区域广、产品竞争力强的龙头企业群体。增强企业和产品的市场竞争力。重点培育和扶持一批生产规模大、带动能力强、产品销路好、经济效益好的加工型农业龙头企业，实现产加销、贸工农、农科教、产学研一体化经营。积极创造条件，组建大中型加工企业，引导资源、资产、资金集中，取得规模效益。引导龙头企业与上下游中小微企业和农业经营主体建立产业联盟，加强产业协作和合作。鼓励支持龙头企业跨区经营，提升产品研发、精深加工技术水平，提高加工转化能力。

（3）促进农产品加工业品牌打造。加速推进农产品加工业品牌价值提升，引导农产品加工企业强化质量管理、食品安全控制、追溯体系认证等，推进原料生产、产品加工、物流营销等关键环节质量安全监管，构建生产、加工、包装、储存、运输、消费等全程监管的安全追溯体系，全面提升精深加工农产品质量。引导鼓励整合同类品牌，大力宣传推介整合品牌，创建农产品加工品牌目录。打造绿色生态农产品区域综合形象品牌和“老字号”品牌，提升农产品品牌认知度和公信力，扩大品牌影响力。开展加工农产品“三品一标”认证，加强农产品商标和地理标志商标的注册与保护，严厉打击侵犯知识产权和制售假冒伪劣商品等行为。

（4）鼓励并培育农产品加工人才进行技术创新。消费升级伴随的是对农产品加工技术的升级需求。为达到加工农产品的营养、便利、多元、个性等消费升级需要，农产品加工企业就要在加工技术和管理方式上实现新的突破和创新，培育并鼓励更多的技术人才投入到农产品加工新技术、新工艺、新专利的研发和实践领域，探寻农产品加工从粗放的数量积累发展到集约化的技术迭代发展的新路径。

第四章　旅游篇

开封市旅游业现状及未来发展方向

旅游业是为满足旅游者在旅游活动中产生的食、行、游、住、购、娱等需求，提供相关旅游产品与服务为主的复合性产业，主要包括观光产业、度假产业、康体产业、商务产业、文化产业、娱乐产业、教育产业等。而在一定条件下商业、餐饮业、旅游地产业等产业也由于本身具有重要特色而会归入其范围内。因而，旅游业可说是一种无烟产业，优势明显。在当今时代，旅游业已成为全球经济中发展势头最强劲和规模最大的产业之一，在促进经济、社会可持续协调发展，解决就业，帮助扶贫开发方面成效显著，产业不断提高。作为经济发展的支柱性产业之一的中国旅游业对社会经济的拉动、产业结构优化转型，以及对文化的提升与环境的改善作用也日益显现，这一作用在开封体现得尤为显著。2018 年开封市全年游客接待量 6806. 8 万人次，旅游综合收入 602. 2 亿元，服务业在三产结构占比高达 47. 4%，比 2017 年提高了 2. 5 个百分点；2018 年开封市服务业增加值为 949. 78 亿元，对经济的贡献率已达 50. 6%。

近些年，开封市审时度势，坚持将旅游业作为国民经济发展的战略性支柱产业，2018 年开封市委进一步明确开封定位：建设“两城”打造“两都一支点”——以创新为驱动建设新型工业化城市，以开放为引领建设国际文化旅游名城，打造中原现代服务业之都、生态宜居魅力古都、郑汴港核心重要支点，将旅游业提升到前所未有的高度。那么，开封市旅游业发展现状如何？存在哪些问题？未来的发展方向在何方？本章试图就这些问题进行分析。

一、开封市旅游产业基础

（一）旅游资源丰富

开封作为八朝古都之一，有着悠久独特的旅游资源，为旅游产业的发展提供了有利的条件。作为八朝古都、历史文化名城的开封不仅人文资源丰厚，与境内自然景观亦相得益彰，有用有历史文化遗存1400余处，全国、全省重点文物保护单位51处，全国非物质文化遗产13项，A级景区资质的有18家，其中，5A旅游景区1家、4A旅游景区9家、3A旅游景区3家、2A旅游景区5家。目前以宋文化为品牌资源，依托黄河及市内广布的河湖资源、独特的民俗文化、菊花文化、饮食文化，形成了古、人、水、花、食等特色旅游资源（见表4－1），以市区为极核向郊县辐射发展的旅游格局已初步形成。

表4－1　开封市县城主要旅游资源一览表

区域	历史概览	历史名人	主要旅游资源
市区（含龙亭区、顺河回族区、鼓楼区、禹王台区、祥符区、城乡一体化示范区）	4100多年建城建都史，八朝古都，先后有夏、魏、后梁、后晋、后汉、后周、北宋、金在此定都。著名的戏曲之乡、木板年画之乡、盘鼓之乡、国家5A、4A级景区7家，国家级文物保护单位15处	战国石申、张仪、信陵君、唐代崔颖、宋代石守信、孟元、包拯、“杨家将”、岳飞、王安石、张择端	宋都御街、大宋御河、繁塔、开封府、包公祠、大梁门、相国寺、万岁山、小宋城、延庆观、禹王台、中国翰园、龙亭公园、迪臣动态馆、山陕甘会馆、铁塔公园、天波杨府、清明上河园、朱仙镇岳飞庙、皇宋大观文化园、刘少奇陈列馆、东京极地海洋馆、“大宋东京梦华”、“千回大宋”实景演出、开封古城墙菊花花展。特色美食：套四宝、汴绣、木板年画、小笼灌汤包子、清汤东坡肉、花生糕、汴京烤鸭、羊肉炕馍、黄焖鱼、鲤鱼焙面、三鲜莲花酥、羊双肠、桶子鸡、五香茶等

续表

区域	历史概览	历史名人	主要旅游资源
兰考县	焦裕禄精神发祥地、省直管县。历史悠久，今天的兰考由历史上的兰封（由兰阳、仪封合并）和考城两县合并而成	战国池子华，东汉虞延、虞放，明朝张世禄、王廷相、梁云构、刘大谟，清朝杨廷弼、张伯行等	鹿台岗遗址、张良墓、焦裕禄纪念园、黄河湾景区、焦桐五彩园、焦裕禄烈士陵园、兰考百花园。特产美食：泡桐、百合、齐氏大刀面、豆腐乳、脂油火烧等
尉氏县	古称”尉州“，于秦始皇三年（公元前219年）置县，境内人文荟萃、文物古迹众多各级文物保护单位96处（全国重点文保单位2处）	战国尉缭，东汉蔡邕、蔡文姬，建安七子阮瑀、阮籍、阮威，南北朝阮孝绪，唐朝刘仁轨、神秀，宋朝陈越，清末王天佑、刘青霞等	太平兴国寺塔、青云禅寺、阮籍啸台、紫铜钟、刘青霞故居、洧川城隍庙、贾鲁河生态湿地园、荷花舞、非遗拉洋片、尉氏曲艺、门楼任乡、千里桃花园。特色美食：洧川豆腐、贾鲁河滩蛋鸭、烩面等
杞县	商朝时建立杞国，距今已有3700年的历史。境内全国重点文保单位2处，省级5处，县级34处	商代伊尹，西汉郦食其，东汉蔡邕、蔡文姬（争议中），明代孙贤等	虎丘寺、孔庙、大云寺塔、竹林仰韶文化遗址、鹰台岗古文化遗址、郭屯古战场遗址、围城旧址、郦生冢、明状元刘理顺神道碑、枸脊骨树。特产美食：大蒜、柳编、红薯泥、酱红萝卜、忧皮肘、蒸馍样等
通许县	古称咸平，春秋时属许国地。北宋隆元年（960年）始置通许镇，金世宗大定二十九年易名通许县	北宋王拱辰，元朝赵端卿、娄兴，明代时纪、娄良，清代司百职、王章柄等	曹植墓、庞涓墓、子羽墓、上仓故址、九女冢、咸平湖景观、惠贾渠及护城河景观、邸阁清真寺、涡水文化景观。特产美食：剪纸、渔鼓道情、锣戏、麦香面、七步诗酒等

（二）区位条件优势明显

开封是河南省副中心城市，位于豫东平原，北依黄河，南接黄淮平原，西距省会郑州70公里，东连华东5省，从地理位置来看，具有承接东西，沟通南北的优越条件。从经济区位来看，开封市属中原城市群战略的核心城市、中原经济区中心城市、河南省“黄河三点一线”旅游线路3大中心城市之一，是带动中原城市崛起的核心力量。从交通条件来看，开封市县区域交通四通八达，陇海铁路、郑徐高速横贯全境，东西与京广、京九铁路为邻，连霍、日南、大广、郑民高速公路相互交织，郑汴路网的延伸为开封提供了更广阔的国内外客源市场。

（三）水文化旅游资源丰富

开封历来具有水城之称，宋代画家张择端在“清明上河图”中就是围绕水来描绘其繁荣景象的。“汴京八景”中的“金池夜雨”“州桥明月”“大河涛声”“汴水秋生”“隋堤烟柳”等五景都是与水相关。开封市水文化历史悠久，上有包公湖、杨湖、潘湖、铁塔湖、西北湖、阳光湖等，下有黄汴河、惠济河、北支河、清水河，河湖总面积约占老城区面积的10%，在北方城市中极为稀少。清澈灵动的水为开封城增添了一份神秘的色彩。

二、开封市旅游产业现状

（一）旅游市场基础稳定，旅游收入逐年增加

开封市旅游市场基础稳定，来汴旅游逐年上升，2018年开封市共接待游客6806.8万人次，增加944.2万人次，同比增长16.1%。旅游收入逐年增加，实现旅游综合收入602.2亿元，增加119亿元，同比增长24.6%。其中，全市接待入境游客33万人次，同比增长9.1%；旅游接待创汇8955.6万美元，同比增长7.1%（见表4-2）。

表4-2　开封市旅游市场基本情况

年份	游客接待量（万人次）	旅游综合收入（亿元）	入境接待量（万人次）	创汇收入（万美元）
2016	5080.1	398.6	27.1	7324.6
2017	5862.6	483.2	30.9	8357.8
2018	6806.8	602.2	33.0	8955.6

数据来源：开封市文旅局《2018开封旅游大数据报告》。

（二）旅游景区发展势头好，景区旅游收入逐年攀升

开封市旅游景区发展势头好，景区游客接待量逐年增长。据统计，开封市主要旅游景区游客接待量，2016 年比 2015 年同比增长 25.45%，2017 年同比增长 19.1%，2018 年同比增长 28.67%，增幅高于同期全行业水平。开封市主要旅游景区旅游收入也呈现逐年攀升局面，2016 年比 2015 同比增长 7.06%，2017 年同比增长 21.61%，2018 年同比增长 24.58%，呈现出景区人财两旺的局面（见图 4－1）。

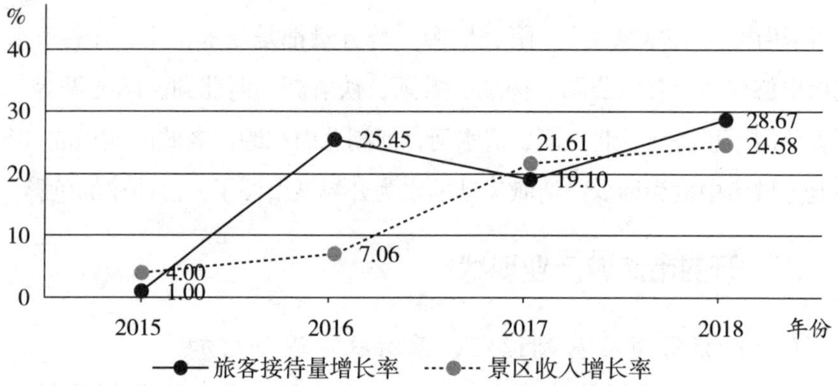

图 4－1　开封市主要旅游景区指标增长率

（三）旅游客源以省内为主，国际游客数量少

开封游客主要来源省内，比重高达六成以上，其他省市依次为河北、山东、北京等地。国际游客数量少。国际游客客流量只占接待人次的1%，2018 年海外客源国市场排名前五位依次为美国、加拿大、英国、日本及澳大利亚。

（四）旅游客流高峰期集中，游客人均消费不高

数据显示，开封旅游客流高峰期主要集中在 2 月、4 月、8 月和 10 月。这可能与开封长期坚持举办的大宋文化年、清明文化节、菊花文化节及郑开国际马拉松赛等大型节会活动相关。来开封游玩的游客人均消费不高，人均消费仅为 173 元。这可能与来汴游客逗留时间短有关，数

据显示，以开封为旅游目的地的游客，以1~2日游为主，逗留时间较短（见表4-3）。

表4-3 旅游业发展情况

类 别	2016年	2017年		2016年	2017年
一、接待海内外游客人数（万人次）	5080.1	5862.8	接待游客数（万人次）	55	30
入境游客	27.1	30.9	**四、星级宾馆饭店接待情况**		
国内游客	5053.0	5831.7	星级宾馆饭店数（个）	18	10
二、旅游总收入（亿元）	398.6	483.2	接待入境游客数（万人次）	11	6
旅游创汇（亿美元）	0.7	0.8	接待国内游客（万人次）	123	100
国内旅游收入（亿元）	394.1	478.1	**五、旅游景区（点）接待情况**		
三、旅行社接待情况			旅游景区（点）数（个）	24	25
旅行社数（个）	44	34	**A级旅游景区（点）数（个）**	15	16

三、开封市旅游产业存在的问题

（一）产业链条短，带动效应不明显

开封旅游业的发展与其拥有的资源量及资源品质相比，远没有实现最大化的经济效益。主要表现在：旅游产业结构不合理，收入还主要依赖门票经济，与六大要素行业缺乏有效联系，产业链条较短；第三产业发展水平不高，对相关产业的带动及融合的主动性有限，不利于旅游产业的延伸与融合，新业态难以形成；旅游资源开发主要依赖于政府，民间企业群体小、散、弱、差，不利于壮大开封旅游业的发展。诸多因素制约了开封整体旅游收入的提高。

（二）区域资源有待深度整合开发

从开封旅游业发展的现状来看，资源开发方面集中于人文资源，自

然类资源难兼顾；主要集中于宋文化的开发，景区景点存在低水平重复建设，忽略其他文化类资源挖掘，差异化特色不明显；文化活动滞留在观赏层面，参与性、体验性欠缺。旅游开发空间方面：旅游规划长期集中于市区，对于散落于郊县的各类资源无暇顾及，造成资源的巨大浪费。课题组通过走访部分县域城市，发现多处历史名地虽有其名，却未成景。如位于尉氏县城的千年兴国寺塔，寺园早毁，只剩塔身伫立在县城的马路边。县域旅游的发展与市区的繁盛相比，差距较大，有待深度整合开发。

（三）品牌意识淡薄、旅游业知名度不高

开封作为历史文化名城，旅游资源丰富，在国内外都享有盛誉，但是再好的资源也需要宣传，想要获得别人的认可和欣赏，就得靠加强自身的宣传，树立良好的形象。开封市是个旅游城市，客源对于开封市的旅游产业以及经济的发展都有一定影响。旅游是淡旺季表现比较明显的一个活动，在旺季时旅游能充分利用自身资源来获取利益，但是在淡季时同样也需要招揽客源，以维持旅游相关产业的发展，这一点对于旅游城市开封市来讲尤为重要。然而开封市的城市宣传做的不到位，没能吸引大量、较为固定的客源，使得淡旺季游客量区别明显。不注重品牌，开封风景秀美，环境优雅，在国内外都享有盛誉。例如包拯更是历史名人，是宋文化的杰出代表，但开封还没有强烈的品牌意识，没有充分包装宋文化。

（四）国际旅游市场开发程度低

开封旅游虽然取得了一定市场知名度，但与其他旅游城市相比轰动效应仍旧不够，除几处较有影响力的景点外，大部分景点面临“自家人认得自家物”“河南人游河南”的尴尬局面，客源主要集中于国内、省内及周围省市，据统计，国际游客客流量只占接待人次的1%，客流量主要来自河北、山东、北京等地，省客占到60%，开封旅游产业并没有在国内形成较大的认可度与影响力（见表4-4）。

表4-4　各市入境旅游情况（2017年）

Basic Information of International Tourism by City

市 City	星级饭店数（个）Total Number of Starred Hotels（unit）	接待入境游客人数（人次）Number of International Tourists Received（person-time）	外国人 Foreigner	旅游创汇收入（美元）Income from International Tourists（USD 10 000）
郑州市 Zhengzhou	84	546936	391218	20919
开封市 Kaifeng	17	309000	157590	12088
洛阳市 Luoyang	54	1332801	881661	39930
平顶山市 Pingdingshan	35	29876	15326	899
安阳市 Anyang	15	73500	72201	1748
鹤壁市 Hebi	10	9002	2264	267
新乡市 Xinxiang	10	48242	41745	976
焦作市 Jiaozuo	25	373105	238994	9470
濮阳市 Puyang	11	20262	18303	140
许昌市 Xuchang	19	4611	4010	238
漯河市 Luohe	9	9518	5568	256
三门峡市 Sanmenxia	16	102606	47199	2564
南阳市 Nanyang	76	50178	18364	1343
商丘市 Shangqiu	12	8605	1665	269
信阳市 Xinyang	32	24777	5229	541

续表

市 City	星级饭店数（个）Total Number of Starred Hotels（unit）	接待入境游客人数（人次）Number of International Tourists Received（person－time）	外国人 Foreigner	旅游创汇收入（美元）Income from International Tourists（USD 10 000）
周口市 Zhoukou	18	70632	27063	1710
驻马店市 Zhumadian	29	47065	19889	4613
济源市 Jiyuan	2	12487	5936	211

四、国内旅游市场发展的新趋势

目前，我国国内和出境旅游中，家庭旅游的比例已达 50% ~ 60%，游客满意度也达到了 75 分以上。伴随家庭旅游消费市场持续扩容，消费者对高品质和高性价比旅游产品的需求将更加明显。信息技术在我国旅游行业中的应用也日趋成熟，各种各样的信息化技术已经得到推广使用，并取得了较好的成效，比如多媒体技术、电子宣传策略以及航空电子信息系统等，都被广泛应用在旅游管理经营的各个方面。但是在旅游管理信息化方面，我国仍然存在一些信息化进程缓慢，应用较为贫乏，或者有所应用但是应用不规则，零散居多等问题，这些都阻碍了我国旅游管理信息化发展的脚步，是亟待改进与加强的重要方向。

（一）产业跨界融合加剧

旅游是跨界能力最强的行业，从“吃住行游购娱”传统六要素，到“商养学闲情奇”新六要素，旅游 + 农业、旅游 + 工业、旅游 + 购物、旅游 + 教育、旅游 + 医疗、旅游 + 体育、旅游 + 影视，旅游 + 地产、旅游 + 演出、旅游 + 金融，几乎国民经济的各行各业都能与旅游跨界融合。目前“旅游+”的跨界融合才刚刚开始。在大的格局上，旅游与生态建设、美丽乡村、基础设施提升、新型城镇化、产业转型升级、脱贫攻坚有完美的结合点，特别是地方政府推动发展方式转变、经济结构调整，为旅游业带来新的发展机遇。在小的方面，旅游与个体的消费升级息息相关，从简单的满足观光需求，到休闲放松、亲子娱乐、家庭度假、蜜月婚纱、接受教育、培养兴趣、满足爱好、陶冶情操等，旅游的功能得到极大扩展，在提升生活品质上发挥了极大的作用。目前，各种“旅游+”还仅在初级阶段，不管是大的格局，还是小的方面，仍有极大的发展空间，跨界融合的趋势还将长期持续。

(二) 消费升级与消费分层将长期并存

根据国家统计局数据，2016 年占城镇居民 40% 的中等偏上收入和高收入群体（3.16 亿人口）的人均可支配收入为 8450 美元左右，这成为消费升级的强大动力。与此同时，低收入群体可支配收入增长放缓甚至停滞，社科院《扶贫蓝皮书：中国扶贫开发报告（2017）》显示，占农民群体 20% 的低收入组农户 2016 年人均可支配收入分别下降了 4.4%。旅游作为开销相对较大的娱乐活动，随着游客收入水平的分化，将产生完全不同的消费模式和消费观念。占城镇居民 40% 的中高收入群体，是推动消费升级的需求主体，偏爱出境游、自由行、度假、休闲、体验类等新兴旅游项目，是目前乡村旅游、出境定制游、民宿、精品酒店、温泉滑雪、研学体育、自驾游、露营地、田园综合体、亲子农庄等旅游升级项目的主要客源。低收入群体收入增长有限，旅游方式仍以性价比较高的观光、跟团为主，这类群体客单价低但基数庞大，且需求集中于热点景区或热点线路，规模效应突出，仍是不可忽视的市场。未来，消费升级与消费分层的趋势将继续并存。

(三) 旅游消费研究逐渐深入

长期以来，旅游行业重视资源、重视营销，缺乏对市场需求、游客消费心理的研究，原因是过去旅游供给有限，集中于自然山岳和历史人文景区。目前旅游进入大众化时代，休闲度假和体验式项目成为增量市场，这个市场供给充足，只有满足游客需求的产品，才能在市场上存活。旅游需求研究不足还有一大原因是，旅游数据统计存在较大困难，数据准确度不够，难以进行深入研究和分析。目前 OTA 的持续做大，使消费端大数据容易获得，数据获取更及时、更准确。2017 年，携程、飞猪、同程、途牛、驴妈妈、蚂蜂窝均发布多份旅游消费情况报告，为分析市场行为以及消费者行为动机提供支持。2018 年，消费端大数据将更加丰富，大数据分析能力也将加强，旅游业在市场需求、游客消费心理研究等方面落下的课程，将逐渐被弥补。

（四）自驾游市场日益扩张

2017 年 6 月，国家旅游局出台《自驾游目的地基础设施与公共服务指南》，这是首部关于自驾游目的地建设的全国性文件，对自驾游的概念和内涵界定，包括自驾游、风景道、驿站、驻车观景台、自驾游目的地、自驾游基础设施、自驾游公共服务等。该政策强调自驾基础服务体系和信息保障，强调区域资源升级和自驾文化氛围营造，要求各地在土地规划、道路交通、旅游规划、目的地宣传等方面，针对自驾游客的需求进行优化，某种程度上，这意味着中国自驾新时代的到来。自驾具有便捷、舒适、自由等优点，是发达国家最主流的旅游方式，据中国新闻社 1 月 15 日记者张子扬报道：截至 2017 年年底中国机动车保有量为 3.10 亿辆，其中汽车 2.17 亿辆，近 2 亿户高收入家庭是自驾游潜在消费群体。针对自驾游的市场配套正在快速完善，风景道、景观公路进入旅游规划，OTA 上线自驾游频道，针对自驾的住宿服务露营地、帐篷酒店等快速布局，自驾游信息、线路指南、全程道路保障、线上社区等逐渐完善。不仅如此，新能源汽车分时租赁和落地自驾游是完美的结合，在 2017 年，多家新能源汽车租赁商大力布局“飞机 + 自驾”“高铁 + 自驾”，解决长线自驾用车不便的缺点。未来，自驾游市场的扩张趋势将进一步确立。

（五）“黑科技”应用更为普遍

长期以来，旅游业是智能化、信息化程度相对较低的行业，但近两年，这个情况正在快速改善，大到目的地大数据监控与指挥平台、智慧景区、智慧酒店、VR、AR 沉浸式娱乐项目，小到智能导览系统、带碎裂特效的玻璃栈道、生物识别电子门票、酒店机器人、AI 客服、智能翻译机等，越来越多的黑科技正在使大众的旅行变得更便捷、也更时尚。物联网、大数据、虚拟现实、人工智能……这些最火热、最炫酷的科技，正在争先恐后地进入旅游业，为旅游业赋能。究其原因，是由于旅游业有极其丰富的应用场景、极强的跨界能力以及庞大的产业规模，不管什么样的新技术，都能在这找到足够的施展空间。2018 年，将有越来越多的黑科技的涌入，为游客带来更新颖、智能的体验和更高效、更贴心的服务。

（六）文旅融合崛起、旅游文创迎来发展期

2018 年是文旅融合元年，2018 年 3 月 13 日国务院机构改革方案提出，“将文化部、国家旅游局的职责整合，组建文化和旅游部，作为国务院组成部门。不再保留文化部、国家旅游局”。2018 年 8 月 15 日，《文化和旅游部职能配置、内部机构和人员编制规定》（“三定方案”）出炉。截至 12 月 14 日全国 31 个省（市）文化和旅游厅（委）挂牌全部完成，标志着在 2019 年到来之前，在政府层面文旅融合已经全面完成，而更深层次的文旅融合则在 2019 年开启探索，文旅融合必然是未来的大方向。从文化产业来看，中国 2017 年的文化产业占 GDP 比重约为 5%，这个数据在美国是 20%。文化输出方面，中国的占比却是大大落后于国家经济排位，《2017—2022 年中国文化创意市场发展前景预测及投资战略研究报告》指出，2017 年全球文化创意产业的市场份额，美国占市场总额的 43%、欧洲占 34%，亚洲、南太平洋国家占 19%（其中，日本占 10%、韩国占 5%），中国和其他国家及地区仅占 4%。这个差距如此巨大，也为文化产业融合旅游发展提供了可能，因为旅游是我国文化输出最稳定的渠道。另外旅游经过 40 余年的发展，也已经走到了瓶颈，那就是没有强有力的 IP 体系，没有全世界的广泛认知，使得中国的旅游很难走向世界。文旅的融合为文化产业找到了很好的推广渠道与消费市场，为旅游产业找到了内容生产的源头，未来在文旅产业链条上，前端打通了内容生产，中后端有文化企业、旅游企业进行产业布局与衍生产品生产，形成良好的闭环，这是一个风口所向。

（七）拼资源向拼运营、拼流量转变

在旅游发展的初级阶段，必然是资源为王的，谁占有了优秀的旅游资源，拥有一定的交通条件就能够实现躺着挣钱的梦想，躺着收门票，躺着土地增值，躺着股权溢价……这一点在凤凰、香格里拉、黄山、泰山等一大批中国知名景点景区都可以看到缩影，控资源是旅游发展初级阶段的最重要的手段。但是优质的资源总是有限的，在旅游发展热潮中，涌现了一大批资源一般、区位一般的景点景区，不能凭借资源躺着挣钱，就要拼运营，老景点景区，在运营上懈怠也容易被赶超，运营为王是景点景区未来发展的必然方向。而旅行社、酒店、旅游交通早就进入了运营为王的阶段，运营定生死。未来旅游行业拼运营将成为各家企业不得不面对的选择。运营有不同层次，在目前的阶段，仍然是运营的初级阶段，那就是流量为王。2019 年仍然是流量为王的阶段。因为全国人民的消费层次还没有达到较高层次，从 2017 年的统计数据来看，人均旅游消费在 1080 元，其中旅游交通、旅游住宿、旅游门票、旅游餐饮、旅游购物等旅游消费进行分配后，可以发现每一项可用于支出的资金都捉襟见肘，这也是区域旅游营销，例如免高速费、免门票费等极大的刺激旅游者前往当地的重要原因。在这种背景下，流量是根本、流量是基础，有流量至少能够保证基本的门票收入、住宿收入、旅游交通收入，在流量保障的基础上才能够筛选出中高级的消费人群。

五、开封市旅游业发展的政策建议

根据国内旅游市场发展新趋势，结合开封市旅游业存在的问题，我们认为，开封市旅游业的发展可从以下几个方面着力：

（一）以文旅融合为主，大力推动文创产业发展

“旅游+”的跨界融合是趋势，但目前基本都处于融合的初级阶段，未来成熟发展仍需要很长时间。结合开封的文旅资源特色，我们认为开封的跨界融合应以文化旅游结合为主，着力发展文化创意产业。具体而言，文旅融合发展，应从最基本的景区文化产品与文化推广开始，可借鉴故宫的文旅发展经验，在景点景区文化挖掘、文化与市场对接、文化产品设计、文化社群营造等方面做出有益的探索。同时，文化项目的活化、IP的创造与传承也是文旅融合的重要领域，做好文化遗产的活化，挖掘民间传统手艺、创造开封IP，也是发展文创产品业态的重要突破口。

（二）加大景区的运营管理，吸引旅客流量

景区运营是景区后续发展的根基保障，运营管理也就是景区的一个大服务概念，好的服务可以提升游客满意度，坚实景区正面形象的口碑效应，从而带来景区源源不断的客源流量。就开封而言，由于清明上河园、龙亭公园、翰园碑林、万岁山等景区过度集中，可考虑旅游资源再整合，成立专业的旅游运营公司，提升景区的运营管理水平，同时，可通过门票减免等举措，吸引旅游流量，然后可以通过景区交通、景区餐饮、景区收费项目、景区住宿、景区购物等多种方式实现二消，进而推动开封旅游发展。

（三）加大营销力度，扩大开封旅游影响力

旅游地的影响力对于正在发展中的旅游目的地来说至关重要，影响力的扩大与对外营销直接相关。依据开封市旅游发展的现实状况，其形象的塑造仍需依托文化品牌，“文化+旅游”战略集中发力，创造轰动的市场带动效应。一方面继续借助传统媒介，持续推广开封旅游特色品牌，提高影响力。利用媒体、娱乐界、文化界、学术界等各种展示开封形象的机会，刻画人们对开封形象的认知。另一方面要有效利用现代化、创意化等新型媒介，如微博、微信、旅游网站等自媒体渠道，有针对性且精准地进行营销。软促销与大宣传持续推进，构建全方位、多渠

道、立体化的旅游营销模式。在潜移默化中培育游客消费意向，拓展消费市场，以深入人心的旅游大品牌形象，打破客源地封闭的现状。

（四）以点带面、全面布局，大力发展全域旅游

全域旅游的发展是对空间经济学理论的灵活运用，是以重大旅游项目的建设来培育新的全域旅游增长极，从而带动区域产业自发性、联动式的发展。按照空间经济学中的点轴理论，开封旅游业的全域发展，应该围绕市区现已成规模的优质景区，将市中心城区作为发展极核，以交通线路特色廊道为轴线串联全市旅游资源，开辟四县六区古、人、水、花、食旅游一条线。开封古而有之的区位优势在天为人为中成就其灿若繁星的资源数量。县域资源的存量并不亚于市区资源，目前仅依靠部分已成规模的景区进行开发，既是对资源的极大浪费也不足以统领全市经济的发展。因此全地域发展格局的形成还需加快对郊县地区资源的挖掘，包括清官忠臣名人类、历史遗迹类、自然风光类、民俗民风类等。深度挖掘当地的古、人、水、名、花、食等吸引力要素以有效承接市区资源，延长旅游线路。通过区域联动、内外合力，构建全域旅游一体化发展格局。

（五）树立品牌意识，提高开封旅游业的知名度

增强品牌意识，倡导有形文化建设与无形文化产品的结合，以人文为灵魂，深度挖掘文化遗产，重点突出“宋都”、菊乡、“水城”三大特色，把文化元素有机融入旅游品牌打造与旅游产品研发之中，开拓大脑，精心打造“宋代皇城”“菊香水美”城市名片，开发适应中外游者需求的旅游纪念品，形成物美价廉旅游产品体系。争取把“大宋武侠游”“水城特色游”“菊花花会赏菊游”“开封美食游”打造成为具有影响力的知名品牌。通过旅游市场营销和河南省主导“三区一群”战略，提升开封市旅游的国内外知名度。一是利用旅游局官方网站提供旅游咨询、旅游政务、旅游商务服务；二是通过电视电影的方式宣传开封市文化，扩大开封市旅游影响力，同时通过官方微博、微信、微站传播开封市旅游资源及其文化内涵；三是成立旅游信息中心，运用现代化手

段进行微营销以服务开封市旅游产业发展。通过河南省主导的“三区一群”战略提升开封市旅游的国内外知名度，为开封市旅游业发展的国际化打开了一个绿色通道。

（六）增加旅游业发展政策的出台，加强扶持力度

尽管国务院及各省政府相继出台了与旅游相关的文件，但绝大部分都是针对一线、二线城市的发展。旅游业在开封这样的小城市还没有得到充分的发展，首先是因为政府没有有针对性地出台关于小城市旅游业发展的策略。开封是历史文化名城，有着丰富的旅游资源。但开封物力、财力不够雄厚。政府应该大力支持旅行社的发展，减免旅行社的相关税收，提高人们经营旅行社的积极性，降低饭店的税率，对于经济效益不好的酒店要出资扶持，为旅客们做好后勤保障。加大旅游基础设施建设的投入，积极支持旅游促销。加快旅游道路的修建，改善旅游交通条件。加大政府对能充分演绎宋文化的开封市娱乐业的支持，政府应大力扶持已招商引资的文旅项目，借助外界文化娱乐产业发展的成功经验，整合利用已建成的大量设施设备，大力推进开封市历史文化娱乐业的旅游开发进程。

第五章　自贸篇
中国（河南）自由贸易试验区开封片区建设成果及发展方向

自贸试验区开封片区规划面积约20平方公里，位于开封中心城区西部，毗邻郑州，处于国家级开封经济技术开发区、开封城乡一体化示范区的核心区域，以郑开大道为轴心两侧展开布局。按照国家赋予的功能定位，自贸试验区开封片区重点发展服务外包、医疗旅游、创意设计、文化传媒、文化金融、艺术品交易、现代物流等服务业，提升装备制造、农副产品加工国际合作及贸易能力。作为国家战略，开封片区肩负着为国家试验制度的使命，目前开封片区已挂牌两周年，其建设进展如何？未来的发展方向及工作重点在哪里？

一、自贸区建设总体基本情况

围绕国家赋予的功能定位，自贸试验区开封片区着力打造“234”产业集群体系：“2”即以文创产业和医疗旅游两大特色产业为亮点；“3”即以高端装备及汽车零部件、新兴制造业、农产品及食品加工三大制造业为支柱；“4”即以服务外包、现代物流、金融服务、专业服务等四大现代服务业为主导。根据产业发展方向，自贸试验区开封片区在空间上规划为“一心四谷两港”，即：中央商务中心、文创艺谷、健康乐谷、高新智造谷、创智孵化谷、国际物流港和国际商务信息港，7个功能分区形成互为依托、有机融合、富有创意的产业空间体系。其中，**中央商务中心**：3.92平方公里，是集中展示整体城市形象的核心区域，重点发展金融、政务、商务服务和楼宇经济，吸引总部经济聚集，现建成29栋楼宇，承载能力1.3平方公里。**健康乐谷**：1.92平方公里，是展示医疗旅游特色的亮点区域。医疗旅游是国家赋予自贸试验区开封片区的独有定位，自贸试验区开封片区将定位高端，对标国际，重点发展与国际接轨的医疗旅游和大健康产业，谋划拓展区4.25平方公里，将健康乐谷打造成为国际医疗旅游融合发展示范区。**文创艺谷：**1.11平方公里，是突出文化优势的特色区域，重点发展创意设计、文化传媒、文化金融、文化贸易等业态，打造文创产业对外开放先行区。**高新智造谷：**7.64平方公里，是转型发展的承载区域，重点发展高端装备及汽车零部件、新兴制造业和农产品加工业，布局研发设计、专业服务等业态，构建开放型的制造业产业体系。**创智孵化谷：**1.49平方公里，是科创和产学研合作集聚区，重点发展高新技术、创业孵化等产业，集聚国内外研发机构、实验平台和创新团队，打造创新创业梦工厂。**国际物流港：**2.53平方公里，是外向型经济的主要平台，重点打造集内陆口岸、保税物流、流通加工等功能于一体的综合性现代物流园区，并在此基础上建设开封综合保税区。**国际商务信息港：**1.33平方公里，是产业集中展示的主要区域，重点发展会展经济、商务咨询等现代服务业，构建专业化的产业展示和服务平台。同时，积极构建四区联动的发展格局，近20平方公里的自贸区，与周边预留50平方公里的拓展区、全市8个产业集聚区、11个商务“两区”创新联动发展。在自贸区周边运粮河组团、开港经济带、郑开科创走廊等区域重点发展自贸区相关产业，最大限度发挥自贸区的引领辐射效应。

（一）坚持以高质量发展为目标，引领作用不断增强

自贸试验区开封片区在挂牌前，大部分区域是未建成区，区内注册企业仅有180家，规模以上企业仅有21家，科技、金融、电商等现代服务业业态基本没有。自挂牌以来，自贸试验区开封片区围绕自贸区“234”产业集群和“一心四谷两港”产业布局，创新引进政策和发展方式，一批科技含量高、带动性强的好项目、大项目相继入驻。

1. 招商引领作用凸显

恒大集团、绿地集团、碧桂园、深圳华强、亚普汽车、中联重机、

奇瑞汽车等近 34 家 500 强企业入驻自贸区开封片区。截至 2019 年 4 月，新增注册企业 4300 家，是挂牌前的 23.5 倍，注册资本 773 亿元，分别占到全市同期的 16% 和 57%，对全市招商引资及市场主体增长的引领带动作用凸显。

2. 经济外向度得到提高

自贸区入驻外贸企业 220 家，占全市外贸企业的 10%。具有代表意义的河南汴欧进出口贸易有限公司，率先在开封片区引入平行进口汽车，并于 3 月份举行了首批平行进口交车仪式。奇瑞汽车报关手续已从芜湖海关转至郑州海关，并签订大量汽车出口订单。

（二）新业态培育初具规模金融业发展势头迅猛

自贸试验区开封片区打造楼宇经济，完善配套，强化服务，建成约 130 万平方米楼宇资源，自贸大厦作为首个集中注册地，注册企业千余家，税收过亿元。加快双创、电商平台建设，绿地中部创客天地、电商产业园入驻在孵企业和知名电商近 200 家，中关村软件园人才与产业创新基地入驻，获评中国产学研合作创新示范基地。文创、医疗旅游产业亮点突出，总投资千亿元的省内最大文旅项目——恒大童世界加快建设，高标准规划"健康乐谷"，华润医药、圣源医学等落户自贸区，一批医疗健康类项目按照规划布局深入对接。

自贸试验区开封片区挂牌以来，金融产业呈现了从无到有的跨越式发展态势。截至 2018 年年底，自贸试验区开封片区吸引入驻金融类企业已达到 50 家，包括全省第一家自贸区银行——农行开封自贸区支行，以及中国银行、工商银行和建设银行等国有商业银行。类金融机构总注册资本达 318 亿元，包括河南规模最大的小贷公司——河南省中原小额贷款有限公司，河南省最大的内资融资租赁项目——河南豫资芯鑫融资租赁有限责任公司，河南首个在自贸试验区注册的商业保理公司——河南大河财立方商业保理公司。大量的金融类、类金融行业来到自贸区，为自贸区提供了包括融资租赁、小额贷款、基金管理、产业投资基金、金融服务外包、资产管理、商业保理、经纪管理、供应链管理等丰富多样的金融产品服务。

二、坚持以制度创新为核心，持续深化“放管服”改革

自贸试验区开封片区坚持以制度创新为核心，持续放大“苗圃”效应，重点围绕企业广泛关注的重点、难点领域，纵深推进“放管服”改革，进一步彰显了自贸区改革试验田标杆示范带动引领作用。

（一）在“放”的方面

一是在全国率先推出“22证合一”改革。将多部门办事压缩至一个窗口，将110页申请资料整合为一套表格，成为河南自贸区首个在全国复制推广的案例，受到李克强总理点赞，在国务院“放管服”电视电话会议上向全国介绍经验。

二是率先开展企业投资项目承诺制。从项目立项到竣工全闭环流程再造，将17项审批压缩为2项，将145项申请材料减少至27项。实行多规合一和区域评勘，环评、地勘、文勘等由政府统一实施完成，评勘结果免费共享。并在深入总结评估投资项目承诺制运行经验基础上，审慎稳步推进投资项目承诺制扩大实施范围，进一步释放改革红利、激发市场活力。国务院自贸区部际联席会议办公室、国务院推进职能转变办公室在全国通报经验。

三是深化“证照分离”改革。落实国务院关于“证照分离”改革的有关要求，在上海经验基础上深入探索，把自贸试验区开封片区213项行政许可服务事项全部纳入改革范围。

四是创新打造企业“急速开办”。根据国家有关文件精神，自贸试验区开封片区进一步自我加压、创新突破，将工商注册、公章刻制、申领发票、社保登记有效整合，将企业开办时间压缩至3个工作日以内，率先达到国内先进水平。

五是成功获批河南省电子口岸企业入网联审优化改革试点。利用互联网+技术与大数据共享平台，将原本需要跑4个部门、提交12份资料、耗时约3个工作日的冗杂流程，整合至一个窗口、十分钟以

内办理完结。

六是开通电子汇总征税保函无纸化备案，实现企业备案、核验、通关作业全称信息化，过去10多天走完的通关流程，现在变成“秒通关”，投资贸易便利化实现新突破。

（二）在“管”的方面

在大力简政放权、降低准入的同时，自贸试验区开封片区积极创新综合监管模式。

一是在市场主体领域，率先建成投用以“双随机”为核心的综合监管平台，录入抽查事项323条，市场主体3900多个，执法人员信息391条，推出了双随机抽查、双告知推送、联合监管、联合惩戒等“三双三联”创新举措。

二是在项目建设领域，在项目开工、基础建设、主体施工和项目完工4个阶段梳理67个风险点，组织开展协同精准监管。按照综合监管模式，正常企业每年接受检查次数较过去减少了80%，企业负担大大降低，监管效率明显提高。

（三）在“服”的方面

一是大力推行“六个一”政务服务新模式。37个部门入驻综合服务中心，在前期诸多制度创新基础上持续优化完善，形成了“一门集中、一口受理、一网通办、一窗发证、一链监管、最多跑一次”的政务服务新模式，实现了政府管理成本和企业群众办事成本的“双赢”。目前，“六个一”政务服务新模式已向全市复制推广。

二是提升政务服务标准化水平。加强标准化管理，对政务服务工作流程、管理措施、风险监控等建立标准化制度体系，获得中国质量认证中心颁发的行政审批相关服务“ISO9001质量管理体系认证”证书，成为全国12个自贸试验区中首个荣获该证书的片区。

三是推进系统智能化提升。创新推出“e证通”，打造“指尖上的政务”，建立包括170个办理事项的菜单式申办系统，打造移动终端和自助化办理平台，提供“二十四小时不打烊”服务，企业根据需求任意选择、集成办理。获得2018年中国信息化（智慧政务）最佳实践奖。

四是建立“自贸通”126政策服务平台，以线上自贸通政策服务平台为依托，建设好观摩厅、宣讲厅，组建专家团队、政策团队、律师团队等六个服务团队，为企业提供政策咨询、信息检索、产业分析和落地指导等线上线下服务。取得了六项国家软件著作权证书。

五是推出一码集成服务。赋予每个在自贸试验区开封片区综合服务中心办理业务的企业主体一个“二维码”，作为集成企业注册信息、生产经营相关的许可及备案信息、企业信用及监管服务信息的专属“身份证”，企业可通过扫码实时跟踪办件进程，查询办件结果，方便企业办事的同时提升办理速度，节约办事成本。

（四）在金融改革创新方面

一是深入实施创新驱动发展战略，金融创新不断突破。自贸试验区开封片区金融改革创新实现了众多在全省的率先突破，包括率先出台《中国（河南）自由贸易试验区开封片区关于对金融风险类企业实行风险评估的暂行规定》及《中国（河南）自由贸易试验区开封片区类金融机构监督服务暂行管理办法》。经过一年多的努力，自贸试验区开封片区已有11种细分金融类企业，构建起传统金融机构和新兴金融业态共同发展的多层次金融服务组织体系。

二是营造优质金融创新生态，坚持金融服务实体经济。自贸试验区开封片区出台了《关于支持中国（河南）自由贸易试验区开封片区产业发展的扶持方法》，落实关于金融产业的一系列金融扶持政策，全面促进金融业态繁荣、集聚发展。主动和郑州片区共同申请设立FT自由贸易账户，谋划出台《河南自由贸易试验区产业发展基金筹建方案》，积极向河南省商务厅、财政厅建言献策，该产业基金方案已经由省商务厅统筹并上报省政府。

三是完善金融风险防控体系，推动金融行业健康发展。自贸试验区开封片区加强监管联动，守住金融风险底线。成立工作领导小组，联合区内各行政部门力量实行综合治理，开展防范和处置非法集资大型专题宣传活动。采取线上与线下排查相结合的方式，加大排查力度，对于高风险企业重点监督。加强与中国证券投资基金业协会的协作，探索私募机构规范化商标登记管理，建立有效风险数据的及时共享与互联互通，建立行业管理与地方行政管理的全方位协调机制。全力开展互联网金融风险专项整治工作，对辖区内企业进行地毯式的网上排查。制订包括从网上筛查、联系企业、发放通知、汇总统计、现场核查等涵盖摸底排查工作全流程的工作要求，确保不留死角。

三、持续提升优化营商环境

自贸试验区开封片区把营商环境建设作为核心任务，挂牌伊始，就确立了打造营商环境国际化引领区的目标定位，率先在全省探索营商环境体系建设路径，扎实推进营商环境建设，取得了良好的效果。

（一）率先构建营商环境评估指标体系

自贸试验区开封片区以对标国际、落脚国情为基本出发点，以国际性、适用性、实用性和可操作性为基本原则，研究制定具有中国经济发展特色，适应自贸试验区营商环境评估条件的营商环境指标体系。评估指标体系由政府效能、政务服务、企业负担、要素支撑、法治环境、开放程度、产业配套、宜居环境等 8 个一级指标，政务公开、执法情况、跨境贸易等 31 个二级指标以及 69 个三级指标组成。整个指标体系囊括了现行世界银行营商环境全部相关评估内容，世界银行指标权重占比为 52%，数量占比约 43%。

（二）营商环境水平居全国前列

经过两年的发展，自贸试验区开封片区“放管服”改革成效显著、法治环境持续优化、配套设施建设稳步推进，片区整体营商环境走在了全国前列。2019 年，自贸试验区开封片区营商环境指标前沿距离分数为 69.64 分，比上一评估年度提升 3.91 分，其中在企业负担、政务服务、开放程度、政府效能方面得分较高，分别为 78.34 分、76.55 分、

76.10分、70.50分。按照世界银行2019年评估标准，自贸试验区开封片区营商环境指标前沿距离分数为74.33分，模拟排名全球第43名，比上一评估年度提升26名，比中国内地平均水平高3个名次，居于全球上游水平。总体来看，自贸试验区开封片区营商环境整体水平处于相对较优的水平。

（三）营商环境建设取得阶段性进展

1. 缩减流程，打造“极简”审批

（1）在全国率先探索商事制度改革“二十二证合一”。自贸试验区开封片区在“五证合一、一照一码”的基础上，依托互联网+开封市政务服务平台，整合增加由商务、发改委、工信、人行、住建、文广新、食药、旅游、海关、出入境检验检疫机构等10个部门办理的17个证、表，核发加载“双二维码”（“五证合一”二维码+动态二维码）的营业执照，实现“二十二证合一”。2017年3月23日，发出全国首张加载22个证、照信息的营业执照。同日，自贸试验区开封片区将48个行政许可证和其他246个行政审批、行政服务事项整合到统一的受理平台，正式实现“四十八证联办”。“二十二证合一”对外受理窗口一网通办，全流程办理时限缩短至3个工作日，方便企业“快入准营”。在投资建设领域，项目审批办理全流程时限由过去的至少180个工作日（很多需要一年多）压缩至13个工作日以内。

（2）深化拓展“证照分离”改革试点。自贸试验区开封片区为了进一步破解“办照容易办证难”“准入不准营”等问题，开展“证照分离”改革试点，复制推广国务院已经批复上海市“证照分离”改革试点的116项行政许可等事项及改革措施，通过取消审批、审批改为备案、实行告知承诺制、提高透明度和可预期性、强化准入监管等管理方式，把能分离的许可类的“证”都分离出去，实现“持照即可经营”。自贸试验区开封片区在上海市“证照分离”改革试点仅为行政许可事项的基础上，进一步深化“证照分离”改革试点领域，扩大改革范围，将自贸试验区开封片区综合服务中心入驻的212行政许可、行政服务事项纳入改革范围，按照不同改革方式分类实施改革管理，推动行政许可服务事项全覆盖。同时，提出围绕自贸试验区开封片区特色功能定位，在医疗旅游和文创产业等方面研究梳理具体事项，积极争取国家赋予更多先行先试赋权。

（3）全面实施工商登记全程电子化。自贸试验区开封片区将工商登记申请、受理、核准、发照、公示等各个环节均通过网上数据交换实现，并着力推广电子营业执照的使用。申请人通过河南省工商行政管理局门网站的“河南省企业登记全程电子化网上服务平台”进行用户注册，填写基本信息后，扫描网页上的二维码下载“掌上工商”APP 进行实名认证。实名认证后，用户登录全程电子化服务平台进行各项事项申请。全程电子化登记改革，让注册登记工作从“面对面”转向“键对键”，“零纸张、零跑趟”提高审批效率。

（4）推出企业开办“照章税保”联办套餐。自贸试验区开封片区在实现企业登记全程电子化的基础上，将工商注册、公章刻制、申领发票、社保登记进行了有效整合，由串联变成并联，并实现了“一口受理、并行办理”，显著缩短了企业开办时限。2018 年 6 月初，在全国率先将企业开办时间由原来 20 余个工作日压缩至 3 个工作日以内，平均开办时间控制在 2 个工作日，申请材料压缩 40% 以上，进一步推动实现政务服务“四极”效果。

（5）率先探索投资项目承诺制。自贸试验区开封片区是全国较早采用企业投资项目承诺制的地区之一，通过对投资项目原有的复杂审批模式进行整合梳理，将项目主体单位的信用承诺作为项目实施的重要依据，自贸试验区开封片区在前期改革的基础上，将承诺制与正在实行的投资便利化和事中事后监管系列创新举措有机结合，从项目立项到竣工全闭环进行流程再造，实行“先建后验”“评估前置”“联合审查”“统一验收”等系列政策，实现了投资项目的“事前审批”向“事中事后监管”和“全程服务”转变，彻底清除项目建设审批和监管领域中的诸多羁绊，努力做到项目建设“零审批”，开工“零等待”，监管

“零容忍”，为企业投资建设提供了最大限度的便利。实施企业投资项目承诺制后，申请材料由140余项减少至27项，精减幅度超过80%，承诺时限由原来140多个工作日缩减到13个工作日，压缩审批服务时间90%以上，原审批事项17项，现审批服务事项2项。

（6）探索实施了文物勘探前置管理。自贸试验区开封片区实行了文物勘探前置管理，由以前单个投资建设项目做其自身所在地块的文物勘探，转变为在土地出让前，由土地储备部门统一、提前实行整个区域全面的文物勘探，降低了企业支出成本，也有效合理地推进了区域文物保护和区域空间规划，同时文勘前置减少了企业在投资项目建设中的审批环节，提高了项目审批效率。

2. 压缩时间，打造“极速”效率

（1）形成“四个五”行政审批服务新模式。一五，“五个一”行政审批服务运行新流程。即“一口受理、一体审查、一文批复、一链监管、一网运行”。二五，商事制度五大类创新举措。即许可默认备案、信用承诺即入、证照脱钩助推、专家团队帮扶、特色套餐服务。三五，提高投资建设项目效率的五大强制性措施。包括多规合一、以规划代立项、整体评勘、联合图审、统一验收。四五，提高投资建设项目服务的五项保障性措施。包括“帮办服务”“缺席默认、超时默认”、容缺预审、联合踏勘、二次退件报告。“四个五”行政审批服务新模式得到了企业、群众的广泛赞许和社会各界的高度关注，有效降低了企业制度性成本，进一步激发了市场活力。

（2）实施“一码集成服务”。自贸试验区开封片区打破多平台信息传输的阻碍，对每个在自贸试验区开封片区综合服务中心办理业务的企业主体都形成一个专属二维码，将该企业所有的行政审批服务信息包括注册信息、生产经营相关的许可及备案信息、企业信用及监管服务信息等进行集成，成为企业在自贸试验区开封片区办理行政审批服务事项的专属“身份证”。自贸试验区开封片区将智慧政务服务平台的三大平台（受理平台、审批平台、事中事后监管平台）及网上办事大厅进行联通，将各平台服务器信息进行实时推送，企业每办理一单新事项，其过程和结果数据都会及时传输到二维码跳转的动态页面，从而实现信息集中服务码办理进度的实时更新。

（3）信息共享综合办税提速增效。自贸试验区开封片区对办税系统办事流程进行标准化设置、权限进行互相配置、业务进行有机融合，将办税系统与自贸试验区开封片区政务服务平台在同一个受理窗口进行对接，实现涉税信息和政务服务信息在同一个窗口共享，一次采集、按户存储、共享共用。目前，自贸试验区开封片区税务综合窗口办税事项由最初的14项增至6大类、153项业务，涵盖了国税、地税所有常办事项。创新纳税服务模式，自贸试验区开封片区深入推进多元化办税，构建“柜上+网上+掌上”的多元化办税渠道，设立了自助办税区，搭建了手机APP平台，推出“码上办税”，推出涉税电子审批服务，推广“离窗办税”模式，开启“三方服务直通车”，为自贸区企业提供针对性服务。通过整合三网资源，信息共享，申办人员在任意一个税务综合窗口即可办理所有国地税等业务，有效地解决了纳税人办税往返跑、重复找、重复排队、重复报送资料的问题，缩减办税材料，最多的事项材料减少75%，平均减少30%，办税时间平均节约30%左右，时间最短的仅需1分钟。

（4）创新河南地区电子口岸企业入网联审“一站式服务”新模式。为补齐开封缺少海关及特殊监管区的短板，方便外贸企业进出口，促进自贸试验区开封片区通关便利化，自贸试验区开封片区以制度创新为核心，以可复制可推广为基本要求，积极争取并得到郑州海关、省商务厅、省工商局、省外汇局、中国电子口岸数据中心郑州分中心等部门政策支持，于2018年6月21日，在全省率先启动了电子口岸企业入网联审优化改革试点模式。依托“中国电子口岸身份认证系统”，河南地区电子口岸企业入网资格审查实行联网办公，网上流转信息、自动审核发卡，10分钟内即可办结。

3. 提高标准，打造“极优”服务

（1）大力推动“最多跑一次”改革。自贸试验区开封片区严格执行《开封市加快推进“最多跑一次”改革实施方案》，设立“最多跑一次”改革工作小组，从与群众和企业生产生活关系最紧密的领域和事项做起，对群众和企业到政府办事事项进行全面梳理，制订清单，因地制宜、因事制宜、分类施策，对各类办事事项分别提出具体要求，通过精简办事程序、减少办事环节、缩短办理时限，实现立等可取，从根本上解决困扰企业和群众“办证多、办事难”等问题。

（2）实行综合窗口一口受理标准化服务。依托政务服务平台，将原来各部门分别受理的行政许可、行政服务事项进行整合，由综合服务中心综合受理窗口工作人员按照标准化、规范化要求，实现线上线下申办事项一个窗口受理。办事人申办事项既可以在综合服务中心实体大厅通过任一窗口申办，也可通过网上办事大厅、手机办事大厅、微信办事大厅享受到全天24小时的线上政务服务，其通过网上申办的事项通过立体智慧政务服务平台统一归结到统一受理平台，实现“一口受理”。自贸试验区开封片区在全国率先实现246个行政审批服务事项“一口受理”，避免了企业群众办事到多个部门（窗口）的折返跑、申请材料的重复交，同时，大幅降低了政府行政建设成本、管理成本、运行成本。

（3）建立了自贸通126服务体系。自贸试验区开封片区充分整合国家、省、市三级层面支持自贸区产业发展政策，尤其是涉及自贸试验区开封片区九大产业发展的政策，以创业者和入驻企业为主要服务对象，量身打造一个政策全面、发布及时、解读详细、精准推送、团队帮扶、简单实用、方便快捷、实时互动、服务周到的一站式综合服务体系，为企业“走出去”和“引进来”提供公共服务。自贸通126服务体系即：“一平台”（自贸通政策服务平台）、“两厅”（观摩厅、宣讲厅）和“六团队”（专家团队、注册官团队、政策官团队、律师团队、宣讲员团队、营商团队等六个综合服务团队）。依托自贸通126服务体系建设，完善“线上+线下”综合服务，打造全国首个自贸区规范性服务标杆，探索推出全国自贸区营商环境指标体系、营商环境政策体系、统计指标体系，建立大数据分析、政策需求调查分析、评价指数发布、建设成果展示等相关功能板块，为自贸试验区开封片区营商环境建设提供综合支撑。

（4）“三方委托扣款协议”登记网上传递办理。通过“互联网＋政务服务”，利用自贸试验区开封片区政务服务平台网上办事大厅，实现纳税企业、银行、国税部门等三方委托扣款协议登记的网上传递办理。传统委托扣款协议办事模式重复跑趟多、办理程序烦琐、办事成本高，需要企业到税务窗口领取纸质协议书、再到银行签订、最后再折返税务窗口提交材料，企业完成事项申办至少跑3趟，实行“三方协议”登记网上传递办理，企业只需到银行跑1趟，其他环节由电子材料网上传递办理。

4. 法治规范，打造“极严”约束

（1）实施企业投资项目“1234”精准监管。在试行企业投资项目承诺制的同时，为了切实确保项目实施的全过程合法合规，自贸试验区开封片区有针对性地制定了“一二三四”精准监管法，实行一个平台、两条主线、三种方式、四个阶段，在全方位便利项目实施的同时通过监管方式的创新以最少的干扰影响达到最优效果。“一个平台”即自贸区事中事后综合监管平台。采取“两种模式”，将“重点监管”和“例行监管”有效整合。运用“三种办法”，即综合运用现场检查、书式审查、线上监管等三种检查办法，全方位对在建项目进行监管。紧扣“四个阶段”，即将项目建设过程科学划分为“开工准备阶段”“基础建设阶段”“主体施工阶段”和“项目完工阶段”，由自贸试验区开封片区组织各职能部门，分别在项目建设四个阶段，组织开展多部门协同监管，使监管工作贯穿项目建设全过程，实现“全流程”监管。这一举措切实减轻了企业负担，目前正常企业每年要接受的例行抽查次数平均不到两次，与过去每个部门一年抽查一两次、数十个部门叠加起来数十次甚至上百次的频率相比，锐减80%以上。

（2）实行“三双三联”事中事后综合监管。自贸试验区开封片区“三双三联”事中事后综合监管运用了双随机抽查、双告知推送、双智能监察、联合监管、联合惩戒、信息互联等六种监管措施，在监管的力度、广度、科学性、可追溯性等方面都有很大的提升，并且推动了不同监管部门之间的联合执法，打破“信息孤岛”，实现信息共享、实时互联、联合监管，为自贸试验区高质量发展提供了保障。把“双随机一公开”检查作为事中事后监管的核心内容，在自贸试验区全面实行“一单、两库、一细则”监管模式。“一单”，即随机抽查事项清单。“两库”，即市场主体名录库和执法检查人员名录库。“一细则”，即“双随机一公开”检查实施细则。对随机抽查做到全程留痕，实现责任可追溯。对部分专业性强的检查事项，委托第三方机构实施，同时积极探索住所集中地管理机构代管监督模式，建立对第三方机构的考核评定和失信惩戒机制，确保检查结果公平公正。按照“双随机一公开”检查的实施细则，正常企业每年要接受的例行抽查次数平均不到两次，较过去锐减80%，企业负担大大降低。

（3）实施“1+3+N+1”旅游综合监管模式。旅游是自贸试验区开封片区的重点特色产业领域，为彻底解决旅游市场监管与服务中存在的监管力量薄弱、手段有限、职能交叉、高峰期旅游体验度差等问题，破除机制体制弊端，整合职能，实现多方联动，自贸试验区开封片区创新开发“1+3+N+1”旅游综合监管模式，按照“统一调度、部门联动、各司其职、齐抓共管”的原则，整合多个旅游市场监管主体职能，统筹全域旅游格局下的市场运行监测、旅游综合协调、案件联合查办、投诉舆情处置等核心业务。“1”即成立开封市旅游市场综合监管工作领导小组，下设旅游市场综合监管调度指挥中心；“3”即城市综合执法局、旅游景区巡防大队、旅游巡回法庭；“N”即17个相关部门及各县、区政府；“1”即履职监督机构。完善工作机制，制订配合性规章制度，制定下发了《开封市旅游市场综合监管暂行办法》《开封市旅游市场综合监管部门依法履职监察问责办法》

《开封市旅游市场综合监管调度指挥中心主要职责和工作制度》《开封市城管执法部门办理旅游案件工作规范和工作流程》《开封市旅游景区巡防大队》《开封市巡回法庭工作制度》等六项规章制度，搭建开封市旅游市场综合监管调度平台，实现部门之间数据互联互通，形成统一的大监管平台。

（4）大力规范涉企中介服务。按照“多评合一”要求，坚决打破垄断，通过市场化竞争方式选择中介服务主体，对于各类中介服务评估事项能取消的全部取消、能合并的进行合并。各级行政部门不得指定下属事业单位、企业性质中介服务机构和行业协会作为评估服务机构。行政部门下属的事业单位、企业性质中介服务机构和行业协会作为市场主体公平参与竞争，由企业自主选择服务机构。

四、2019 年发展方向、工作重点及目标

（一）深化“放管服”改革

深化五大专项服务体系建设，强化 160 项试点任务落实。进一步压缩企业开办、注销时间，将企业开办全流程时间压缩至 2 天，简易注销审批时间压缩至 1 天。进一步压缩项目审批时间，深化建设项目土地、规划审批改革，项目从摘牌到开工的审批时间，符合承诺制的项目压缩至 30 天，其他项目压缩至 50 天。推出政务服务“自贸通”升级版，集成 5 大功能板块，其中：“一码通”，聚焦一企一照一码走天下，提供企业生存全过程信息查用；“e 证通”，聚焦市场主体办证需求，提供经营事项集成办理；“e 建通”，聚焦建设项目审批服务，提供建设项目便捷申办；“e 事通”，聚焦企业办事疑难问题，提供“专家 + 管家”式服务；“e 线通”，聚焦各类互动体验，提供专业精分服务。进一步提升行政审批服务标准化水平，完善事项标准化工作规程和办事指南，争创国家级服务业标准化试点。继续探索相对集中行政许可权改革，争取实现“一枚印章管审批”。持续深化“证照分离”改革，逐步由许可审批向承诺审批转变。搭建综合监管执法监督指挥中心，建立金融风险监测

评估和应急处置机制。探索设立自贸区税收服务中心，提升与国际接轨的纳税服务水平。

（1）深化五大专项服务体系建设。着力打破部门条块分割，强化合力攻坚、责任落实与系统集成，严格落实160项试点任务，推动构建商事简便、快捷高效的政务服务体系，多元融资、灵活高效的金融服务体系，机制健全、仲调结合、一律平等的法律服务体系，互联互通、便捷高效的多式联运服务体系。

（2）实施“一企一照一码”改革。将企业资质、信用、后续生产经营中所有相关审批许可一并归集至营业执照统一信用代码；借助河南省政务服务平台，进一步完善数据共享和应用机制，促进信息互联互通互认；依托全省乃至全国联通的市场主体证照信息库，实现企业主体信息实时更新和采集应用。

（3）实行建设项目“标准地”模块化管理。再造土地手续办理流程，将土地指界认界工作提前至土地征收阶段；进一步加强国土、规划、不动产等部门信息交换与数据共享；探索取消交地测量及签订交地确认书，加快不动产权证办理。

（4）深化建设项目审批、许可、备案改革。精简建设项目审批、许可及备案事项。取消施工合同备案等9项备案事项；对人民防空工程建设质量监督等2项实行简易登记；规范防空地下室建设审批等17项申请材料。

（5）实施规划技术指标承诺制。进一步减少审批环节、提升服务效率，改建设项目规划技术指标审批为项目单位自主承诺，承诺后即可申报工程规划许可证；推行桩基施工新模式，项目单位施工图设计文件审查合格，且无其他重大质量安全隐患或损害公共利益的，新建民用建筑防空地下室工程质量监督简易登记，并就施工作业范围做出承诺后，即可开挖土方工程，施工许可证不再作为桩基施工前置手续。

（6）推出政务服务新版“自贸通”。增设5大功能板块：一是“一码通”，聚焦一企一照一码走天下，提供企业生存全过程信息查用；二是“e证通”，聚焦市场主体办证需求，提供经营事项集成办理；三是“e建通”，聚焦建设项目审批服务，提供建设项目全流程“e键申办”；四是“e事通”，聚焦办事疑难问题，提供“专家+管家”式服务；五是“e线通”，聚焦企业办事互动体验，提供专业精分服务。

（7）打造市政配套设施“一站式”服务。创新实施市政配套设施“首席服务官”制度，实行项目地块现场受理，打通服务企业“最后一公里”；精简工程档案报送手续，取消工程档案报送责任书，推行建设工程档案合格证容缺办理。

（8）提升行政审批智能化水平。试行“智能审批”，由计算机软件系统对申请人办事申请进行自动比对和判断，自动出具审批结果，探索实现审批服务智能化、自助化、无人化、远程化。

（9）一枚印章管审批。推进实施相对集中许可权改革，统一实施区域内省、市、区三级行政许可、服务事项的审批服务，减少部门利益掣肘，实现审批效率再提速、审批质量再提标、审批服务再提升。

（10）深化审批服务标准化改革。建立政务服务标准化管理长效机制，全面提升行政审批服务标准化工作水平；逐一梳理事项名称、设定依据、申请条件、申请材料、审查标准、办理程序和办结时限等要素，完善所有事项的标准化工作规程和办事指南，实现办事要件标准化、办事流程标准化、办事结果标准化；争创国家级服务业标准化试点，争取在年内通过验收；争取在政务服务方面参与国家级、省级标准的制定，力争推出具有自贸试验区开封片区创新特色的行政审批服务地方标准；按照ISO 9001质量管理体系相关要求，对运行中发现的问题及时修改完善，开展内部审核、管理评审，确保高质量通过中国质量认证中心组织的质量认证年度审核。

（11）持续深化“证照分离”改革。在复制推广上海深化“证照分离”改革经验的基础上，探索将更多有条件的事项纳入“证照分离”改革，进一步拓展“证照分离”改革的广度和深度；不断扩大告知承诺制事项实施范围，成熟一批推出一批，逐步实现由许可审批向承诺审批转变。

（12）试行营业执照经营范围登记方式改革。企业或个体工商户可根据自己意愿，申请经营范围，充分发挥市场的主导地位，构建有利于大众创业、万众创新的市场环境。

（13）深化简易注销登记制度改革。优化企业注销登记流程，通过进一步扩大简易注销的适用主体范围，减少申请材料，压缩登记公告时间，建立企业简易注销容错机制，大幅压缩企业注销时间，简易注销时间减少一半以上，加快解决企业“注销难”问题。

（14）创新综合监管执法方式。依托事中事后综合监管平台，进一步加强信息化、智能化建设，搭建综合监管执法监督指挥中心，拓展丰富平台功能、强化信息统筹能力。建立金融风险监测评估和应急处置机制，探索开展审慎监管，防范金融风险。

（15）深化外部评价机制改革。探索引入社会力量参与市场评价，健全外部评价指标体系、完善科学评价机制，鼓励新闻媒体、行业协会、公众积极参与，形成社会协同、公众参与、良性互动的科学高效监管格局。

（16）提升自贸通126综合服务体系。在现有功能的基础上，结合企业需求，进一步丰富服务功能、提升服务水平、实现政策服务精准推送。

（17）探索设立自贸区税收服务中心。开展法律援助、税收筹划、税收咨询等服务，由自贸试验区开封片区管委会组织具有相关资质的税务师、会计师、律师等中介专家人员组成，帮助企业进行税收筹划，更好地处理生产经营过程中的涉税问题，提升与国际接轨的纳税服务水平。

（二）推动产业高质量发展

抓好产业发展和项目建设，确保自贸区建设成规模、出形象。大力推进文创产业国际化，研究出台支持文创产业、文化金融发展的支持政策，拓展国际交流渠道和载体，培育引进一批骨干文创企业，积极创建文化与金融合作示范区。强力推进项目建设，打造创新载体。加快中央商务中心区产业集聚，力争形成5栋以上主营业务收入超亿元楼宇。抓好中关村智酷人才与产业创新基地建设发展，推进中原数据湖及智慧大厦等智慧城市项目建设，落地国家级全球数字文化高峰论坛。推动文创产业国际化。围绕构建“国际文化贸易和人文旅游合作平台”，拓宽国际交流合作渠道，深化多种形式的战略合作，塑造更多体现开封特色、具备国际竞争力的文创产品，引进培育一批具有品牌、创新、规模等优势的骨干文创企业，推进文创产业“引进来、走出去”。

（1）研究出台支持自贸试验区开封片区文创产业发展优惠政策。围绕提升自贸试验区开封片区文创产业国际化和高质量发展水平，研究制定符合文创产业发展基础、具有竞争力的支持政策，推动资金、项目、技术、人才在此集聚，打造文创产业发展新高地。

（2）推进文化金融创新。围绕国家对自贸试验区开封片区的功能定位，研究出台促进文化金融发展的意见等政策文件，加快创建文化与金融合作示范区，筹建深圳文交所河南（开封）运营中心，积极为文化企业发展搭建多渠道、多路径金融服务平台，不断丰富文化金融产品和业务模式。

（3）加快推进中央商务中心区产业聚集。重点培育浙商广场、总商会大厦、新龙大厦、新枫华大厦等楼宇发展，在自贸区内力争形成5栋以上主营业务收入超亿元的商务楼宇，推动自贸区楼宇经济再上新水平。

（4）打造“创新载体”。依托中关村智酷人才与产业创新基地，积极打造高新技术人才聚集、企业孵化和产学研用结合基地，争取尽快落地国家级的全球数字文化高峰论坛；组织北京中关村内600多家高新企业分批次来开封参观考察，力争引进软通、四季游玩等创新主体不少于30家（市外具有独立法人资格的高科技企业不少于15家）、入住率达到50%；依托绿地中部创客天地，加快形成以文创、电商、物联网、总部经济等产业为主的创客集群；依托自贸大厦积极引进新产业、新业态、新模式项目发展，培育发展新动能、加快推进产业发展转型升级；依托中央商务中心，深入推进易华录中原数据湖及智慧大厦等智慧城市项目建设，进一步推动大数据与实体经济深度融合，着力壮大智慧产业、数字经济体量。

(5) 推行“项目 + 政策 + 制度”模式。大力引进符合自贸区功能定位、具有产业融合特色的新业态、新产业，以企业和市场需求为导向推进压力测试，形成制度创新，带动相关产业发展。

(6) 全面展开健康乐谷建设。加快推进健康乐谷规划设计工作；加速高端医疗服务机构积聚发展，优先发展精准医疗机构，深度融合医疗机构和旅游企业，强化特许医疗机构和旅游企业的联姻互动，深入挖掘开封及周边中医药文化资源，引入中医药文化元素突出的中医医疗机构。结合现有在谈项目情况，积极推进天明中医谷、优德医疗、中信太禾医疗、中国残疾人福利基金会康复中心、美国 Gopath 病理诊断分中心、大邱尖端医疗复合产业园等项目的洽谈。

(7) 加快推进数据湖示范工程建设。积极打造大数据展厅，利用数据湖基础设施效应，将其建设成为开封展示大数据、实现“以数招商”的新名片。

(8) 实施精准招商。聚焦与开封市、自贸区现有的产业基础、资源优势、市场潜力紧密结合的大项目、好项目开展精准招商；制定国际文创企业工作目录和走访计划，借助专业思维、专业方法，重点抓好医疗旅游、文化创意两大产业招商；突出美国、日本、韩国等重点国家，中国香港、中国台湾等重点地区，京津冀、长三角、珠三角等重点省市，紧盯世界企业 500 强、中国企业 500 强和国内民营企业 500 强，开展登门招商。

(9) 探索建立完善自贸试验区企业保险需求信息共享平台。结合企业需求，在自贸试验区开封片区官网和综合服务大厅设立企业保险需求信息共享窗口，制定服务流程规范，完善相应保障机制。

（10）探索开展人民币跨境业务。探索构建符合自贸试验区实际的本外币账户体系，支持市场主体通过自贸试验区本外币账户开展跨境投融资创新业务，创新本外币账户设置、账户业务范围、资金划转和流动监测机制，促进跨境贸易、投融资结算便利化。

（三）推进高水平对外开放

研究制定鼓励外商投资的政策措施，落实内外资一致原则，优化外商投资环境。全力推进综保区申建，抓好对接协调、规划设计、项目布局和后勤保障，确保申建工作顺利进行。以综保区申建为契机，加大外资外贸项目招引力度，边筑巢、边引凤，着力引进有保税需求的大项目、大企业，为综保区申建提供支撑。积极联络对接对外合作组织，加强与商务部投促局、中国外商投资协会以及毕马威、德勤等国际机构的合作。优化外商投资环境。以十三届全国人大二次会议表决通过的外商投资法为契机，研究制定鼓励支持外商投资的政策措施，全面落实内外资一致的原则，完善投资环境，大力吸引外资，加快推进更高水平的对外开放。

（1）启动综合保税区申建前期工作。做好前期摸底调查工作，全力推进综保区申建工作，并以综保区申建为契机，充分利用自贸区对外开放先行优势，加大外资外贸企业、项目的招引力度，边筑巢、边引凤，着力引进有保税需求的大项目、大企业，为综保区申建提供支撑。

（2）加强对外联动。积极联络对接“一带一路”对外合作组织，加强与商务部投促局、中国外商投资协会以及毕马威、德勤等国际咨询机构的合作，在外向型经济发展、项目引进方面取得突破。

（3）深化电子口岸便利化改革。在报关报检资质申请整合入“国际贸易单一窗口”的基础上，将电子口岸业务一并纳入“国际贸易单一窗口”，做到让企业少跑趟，让数据多跑路。

（四）持续优化营商环境

围绕打造营商环境国际化引领区，开展2019年营商环境第三方评估，实施营商环境“四极”行动先行先试50条，建立督导评估机制，及时掌握相关改革举措实施情况，研究解决推进中存在的难点、堵点，保障政策举措落地见效。开展制度创新案例第三方评估，形成滚动发展良性机制，不断向国家、省、市推出更多可复制可推广的创新经验。

（1）实施营商环境“四极”行动先行先试50条。围绕打造营商环境国际化引领区，以推动营商环境“四极”行动先行先试50条为总抓手，建立健全长效跟踪机制及定期评估机制，及时掌握相关改革举措实施情况，研究解决推进中存在的难点、堵点，切实保障政策举措落地见效。

（2）开展制度创新评估。进一步完善促进经济高质量发展的制度体系，持续优化营商环境，聘请国际知名第三方机构，对自贸试验区开封片区制度创新状况进行全面评估，推动制度创新实现新突破，争取向国家和省推出更多可复制、可推广的制度创新经验。

（3）开展自贸区环境下公共服务能力评价研究。聚焦自贸试验区公共服务这一国家关切、社会关注的领域，以自贸试验区开封片区为样本开展课题研究，力求通过研究梳理反映自贸试验区环境下公共服务能力的各类要素和指标，探索构建我国自贸试验区环境下公共服务能力评价体系，为科学、全面评价体现自贸试验区特色公共服务能力提供有效依据，为所有自贸试验区提升公共服务能力，打造便企利商的服务型营商环境提供有益参考。

第六章　营商环境篇

开封市优化营商环境第三方评估工作的实践

营商环境是城市软实力和核心竞争力的综合体现，也是支撑各类市场主体健康发展的重要因素。2018 年以来，开封市委、市政府高度重视优化营商环境工作，将其作为全市工作的重点，出台了《开封市进一步优化营商环境实施方案》，建立起了优化营商环境双月通报点评例会制度，并委托河南大学中原发展研究院为全市各市直单位优化营商环境工作进行每 2 个月一次的第三方评估，定期公开发布评估结果，率先在全省引入第三方评估的办法引导全市营商环境水平的提升。全市营商环境评估工作主要是在参照世界银行营商环境指标体系及国内各研究机构有关营商环境评估的指标及模型基础上，结合开封市经济社会发展及评估对象的实际情况，探索设计了具有“开封特色”的营商环境建设第三方评估指标体系和评估方案。

一、背　景

河南开封地处中原，是八朝古都、国家历史文化名城，以“宋文化”为代表的历史文化是开封的闪亮名片之一，国宝《清明上河图》描绘了当时北宋国都开封的繁华景象。近年来，随着中国（河南）自由贸易试验区开封片区的设立，开封站在了国家改革开放的前沿，相继探索实施了一系列优化营商环境的制度举措，有效激发了市场主体活力，有力推动了开封经济社会稳中有进、稳中向好。2018 年，全市各类企业同比增长 24.5%，“营商环境”正在成为古城开封的“新名片”。

为深入贯彻落实习近平总书记关于加大营商环境改革力度的重要指示精神和党中央、国务院以及省委、省政府相关部署，着力解民忧、优环境、转作风、打攻坚，不断提升为企业服务的能力和水平，打造营商环境国际化引领区。根据《开封市进一步优化营商环境实施方案》和开封市转型攻坚暨优化营商环境推进大会精神，做好全市营商环境评估工作，促进全市营商环境大提升，实现经济高质量发展。受开封市委、市政府委托，河南大学中原发展研究院作为开封市营商环境建设第三方评估工作团队，就全市各市直单位营商环境建设工作情况进行每2个月1次的客观评估，发布评估得分结果，撰写评估报告。

自2018年3月接受委托后，中原发展研究院积极组织包括教授、副教授、博士研究生、硕士研究生在内的30余人作为专门的评估团队，其中由中原发展研究院院长耿明斋教授总指导，中原发展研究院副院长郑祖玄教授作为组长总负责，设定客观、公正的第三方评估指标体系并进行评估。2018年全年，已经于4月、6月、8月、10月、12月完成了5次评估工作，并在开封全市优化营商环境双月通报点评会上发布每次的评估结果，对全市优化营商环境工作起到了很好引导和督促作用。

二、开封市优化营商环境工作重大举措

自2018年以来，在市委、市政府的正确领导下，全市各单位、各县区围绕打造高效便捷的政务环境、竞争有序的市场环境、公平公正的法治环境、开放包容的人文环境、宜居宜业的生态环境的目标，在优化服务流程、降低企业成本，努力为企业创造审批最少、流程最优、效率最高、服务最好的营商环境，切实强化企业市场主体地位等方面采取了系列举措。

（一）抓实"五项改革"，打开优化营商环境的突破口

全市立足开封经济社会发展实际，紧盯企业所急所难所需所盼所想，从制度层面入手，以深化改革破除机制障碍，为企业解难释缚。一

是实行证照分离。通过取消审批、审批改为备案、实行告知承诺制、提高透明度和可预期性、强化准入监管等管理方式，把能分离的许可类的“证”都分离出去，实现“持照即可经营”。二是完善事中事后监管措施。建立以综合监管为基础、以专业监管为支撑、信息化平台为保障的事中事后监管平台，努力实现“放得下、接得住、管得好”。三是推行“多规合一”。将“六规五勘评”有机融合成“多规合一”，一个区域一个规划一张蓝图，科学合理配置资源，有效解决不同规划自成体系、相互冲突、影响项目入驻的问题，最大限度为项目入驻提供便利、节约时间。四是实行企业投资项目承诺制。企业就遵守相关法律法规、严格执行各种制度、确保工程质量做出公开书面承诺，政府职能部门做好开工前审验、竣工后验收工作，对于已承诺事项不再作为项目建设招投标及后续事项的办理要件，努力实现项目建设“零审批”、开工“零等待”、监管“零容忍”。五是推进“互联网+政务服务”。政府利用互联网技术不断深化做好“放”的“减”法、“服”的“乘”法，推行“一门集中、一口受理、一网通办、一窗发证、一链监管、最多跑一趟”的政务服务模式，促进政府职能的“大转变”、政务数据的“大整合”、行政效能的“大提升”。

（二）强化“八个保障”，推动优化营商环境加速落地

推动优化营商环境具体化、项目化和责任化，精准聚焦企业需求的痛点、破解企业发展的难点、疏通企业感受最强烈的堵点。一是实行一套指标体系。参考世界银行营商环境评价指标体系，制定了自贸区开封片区营商环境评估指标体系。二是一区先行先试多区覆盖。种好自贸区开封片区改革创新“试验田”，发挥先行先试示范引领作用，并将形成的有效经验，复制辐射到全市所有经济功能区。三是一热线一中心搜集问题。建立了以“12345”企业投诉热线和市企业投诉中心的沟通企业常态化平台，及时受理简政放权不作为、服务企业慢作为、落实政策中梗阻、违法违纪乱作为等典型案例，并向社会公布。四是引入第三方评估。引入河南大学中原发展研究院作为全市营商环境第三方评估机构，

对市直各单位、各县区优化营商环境工作进行了每两个月一次的客观评估，定期发布评估结果、反馈评估建议，督促和引导全市各单位、各县区正确开展优化营商环境工作。五是实行公开承诺。各县区、各部门着眼优化营商环境，本着“尽力而为，量力而行”的原则，向社会作出公开承诺，自觉接受社会监督。六是建立双月通报点评例会制度。每两个月召开一次优化营商环境双月通报点评例会，每次例会通报第三方评估结果，通报影响全市营商环境的典型案例，涉及典型案例的责任单位公开表态发言，2018 年共计通报了三批次影响营商环境的典型案例，相关单位责任人在大会上表态发言。七是定期召开企业家恳谈会。全年举办工业企业、服务业企业、中小微企业等各类别企业家恳谈会 16 次，精准收集企业的意见，梳理汇总后由市委市政府督查局集中交办、督办，回访落实，并将问题解决结果及时向企业进行反馈。八是严肃执纪奖惩制度。对全市优化营商环境工作中表现突出的单位和个人进行奖励，对影响营商环境水平提升的单位和个人坚决给予惩处。

三、评估指标体系的构建情况

为做好开封市营商环境建设第三方评估工作，促进全市营商环境大提升，客观公正的对各市直单位优化营商环境工作给出评估，[①] 第三方评估团队（河南大学中原发展研究院）深入研究了世界银行及国内各知名研究机构（如，中科院、中国人民大学国家发展与战略研究院、中国社科院、中山大学等科研院所）关于营商环境评估的指标体系，结合开封市经济社会发展及评估对象的实际情况，最终设定了具有“开封特色”的营商环境建设第三方评估指标体系。各单位的指标体系

① 2018 年营商环境评估的对象是 49 家市直单位，2018 年 8 月份，地税局和国税局合并后，剩余 48 个市直单位，因此，2018 年度营商环境第三方评估指标体系是一套针对市直单位的评估指标体系，2019 年评估工作扩大到县区后，设定了适用于市直单位和各县区两套平行的指标体系。

都是基于该部门对优化营商环境的公开承诺，[①] 并结合各单位实际工作情况（工作性质、工作及服务对象、业务开展情况等）而设定的。

由于提交营商环境公开承诺书的各单位工作性质、工作及服务对象、业务开展情况等方面都存在着差异，在评估其营商环境建设质量时无法采用统一的指标体系进行评估，但作为全市营商环境建设不同方面的重要组成部分，又需要对各单位营商环境建设情况进行横向对比，以更好地提升全市整体营商环境质量和水平。因此，在设计评估指标体系实际工作情况和营商环境时，我们通过分级指标的设定，[②] 使得最终的指标体系既相对统一，又可针对各单位自身实际情况差异化对待。具体来说，对每一评估对象设计评估指标时，一级指标体系相对都是一致的，主要包括评估对象完成的业务数量指标、评估对象的工作效率指标、评估对象的服务态度指标、是否具有非现场办理的流程措施、投诉渠道是否通畅有效等五个方面（即，五个一级指标）。随后，结合各单位工作性质、工作面向的主要对象、业务开展情况不同等因素，在一级指标体系基础上，根据各部门环境公开承诺书承诺的主要内容，再设定二级、三级指标。

在指标体系构建时，评估团队还根据各单位具体工作的性质，结合其工作业务重点，将各单位区分为对企服务、对民服务和政务服务等三种类别，针对不同类别的单位设定各有侧重的二级指标，以体现其工作性质，真实反映不同单位在全市优化营商环境工作中的侧重点；并在同类别单位中设定有共性的二级指标，以增加部门之间的可比性。同时，本套指标设定统一加入了调研员调研感受评分作为考察被评估对象服务态度的二级指标之一，以增强调研员与被考察单位之间的沟通交流，深化第三方评估的客观公正性，也促使评估团队对各单位给出更富针对性的意见建议。

---

① 自2018年以来，开封市各市属单位结合各自工作实际，都向社会各界公开了优化营商环境的承诺。

② 对每一单位的指标体系都至少设定到二级指标。

四、2018 年开封营商环境第三方评估工作的特色

在营商环境的评价方面，最为知名的当属世界银行的《营商环境报告》（Doing Business），该报告从 2003 年开始发布，主要关注政府监管效率、营商便捷度等方面的情况，侧重于客观衡量营商环境。此外，国际上较为知名的经管机构，如经合组织（OECD）、瑞士国际管理发展学院、经济学人信息部等也都发布了类似的国别营商环境排行榜。随着对营商环境关注度的提升，近年来，国内一些研究团队也开始探索评价城市层面的营商环境，如，国民经济研究所樊纲团队发布了中国分省企业经营环境指数、中国社科院倪鹏飞团队发布了城市竞争力报告、中山大学发布了城市政府公共服务能力评价、中国社科院发布了中国城市基本公共服务力评价、中国人民大学国家发展与战略研究院发布了《中国城市政商关系排行榜（2017）》等，这些评价的侧重点大多都是城市政府提供的各类公共服务质量。此外，一些研究团队还针对政商关系和营商环境的某项具体内容进行评价。例如，政府廉洁度（中山大学）、电子政务和移动政务（清华大学、中国软件评测中心、中山大学）、政府透明度（中国社科院、上海财经大学、清华大学）。但是，以上各种营商环境的评价都是基于地区之间的对比（大多以地级市为单元进行测度评价），是评价某一区域单元整体的营商环境水平，而对某个地市内部各单位的营商环境仍然缺乏有针对性和系统性的评价体系。相对来说，中原发展研究院做的开封市营商环境建设第三方评估则率先以评价一个地区内部各单位流程优化、作风转变、效率提升等角度入手，自内向外探索优化营商环境的路径。其特色有以下几点：

一是在评估对象上，本评估主要是针对各个具体业务部门进行的系统性评估。前面也已经提到，无论是世界银行的营商环境评价体系，还是国内各大研究机构开展的营商环境评估排名，都是以国家或地区为单位，难以反映某一地区内部各具体业务部门的实际工作情况，也无法有效反映该地区在优化营商环境中的优势做法和不足之处。而本套营商环

境建设第三方评估指标体系是针对各具体业务部门设定的，并且是结合各单位不同的工作性质、业务重点，去评估其在整个地区的营商环境中所做出的贡献和不足，最终对各业务单位都给出有针对性的改进建议，督促一个地区内部各单位协同为区域营商环境的优化做出努力。

二是在指标体系设定上，通过分级指标设定的方法，使得最终的指标体系既相对统一，又可针对各单位自身实际情况差异化对待。具体来说，对每一评估对象设计评估指标时，一级指标体系相对都是一致的，主要包括评估对象完成的业务数量指标、工作效率指标、服务态度指标、非现场办理指标、投诉及反馈指标等五个方面；然后，再结合各单位工作性质、工作面向的主要对象、业务开展情况不同等因素，在一级指标体系基础上，根据各部门实际工作情况和营商环境公开承诺书承诺的主要内容，再设定二级指标，各部门的二级指标既有共性的，也有差异性的，以便于评估的客观可操作性。

三是在评估方法上，充分利用了现代经济学方法，通过模型计算，最终对各单位优化营商环境所做的工作得出综合评分。在评估指标体系设定基础上，结合各单位工作性质和业务重点，对各项一级指标、二级指标进行差异化赋权，并建立数学模型，通过模型模拟计算，最终得出各单位营商环境建设的总评得分，并以总评分和各项指标得分为基础，详细分析研判各单位在优化营商环境工作中的优势做法及不足，进而提出针对性的改进建议。需要强调的是，本套评估体系非常注重一手资料的获取，采取多种途径获取不同指标需要的数据，严格保证采集数据的客观真实性，并将采集到的原始数据进行无量纲化标准处理，模型中使用的数据均是经过标准化处理后的数据。

五、2018 年开封营商环境评估的实践及效果

在前期指标体系设定的基础上，中原发展研究院（第三方评估团队）专门组织博士、硕士研究生参与各被评估单位一手资料调查获取、数据整理等工作，并通过无量纲化方法，将评估调查的原始数据标准化

处理。随后，结合各单位实际工作情况、性质等，对指标体系的各项指标进行了赋权（由于各单位工作性质、业务开展情况、工作及服务对象等情况的不同，为了增强各单位评估结果的可比性，就对各项指标赋予权重采取差异化的方法），将经过标准化处理后的数据带入建立好的模型中进行计算，最终得出各单位营商环境建设的各项指标得分及总评得分，直观显示出各单位在近期营商环境工作中的表现。

经过几个月的探索，评估团队不断地完善修订评估指标体系，多次与被评估部门进行对接沟通，深入了解其具体工作情况，挖掘各单位优化营商环境公开承诺的延伸内容，剔除或调整了与各单位实际工作相关度比较低的指标，增加了能够体现各单位亮点和重点工作的指标，使得设定的指标体系能够更加真实地反映各单位的实际情况。就固定下来的评估指标体系来看，开封市被评估的 48 个市直单位二级指标共计 968 个，其中，结合不同单位实际工作情况，设定的指标数量最多的单位为开封市教育局，包括了 31 个二级指标，设定指标数量最少的单位是开封市台办和农机局，也都包括 13 个二级指标，并且各单位的二级指标数量大多集中在 16～23 个。2018 年，评估团队对开封市各市直单位营商环境建设情况共计完成了 5 期评估，[①] 从评估得分来看，各单位评估得分的最低分由第一期的 67 分提高到了第五期的 82.93 分，80 分以上的单位数量也由第一期的 33 个增加到了第五期的 48 个。经过 5 期评估的督促和激励，开封市优化营商环境工作的良好氛围已经基本形成，各市直单位也都越来越重视优化营商环境工作，基本都认识到了优化营商环境工作的常态化和重要性，各单位在积极改善工作作风、提高工作效率、提升工作满意度等方面做出了很大努力，使全市全面建设高效便捷的政务环境、竞争有序的市场环境、公平公正的法治环境、开放包容的

① 2018 年 4 月、6 月、8 月、10 月、12 月各完成了一期，各单位每期具体评估得分见本章最后的附表 1～5。2018 年度评分是根据各单位五期评估得分进行赋权加总得到，具体赋权为：第一期得分占 10%；第二期得分占 20%；第三期得分占 20%；第四期得分占 20%；第五期得分占 30%。

人文环境、宜居宜业的生态环境的目标实现更近一步（见表6－1）。

表6－1　开封市营商环境建设第三方评估总评得分（2018年度）

序号	单位名称	综合得分	序号	单位名称	综合得分
1	市工商局	89.41	25	市不动产登记中心	84.29
2	市商务局	88.91	26	市住建局	84.23
3	市金融工作办公室	88.87	27	市民宗委	84.06
4	市质监局	88.71	28	市人社局	83.82
5	市政府办公室	87.83	29	市司法局	83.76
6	市台办	87.81	30	市财政局	83.75
7	市卫计委	87.65	31	市农林局	83.57
8	市税务局	87.03	32	市人防办	83.49
9	市畜牧局	87.03	33	市地震局	83.34
10	市外侨办	86.68	34	市国土局	82.96
11	市民政局	86.52	35	市审计局	82.92
12	市场发展局	86.48	36	市文广新局	82.66
13	市文物局	86.17	37	市粮食局	82.32
14	市国资委	86.17	38	市规划局	82.24
15	市食药监局	86.09	39	市城管局	81.87
16	市安监局	86.02	40	市科技局	81.70
17	市工信委	85.89	41	市发改委	81.60
18	市信访局	85.77	42	市水利局	81.58
19	市公路局	85.63	43	市交通局	81.39
20	市体育局	85.27	44	市公安局	81.25
21	市环保局	84.60	45	市公积金管理中心	81.19
22	市统计局	84.56	46	市农机局	81.13
23	市旅游局	84.42	47	市教育局	81.02
24	市机关事务管理局	84.34	48	市公共资源交易管理办公室	80.54

从全市营商环境建设第三方评估2018年度评估结果来看，全市的

营商环境工作已经逐渐步入正轨，各单位也都越来越认识到优化营商环境对地方经济社会发展意义重大。大部分单位也都积极兑现了 2018 年初对优化营商环境向社会做出的公开承诺，不断提高工作效率、改善工作作风，各单位政府职能转变的效果也正在显现，服务意识明显增强。但是，取得成绩的同时，也应该正视与发达地区乃至发达国家的差距，应该认识到在提高服务意识、精简办事流程、加强非现场办理等方面还有很大的提升空间，并要继续在优化营商环境工作方面做出更多的努力和改变。应该保持着优化营商环境永远在路上的心态，继续对标国际上营商环境好的发达地区，持续优化全市营商环境，尤其是企业和民众涉及办事较多的单位，应当进一步明确部门的职责和权力，让市民办事更加方便，企业办事更加便捷，办事流程更加清晰，办事进度更加透明。各单位在为企业、群众办事过程中应站在开封市经济社会长远发展的立场上多为企业、群众考虑，彻底改变群众和企业心目中办事难的印象，营造营商环境的“开封品牌”。

六、2019 年开封市优化营商环境评估工作计划

2019 年是开封市优化营商环境工作逐渐步入正轨后，需要进一步巩固和完善提升的关键年份，也恰逢全市政府机构改革基本完成，新的机构及其职责分工基本明确，势必需要重新对全市各市直单位营商环境建设第三方评估指标体系进行修订设计。并且按照市委、市政府主要领导的意见，全市营商环境建设第三方评估机制将下沉到各县区，坚持“以评促改”的原则，督促和引导各县区持续优化营商环境，进而促进全市全面建设高效便捷的政务环境、竞争有序的市场环境、公平公正的法治环境、开放包容的人文环境、宜居宜业的生态环境目标的实现，提升开封经济社会发展软实力、竞争力。2019 年，营商环境第三方评估工作也是更加注重指导各市直单位、各县区正确开展优化营商环境工作，增强微观主体活力，打好优化发展环境“组合拳”，加强部门之间的协同，打通政策落实“最后一公里”，把营商环境好坏的评价权真正

交给服务对象，让服务对象去评价政府部门，让企业有实打实的获得感，让更多的企业自愿到开封投资发展。

2019 年结合全市机构调整及新的一年经济社会发展工作重点，对优化全市营商环境第三方评估工作进一步完善，重新确定了参评单位及指标体系，注重强化指标体系对被评估单位具体工作的指导意义，通过指标体系引导各市直单位和各县区在优化营商环境上下真功夫，同时也注重加强对全市优化营商环境工作及第三方评估工作的宣传推广，让更多的企业看到开封营商环境的提升。评估时继续对标国际标准，坚持市场和企业的需求导向、问题导向，着力简化企业办事流程、提高政府服务效率、降低企业负担、激发市场活力，以科学可量化指标为抓手，深入探索优化营商环境路径，力争 2019 年第三方评估更加客观、公正，对全市优化营商环境工作更具指导意义，进一步提升全市的营商环境。具体工作流程如下：

（1）重新确定了被评估对象及评估内容。首先，明确评估对象包括市直有关单位和各县区，且市直单位的评估与各县区评估分属两套体系。其中，市直单位为改革调整后的 39 个政府机构，仍按照每两个月一期进行评估排名；县区为开封市下辖的 4 县 6 区，每期评估排名可包括县排名、区排名、县区排名三个维度。其次，评估内容也分属市直单位和各县区两套方案。其中，市直各单位的评估内容主要包括其与企业、民众密切相关的职责落实情况及对全市优化营商环境工作贡献情况，指标体系设定也是在 2018 年评估指标体系基础上，根据机构改革调整后各市直单位的职责及新一年经济社会发展重点，进一步细化对优化营商环境工作的客观评价，具体指标内容更多的站在企业、民众角度去设定，指标考核内容不仅仅限于各单位自身职能，也会延伸与优化营商环境紧密相关的隐形责任，客观评估各单位对全市优化营商环境工作贡献情况；县区的评估主要是以地区为单位，不再细分县区内部的各机构，而是站在企业角度，对各县区总体上的营商环境进行评价，指标体系主要包括政务高效透明及便捷程度、政务服务情况、市场环境规范有序情况、招商环境质量情况、法治环境情况、人文环境情况、城市生态环境情况及各项政策落实情况等方面的内容。

（2）组织召开了第三方评估工作征求意见座谈会。在确定评估对象及评估主要包括内容基础上，征求被评估对象、企业及专家学者的意见，为确定第三方评估指标体系及方案做准备。座谈会主要分为了四场：一是组织被评估的市直单位主管领导和具体负责业务的科室负责人参加的座谈会，征求关于对市直机构进行营商环境建设第三方评估工作的意见，请各市直单位结合2018年度第三方评估情况，对2019年评估工作开展提出意见建议。二是组织各县区主管县级领导及办公室主任参加的座谈会，征求关于各县区进行营商环境建设第三方评估工作的意见。三是组织企业参加的座谈会，征求企业对全市营商环境建设第三方评估工作开展的意见建议，请企业负责人站在企业生产经营角度，就全市优化营商环境工作提出意见建议。四是组织专家学者参加的座谈会，征求推进全市营商环境建设第三方评估工作顺利开展的意见建议。

（3）重新核定了评估指标体系并以政府文件形式对外发布，接受社会公众的监督。最终确定的2019年优化营商环境评估指标体系分为两套：一套是针对市直各单位的；另外一套是针对各县区的（见表6－2、表6－3）。

表6－2　2019年开封市各县、区优化营商环境第三方评估指标体系（暂行）

<table>
<tr><th>一级指标</th><th>二级指标</th><th>三级指标</th></tr>
<tr><td rowspan="10">1. 政务环境（25%）</td><td rowspan="5">（1）政府效能</td><td>（1）开办企业</td></tr>
<tr><td>（2）办理施工许可</td></tr>
<tr><td>（3）不动产登记</td></tr>
<tr><td>（4）缴纳税费</td></tr>
<tr><td>（5）企业注销</td></tr>
<tr><td rowspan="5">（2）政务服务</td><td>（6）政务信息公开透明度</td></tr>
<tr><td>（7）政策宣传及落实情况</td></tr>
<tr><td>（8）政企沟通帮扶情况</td></tr>
<tr><td>（9）智慧政务平台建设情况</td></tr>
<tr><td>（10）政务服务满意度</td></tr>
</table>

续表

一级指标	二级指标	三级指标
2. 市场环境（25%）	（3）市场秩序	（11）市场规范化程度
		（12）市场的公平公正情况
	（4）产业配套	（13）产业集群关联度
		（14）物流便利化
	（5）要素支撑	（15）用电
		（16）用水
		（17）用能
		（18）用地
		（19）融资
	（6）非公经济活跃度	（20）非公经济产业多样化程度
		（21）非公经济产值比重
		（22）非公经济企业家获得感
3. 法治环境（18%）	（7）知识产权保护	（23）知识产权服务情况
		（24）知识产权中介发展情况
		（25）知识产权支持保护力度
	（8）诚信服务体系	（26）政府承诺兑现情况
		（27）各类政策执行落实情况
		（28）政府信用总体评价
	（9）法规宣传及执行	（29）法规宣传力度
		（30）解决合同纠纷
		（31）企业办理破产
4. 人文环境（16%）	（10）城市开放度	（32）吸引外商投资
		（33）对外交流
	（11）人才发展环境	（34）人才吸引
		（35）人才保护
	（12）社会安全感	（36）治安环境
		（37）文明程度
	（13）文化交流及创新情况	（38）文化交流环境
		（39）创新创业环境
5. 生态环境（16%）	（14）自然环境	（40）空气质量
		（41）绿化及养护情况
	（15）生活环境	（42）文化教育资源
		（43）医疗卫生资源
		（44）消费娱乐资源
	（16）工作环境	（45）交通便利程度
		（46）办公环境

表6-3　2019年开封市各市直单位优化营商环境第三方评估指标体系（暂行）

一级指标名称	二级指标名称	三级指标名称	数据类型及获取来源
1. 政务公开透明度（14%）	（1）信息公开渠道情况	（1）信息公开渠道数量：门户网站、微信公众号或微博、政府公报、线下宣传等	客观数据、各被评估单位
		（2）企业及群众对信息公开渠道了解情况	主观数据、企业及群众
	（2）办事流程清晰程度	（3）办事流程查询便捷度	主观数据、企业及群众
		（4）办事指南清晰度	主观数据、企业及群众
		（5）现场业务咨询或办理指引清晰度	主观数据、企业及群众
	（3）业务办理所需资料及费用清晰程度	（6）业务办理资料清单详细程度	主观数据、企业及群众
		（7）业务办理所需费用明确程度	主观数据、企业及群众
		（8）业务办理所需资料表格获取便捷度	主观数据、企业及群众
	（4）部门职责信息公开情况	（9）部门内部科室职能划分明确度	主观数据、调研团队查阅资料
		（10）部门职责清单内容详细度：职责、负责人、联系方式	主观数据、调研团队查阅资料
2. 政务服务满意度（22%）	（5）业务办理满意度	（11）业务办理环境满意度	主观数据、企业及群众
		（12）业务办理流程满意度	主观数据、企业及群众
		（13）业务办理结果满意度	主观数据、企业及群众
	（6）工作人员服务评价	（14）工作人员服务态度	主观数据、企业及群众
		（15）工作人员业务熟练程度	主观数据、企业及群众
		（16）调研团队直观感受	主观数据、调研团队
	（7）部门形象评价	（17）部门人员工作作风评价	主观数据、企业及群众
		（18）企业及群众对部门整体印象评价	主观数据、企业及群众

续表

一级指标名称	二级指标名称	三级指标名称	数据类型及获取来源
3. 政务办理效率（13%）	（8）事项办结率	（19）该部门月度事项办结率	客观数据、调研团队查阅相关信息
	（9）办理审批事项所需时长	（20）近两个月审批业务办理时长达标情况	客观数据 + 主观评价、企业及群众
	（10）工作人员技能水平评价	（21）窗口工作人员技能水平评价	主观数据、企业及群众
	（11）办理业务效率评价	（22）办理业务耗时是否符合预期	主观数据、企业及群众
		（23）企业及群众对业务办理效率打分	主观数据、企业及群众
4. 信息化建设情况（18%）	（12）门户网站信息完善及明晰度	（24）门户网站信息完善程度	主观数据、调研团队查阅资料
		（25）门户网站信息更新时效性	主观数据、调研团队查阅资料
		（26）门户网站信息查询便捷度	主观数据、调研团队查阅资料
	（13）新媒体信息完善及明晰度	（27）新媒体信息完善程度	主观数据、调研团队查阅资料
		（28）新媒体信息发布时效性	主观数据、调研团队查阅资料
		（29）新媒体信息查询便捷度	主观数据、调研团队查阅资料
	（14）网上业务办理能力	（30）门户网站咨询及办理业务能力	主观数据、调研团队查阅资料
		（31）新媒体咨询及办理业务能力	主观数据、调研团队查阅资料
		（32）网上办理业务量占全部业务量比重	客观数据、各被评估单位
		（33）网上办理事项占全流程的比例	客观数据、各被评估单位
		（34）网上业务办理便捷程度	主观数据、企业及群众
	（15）网上业务办理公示及反馈情况	（35）网上业务办理进度公示情况	主观数据、企业及群众
		（36）网上业务办理结果及反馈查询情况	主观数据、企业及群众

续表

一级指标名称	二级指标名称	三级指标名称	数据类型及获取来源
5. 政策法规宣传及执行情况（12%）	（16）政策法规宣传途径数量	（37）政策法规宣传途径：门户网站、微信公众号或微博、线下宣传等	客观数据、各被评估单位
	（17）政策法规宣传情况	（38）每月政策法规宣传次数	客观数据、各被评估单位
		（39）政策法规解读情况：门户网站、微信公众号等	客观数据＋主观判断、调研团队查阅资料
		（40）政策法规宣传效果	主观数据、企业及群众
	（18）政策法规查询便捷度	（41）查询了解相关政策法规便捷度	主观数据、企业及群众
	（19）政策法规执行落实情况	（42）政策法规执行落实情况评价	主观数据、企业及群众
		（43）政策法规奖惩机制满意度评价	主观数据、企业及群众
6. 业务办理公平公正情况（6%）	（20）业务办理规范程度	（44）业务办理程序是否规范	主观数据、企业及群众
		（45）业务办理是否存在乱收费情况	主观数据、企业及群众
		（46）业务办理是否存在强制委托中介服务情况	主观数据、企业及群众
7. 咨询、投诉及反馈情况（15%）	（21）咨询、投诉及反馈渠道多样性情况	（47）咨询、投诉及反馈渠道数量	客观数据、各被评估单位
	（22）咨询、投诉及反馈渠道畅通情况	（48）咨询电话畅通情况	客观数据、企业及群众
		（49）门户网站及新媒体互动反馈情况	主观数据、企业及群众
	（23）咨询、投诉及反馈满意度	（50）咨询、投诉及反馈办理效率评价	主观数据、企业及群众
		（51）咨询、投诉及反馈办理结果满意度	主观数据、企业及群众
	（24）市长专线按期办结率	（52）市长热线办结率	客观数据、市长专线
	（25）企业投诉办结情况	（53）企业投诉事件处理情况	客观数据、企业投诉中心

根据确定的被评估对象及主要内容，结合四场征求意见座谈会的建议，细化确定了客观公正、可量化、可操作的优化营商环境第三方评估指标体系。其中，市直单位评估指标体系在2018年5个一级指标基础上，进一步细化为政务公开透明度、政务服务满意度、政务办事效率、信息化建设情况、政策法规宣传及执行情况、业务办理公平公正情况、咨询投诉及反馈情况等7个一级指标，并进一步量化为25个二级指标、53个三级指标；县（区）评估指标体系主要包括政务环境、市场环境、法治环境、人文环境、生态环境等5个一级指标，涵盖了政府效能、政务服务、市场秩序、要素支撑、产业配套、法规宣传及执行、城市开放度、生活环境等16个二级指标、46个三级指标。

（4）确定评估具体实施方案，有序推进第三方评估工作客观公正的开展。在评估指标体系确定的基础上，根据全市优化营商环境双月通报点评例会制度时间节点的安排，第三方评估团队在指标体系确定后，就紧锣密鼓地开展了预调研工作，对纳入评估的4县6区和39个市直单位一一进行了走访调研，对采集数据工作进行预演，进一步为指标体系可量化、可操作提供保障。在预调研基础上，评估团队将于4月、6月、8月、10月、12月正式对各被评估对象进行系统评估，分析评估结果，撰写评估报告，为全市优化营商环境建言献策、贡献力量。

总之，开封市优化营商环境工作取得了很好的开端，全市也将继续优化提升营商环境，坚持市场和企业的需求导向、问题导向，以第三方评估指标体系为遵循，深入探索优化营商环境路径，增强微观主体活力，吸引更多的企业来开封投资发展，为开封市经济社会健康快速发展及顺利实现建设“两城”，打造“两都一支点”的发展定位提供重要支撑。

附表：

表1　开封市营商环境建设第三方评估总评得分（2018年第5期）

序号	单位名称	综合得分	序号	单位名称	综合得分
1	市质监局	89.90	26	市地震局	85.50
2	市税务局	89.55	27	市财政局	85.08
3	市商务局	89.51	28	市国资委	84.81
4	市政府办公室	89.50	29	市人社局	84.68
5	市工商局	89.18	30	市安监局	84.57
6	市金融工作办公室	88.93	31	市粮食局	84.37
7	市信访局	88.87	32	市农林局	84.11
8	市工信委	88.80	33	市交通局	84.08
9	市外侨办	88.64	34	市公积金管理中心	84.05
10	市卫计委	88.62	35	市台办	84.01
11	市公路局	88.44	36	市审计局	83.97
12	市旅游局	87.56	37	市农机局	83.90
13	市文物局	87.26	38	市住建局	83.82
14	市畜牧局	87.20	39	市公共资源交易管理办公室	83.81
15	市民宗委	87.00			
16	市民政局	87.13	40	市机关事务管理局	83.80
17	市不动产登记中心	86.69	41	市教育局	83.77
18	市统计局	86.24	42	市科技局	83.65
19	市场发展局	85.97	43	市环保局	83.50
20	市文广新局	85.76	44	市发改委	83.43
21	市国土局	85.70	45	市司法局	83.43
22	市体育局	85.68	46	市水利局	83.31
23	市人防办	85.67	47	市规划局	83.12
24	市人防办市公安局	85.61	48	市城管局	82.93
25	市食药监局	85.59			

表 2　开封市营商环境建设第三方评估总评得分（2018 年第 4 期）

序号	单位名称	综合得分	序号	单位名称	综合得分
1	市金融办	91.03	26	市食药监局	85.78
2	市税务局	89.76	27	市统计局	85.73
3	市卫计委	89.52	28	市民宗委	85.49
4	市质监局	89.48	29	市水利局	85.24
5	市民政局	89.42	30	市机关事务管理局	85.18
6	市工商局	89.02	31	市交通局	85.02
7	市外侨办	88.58	32	市文广新局	85.01
8	市公路局	88.50	33	市审计局	84.99
9	市信访局	88.42	34	市住建局	84.96
10	市司法局	88.42	35	市人社局	84.92
11	市商务局	88.13	36	市环保局	84.68
12	市工信委	87.62	37	市国土局	84.58
13	市政府办公室	87.47	38	市人防办	84.56
14	市文物局	87.34	39	市公共资源交易管理办公室	84.40
15	市农林局	87.23			
16	市教育局	86.99	40	市粮食局	84.32
17	市场发展局	86.75	41	市地震局	84.25
18	市发改委	86.69	42	市公积金管理中心	84.07
19	市体育局	86.47	43	市农机局	84.06
20	市台办	86.45	44	市城管局	83.97
21	市畜牧局	86.28	45	市不动产登记中心	83.80
22	市安监局	86.15	46	市规划局	83.43
23	市国资委	86.00	47	市公安局	80.21
24	市旅游局	85.79	48	市科技局	79.94
25	市财政局	85.79			

表3　开封市营商环境建设第三方评估总评得分（2018年第3期）

序号	单位名称	综合得分	序号	单位名称	综合得分
1	市金融办	91.73	26	市人社局	85.12
2	市质监局	90.28	27	市发改委	85.06
3	市台办	89.16	28	市农林局	85.04
4	市工商局	89.01	29	市审计局	84.94
5	市畜牧局	88.76	30	市体育局	84.94
6	市文物局	88.74	31	市交通局	84.92
7	市民政局	88.74	32	市粮食局	84.84
8	市政府办	88.39	33	市机关事务管理局	84.83
9	市信访局	88.27	34	市水利局	84.67
10	市商务局	88.03	35	市公积金管理中心	84.60
11	市卫计委	87.92	36	市教育局	84.53
12	市食药监局	87.60	37	市住建局	84.29
13	市财政局	87.52	38	市不动产登记中心	84.24
14	市国资委	87.48	39	市城管局	84.22
15	市国税局	87.19	40	市公共资源交易管理办公室	83.93
16	市地税局	87.19	41	市国土局	83.25
17	市安监局	87.03	42	市规划局	83.19
18	市工信委	86.68	43	市统计局	83.12
19	市旅游局	86.21	44	市科技局	82.50
20	市外侨办	85.95	45	市民宗委	81.74
21	市司法局	85.92	46	市公安局	80.81
22	市场发展局	85.76	47	市农机局	80.77
23	市人防办	85.49	48	市地震局	80.36
24	市公路局	85.38	49	市文广新局	79.23
25	市环保局	85.15			

表 4　开封市营商环境建设第三方评估总评得分（2018 年第 2 期）

序号	单位名称	总评得分	序号	单位名称	总评得分
1	市台办	92.2	26	市文物局	82.6
2	市工商局	90.2	27	市统计局	82.5
3	市畜牧局	87.4	28	市卫生计生委	81.8
4	市商务局	86.8	29	市民政局	81.7
5	市质监局	86.6	30	市地震局	81.7
6	市安监局	86.2	31	市公路局	81.1
7	市信访局	86.1	32	市城乡规划局	80.2
8	市外侨办	85.9	33	市审计局	80.0
9	市金融工作办公室	85.8	34	市科技局	80.0
10	市国资委	85.5	35	市民宗委	80.0
11	市食品药品监管局	85.5	36	市司法局	79.0
12	市政府办公室	85.2	37	市人防办	78.9
13	市场发展局	85.0	38	市粮食局	78.6
14	市体育局	84.9	39	市农机局	78.0
15	市旅游局	84.4	40	市文广新局	77.9
16	市环保局	84.3	41	市发改委	77.3
17	市住房城乡建设局	84.0	42	市国土局	77.2
18	市机关事务管理局	84.0	43	市公安局	76.8
19	市财政局	83.4	44	市水利局	76.2
20	市工业与信息化委员会	83.4	45	市城管局	75.3
21	市地税局	83.2	46	市交通局	74.9
22	市国税局	82.9	47	市教育局	74.5
23	市人社局	82.8	48	市公积金管理中心	74.2
24	市不动产登记中心	82.7	49	市公共资源交易管理办公室	72.1
25	市农林局	82.6			

表5 开封市营商环境建设第三方评估总评得分（2018年第1期）

序号	单位	总评分	序号	单位	总评分
1	市商务局	95	26	市不动产登记中心	81
2	市场发展局	92	27	市科技局	81
3	市卫生计生委	92	28	市公路局	81
4	市台办	90	29	市国税局	81
5	市工商局	90	30	市司法局	81
6	市国资委	89	31	市外侨办	80
7	市安监局	88	32	市人防办	80
8	市政府办公室	88	33	市公安局	80
9	市环保局	87	34	市城乡规划局	
10	市食品药品监管局	86	35	市人力资源和社会保障局	79
11	市民宗委	85	36	市财政局	79
12	市文广新局	85	37	市审计局	77
13	市金融工作办公室	85	38	市工业与信息化委员会	77
14	市质监局	85	39	市粮食局	75
15	市住房城乡建设局	84	40	市公积金管理中心	74
16	市统计局	84	41	市农机局	74
17	市地震局	84	42	市农林局	74
18	市民政局	84	43	市水利局	74
19	市机关事务管理局	84	44	市公共资源交易管理办公室	73
20	市畜牧局	84	45	市信访局	73
21	市城管局	83	46	市交通局	72
22	市体育局	83	47	市旅游局	69
23	市文物局	83	48	市发改委	68
24	市国土局	83	49	市教育局	67
25	市地税局	82			

第七章　战略总论篇
开封发展定位与方向①

2016年年底国务院先后批复《关于促进中部地区崛起“十三五”规划》和《中原城市群发展规划》，提出支持郑州建设国家中心城市及大都市区。开封与新乡、焦作、许昌等城市一道被纳入了郑州国家中心城市及大都市区建设的范围。随后在省发改委主持下，由中国城市规划院完成的郑州大都市区空间规划中，又明确了郑汴港三角区为郑州大都市区核心区的概念。开封有郑汴一体化战略实施所形成的良好基础，又可借助郑州依托高铁和空港两大枢纽向东、向南发展之势，再加上都市区核心区战略制高点优势，还有郑汴双创走廊、沿黄生态带等战略重点的逐步展开，必将迎来重大机遇。另一方面，随着新乡、焦作、许昌等周边城市与郑州的深度融合，开封的战略优势自然会被稀释，区域竞争会更加激烈，这当然会给开封带来新的挑战。**怎样抓住机遇？如何应对挑战？开封未来的发展方向在何方？都必须重新深入思考和谋划。**

开封应该如何定位和发展？自20世纪90年代以来，开封历届市委、市政府都在研讨此问题。自1993年《经济日报》刊登《开封何时能开封》系列讨论文章开始，开封到底如何发展？凭借什么发展？就成了困扰市民、有识之士和开封市委、市政府领导的大问题，**并最终聚焦到文化旅游和工业制造业谁优先的问题上来。**自那时以来，数届市

① 本章内容是根据开封市委书记侯红《市委十一届六次全会暨市委工作会议》讲话及耿明斋教授关于《开封的发展定位和方向》研究报告整理提炼而成。

委、市政府在主导思想上大体上走了一个“正、反、合”的循环。先是把文化旅游放在最优先位置，后是工业优先，再是文化旅游和工业双轮驱动，同等同步推进。但两者之间到底是什么关系？是各行其道，互不相干，还是相互联结、相互推动？如何联结、如何推动？等，这些问题实际上并未真正解决，或者说没有形成共识的解决方案。

目前面临的问题是，大家都知道文化旅游是开封的一大优势，但是外部经验和开封的实际告诉人们，文化旅游再有优势，也不能单靠文化旅游来发展。文化旅游是第三产业，三产是二产的衍生物，有二产才能更好地支撑三产发展，比如深圳，正是由于制造业发达，才带来了三产的繁荣。开封二产不行，也支撑不了三产，要发展文化旅游，只能靠城市市域以外区域的二产来支撑，那是不牢靠、不稳定的，因为主动权不在你手上。所以，单靠文化旅游发展肯定难以支撑城市做大做强的目标。都知道二产是基础，持续发展要靠二产，但是，这么多年来，不管是二产放后面还是战略上放前面，还就是发展不起来，支撑不起来，怎么办？文化旅游和工业制造业的关系该怎么摆？确实仍是个问题。

一、开封的发展定位

开封市新一届市委、市政府高度重视开封发展的定位问题，认为“明确定位至关重要，只有把工作定位找准了，才能方向明确、汇聚力量、干出地位、实现出彩”。为找准开封的发展定位，2018 年，开封市专门组织了四个专项课题研究，广泛征求了各方面意见建议，通过深入细致地梳理，发现：“当前开封的优势主要是一直在省域战略中居于优先位置，近年来各项发展指标保持了稳中求进的良好态势，城市形象明显改善，吸引力日益增强。开封的问题主要是发展基础不牢、可持续性不够，自身的战略优势正在被周边城市稀释。特别是通过对开封当前的经济数据指标进行深入分析看到，2018 年上半年全市 GDP 增长 8.3%，“三产”增加值增长 10.4%，高于 GDP 增速 2.1 个百分点，对 GDP 的贡献率高达55.9%，服务业增加值占GDP的比重比上年同期提升2.3个百分点，达到46.4%；全市“二产”的全部工业增加值增长8.1%，低于GDP增速0.2个百分点，对GDP的贡献率仅为34.7%，占GDP的比重仅比上年同期提升0.3个百分点，达到40%。对比来看，现在开封市“三产”比重占据近“半壁江山”、增长比“二产”快、拉动经济增长比“二产”多已经是现实。所以，我们要科学把握大趋势、顺应新要求，跳出长期禁锢我们的必须补工业短板的认识，准确把握“二产”“三产”相互连接、相互推动的关系，对工作定位进一步丰富细化。”

在充分论证的基础上，2018年7月27日，侯红书记在“开封市委十一届六次全会暨市委工作会议”的讲话中，明确提出开封的发展定位：“两都两城一支点”——“以创新为驱动建设新型工业化城市，以开放为引领建设国际文化旅游名城，打造中原现代服务业之都、生态宜居魅力古都、郑汴港核心重要支点”。其中，以创新为驱动建设新型工业化城市，就是把创新放在更加突出的位置，摆脱“依赖工业支撑”的情结，在坚持“工业强市”基础上，不要“偏重、偏粗、偏短，效益差、约束紧、难持续”的老工业，更加注重发展符合新发展理念的高技术、高成长、高附加值新型工业。以开放为引领建设国际文化旅游名城，就是坚定文化自信，彰显文化特色，强化开放带动，以世界的眼光、国际的标准、参与全球竞争的深度，发展以文化旅游为基础的新产业、新业态、新商业模式。打造中原现代服务业之都，就是要凸显开封大力发展“三产”服务业的方向，着力发挥比较优势，通过发展现代服务业，在中原城市群竞争中占据优势。打造生态宜居魅力古都，就是传承文脉、尊重历史、面向未来，保护利用展示好开封古都，让古都生态环境更美、群众生活更宜居、城市更富魅力、文化内涵更丰富。打造郑汴港核心重要支点，就是围绕郑州大都市区中郑汴港这一核心，深度推进郑汴一体化，融入郑州、对接港区，在郑汴港核心中发挥独特作用，为全省发展大局做出开封应有贡献。

二、开封下一步发展的方向

（一）以现代服务业为切入点，引领开封发展的新方向

以现代服务业为切入点，以大型综合性商业文化体育艺术会议会展中心建设为抓手，激活并引领开封发展的新方向。具体说，以郑汴一体化升级版为指引，在进一步完善交通基础设施和公共服务体系的基础上，说好开封故事，谋划建设集文化演艺、体育竞技、会议会展、宾馆酒店、大型购物为一体的大型综合性商业文化体育艺术会议会展中心，并做好规划，促成尽早尽快在开封新区落地。分流郑州的部分功能，为整个郑州大都市区乃至整个中原城市群提供相应服务。

政府需要做的一是规划；二是选址供地；三是提供优质的项目服务。通过招商引入社会资本配以银行贷款来筹集项目建设资金。建成后承包给专业化的运营商管理。

（二）依托郑开双创走廊，促进创新平台和创新要素聚集

依托郑开双创走廊，促进创新平台和创新要素聚集，引入风险资本，培育创新创业群体，促进成果转化，孵化高技术产业，推动新业态新经济成长。具体说，要通过自身努力，同时说服省委、省政府，大力度引进并促成国内外高水平大学和高端研究机构等创新平台在郑汴双创走廊开封一侧落地。出台优惠的人才、税收政策，增强对创新型人才的吸引力，加快创新型人才在开封的聚集。谋划建设基金小镇，吸引风险资本入驻，为新技术向新产品核心产业转化提供资本支持。谋划建设创业园，对创业者给予有效支持，加快新产业新业态成长步伐。

（三）依托黄河河道及滩区，构造整个华北黄淮平原地区最大的都市湿地生态绿心

携手郑州和新乡两市，依托超过上千平方公里的黄河河道及滩区，构造整个华北黄淮平原地区最大的都市湿地生态绿心，为郑州大都市区添魅力，为开封文化旅游、生态宜居等功能充分释放注入巨大能量。在追求高质量发展和绿水青山就是金山银山的新时代，滔滔黄河成为天赐

中原人民的最宝贵生态资源，已成为诸多有识之士的共识。俯瞰河南大地，纵亘于西北部的太行山和横卧于西南部的伏牛山，与东西横穿全境的黄河，在中原城市群核心区视野中构成犄角之势，成为整个郑州大都市区的生态屏障，黄河生态带作为都心区的绿丝带，地位和魅力更是无可替代。郑州、开封和新乡，恰好构成黄河生态带的三个支点，所以，三市携手共同打造黄河湿地都市生态绿心，会给整个都市区增添无限魅力，增加无限吸引力。对开封来说，更是会无限放大其文化旅游和生态宜居功能，为城市发展注入巨大能量。统一规划、精细设计、多功能多层次布局、分步开发，应该是黄河湿地都市绿心建设的基本方略。

（四）拓宽通道、建设外围休闲功能中心，优化城区交通运营方式

拓宽通道、建设外围休闲功能中心、优化城区交通运营方式，增加星级酒店数量，提升服务水准，为现代服务业和文化休闲功能释放创造足够空间。节假日拥堵已成常态，严重约束了人流增量。流动频率高，滞留时间短一直是开封旅游之痛。应该综合实力，多策并举，尽快破除现代服务和文化旅游业发展瓶颈制约。一是加快高速公路出入口建设的进度，增加数量，提升标准，做到2～3年内具有应对各种可能出现人流峰值的能力。二是借助特色小镇概念，在东西南北四个方向规划建设以旅游集散、休闲消费为指向的，集吃喝玩乐为一体的特色功能区，为人流疏散提供空间，降低人流流速，增大外来人流在汴滞留时间。三是支持顺河区依托地热开发建设功能强大的温泉小镇。支持禹王台区依托马家河治理和城郊农村改造规划建设集旅游购物为一体的特色小镇。支持龙亭区和金明区建设滨河小镇。四是规划建设更多的星级尤其是四星、五星级酒店，迅速增大酒店供给，提升服务水准，缓解日趋紧张的住宿接待压力，增加旅游收入。五是封闭老城区，除老城区居民之外，禁止外来人员和其他城市居民私家车进入老城区。与之相应，加开老城区公交线路，增大公交通行密度和频率，放行更多电车、人力车投入公共交通运营。外围小镇及集散中心

则开通与老城区之间的公共交通线路，并加大班次，提升频率，满足外来人流出入老城区和向外疏散的需要。

三、战略实施保障

（一）提供基础设施保障

以郑汴一体化升级版为指引，在现有已经较为完善的交通线路基础上，补上短板，打造更为完善的交通体系架构。具体说，需要解决三大问题：一是郑开大道快速化改造，这可以大大缩短郑汴之间的时间距离；二是规划建设连通开封至郑州南站、开封至新乡或平原新区站之间的城际铁路，这可以使开封与郑合、郑万、郑太、郑济及京广高铁线路直接连接起来，从而融入以郑州为中心的米字形高铁体系中，开封也将成为米字形高铁体系中的次级枢纽，这对开封的拉动作用是非常巨大的；三是尽快启动沿黄生态大道建设，打造沿黄生态带，为城市发展提供生态屏障，也为居民提供良好的休闲场所。

（二）提供教育医疗保障

实施现代服务业引领和创新驱动的发展模式，要害是大规模人流和市场主体的聚集。而要对人流和市场主体拥有足够的吸引力，除了科学的谋划和规划、完善的基础设施和良好的营商环境之外，还必须有优质的教育医疗服务做保障。因为随着发展水平的提高和消费的升级，不管是市场创业者还是普通就业者，都会把子女教育、自身再教育和家人医疗保障条件作为就业创业空间选择的优先方向。开封文化积淀丰厚，社会服务体系完整，医疗教育事业发展的基础较好，但由于社会进步迅速，人们对优质服务的期望值较高，教育医疗规模和层次都出现了明显的短板。比如中小学基础教育规模无法满足日益增长的学龄儿童入学需要，医疗质量和服务水平不能满足居民需要等日益凸显。政府应该完善规划，科学布局，留出足够的教育医疗用地空间，保证足额及时供给，以优质的教育医疗服务吸引创业者和就业者，加速人口流入，为新一轮发展战略的顺利实施提供保障。

（三）提供制度保障

文化CBD项目落地和创新平台及创新性要素聚集需要制度保障。具体说，需要去除开封与郑州之间因行政辖区边界所造成的隔阂，因为多数人及资本习惯性愿意选择郑州地盘落地，而且这种隶属关系客观上确实能够给相关主题带来实实在在的企业利益和个人利益。要使得开封发展的上述设想得以顺利实施，就必须排除这种心理障碍和实际障碍。办法是在开封新区或者在开封新区划定的特殊区域，比如自由贸易试验区或者纳入双创带范围的区域，从工资水平、税收优惠到户籍、教育医疗、养老保障等所有方面与郑州完全对接，实施无差别待遇，从而为现代服务业和高新技术产业发展培育提供坚实的制度保障。

（四）适时启动郑汴新区上升国家战略行动

在郑汴一体化基础上建设郑汴新区，是区域发展的必然逻辑。早在2009年，时任省长郭庚茂在两会上所做的政府工作报告中就提出了建设郑汴新区的战略构想，并随即规划了面积达1700平方公里的郑汴新区，2012年年底谋划的郑州航空港经济综合试验区面积达2300平方公里的初级版图，就是依托郑汴一体化区域做的，涵盖了全部郑汴新区。此后不断有关于建设郑汴新区的讨论和议论，2016年8月，在时任省委书记谢伏瞻主持的座谈会上，笔者曾经正式提出过启动郑汴新区上升国家战略行动的建议。现在看来，重新提出建设郑汴新区并使之上升为国家战略，条件已经成熟。一是城市新区已超过20个，绝大多数有影响的城市几乎都有国家级城市新区，同属中西部的武汉、成都、重庆、西安等国家中心城市不说，就连西部的兰州、贵阳等城市，都已有国家级新区。郑州作为影响力日益快速提升的城市，建设国家级城市新区顺理成章。二是郑州作为国家中心城市，国家级新区也是建设国家中心城市的重要抓手。三是郑汴一体化实施多年，郑汴融合度已经很高，又有郑汴港核心区概念，建设国家中心城市已经水到渠成。四是虽然现在已有很多国家级战略，但就提升城市影响力来说，都无法与城市新区相比，所以，不能用现有的国家战略代替国家级新区建设。五是郑汴新区建设也可以推动郑汴之间进一步深度融合，可以与上文所说的开封与郑州完全融合的制度特区相结合，有助于增大对高端人群的吸引力和聚合力，形成城市高端人群聚集区和新文化、新思想、新人群、新行为原生地，冲击和改造传统，创新城市新引力中心，提升城市活力和发展动力。

（五）建立有执行力的体制机制

再好的战略要落到实处，对经济社会发展产生实实在在的推动作用，都必须有完善的、有执行力的体制机制来保障。可以借鉴覆盖三省一市的长三角地区推动战略实施的经验，建立包括决策层、协调层和执行层的三级运作机制。由市委书记和市长牵头，组成包括所有市委常委、各副市长主管在内的决策层，就上述战略思路充分讨论，在形成共识的基础上形成实施战略的各项决策；由市长牵头，组成包括各主管副市长、发改委主任、各相关部门负责人在内的协调层，就实施战略决策所涉及的各种问题进行协调，明确任务和各自责任边界、时间节点等，提出奖惩措施；各个责任部门和相关企业及项目主体为执行层，负责不折不扣保质保量按时完成各自的任务和目标责任，接受协调层协调服务，并向协调层负责，接受奖励和惩罚。

在国家中心城市和郑州大都市区及郑汴新区建设方面，关键是推动各不同行政区域之间的深度融合。建立三级运作机制体制架构就显得更为重要。决策层由省长牵头，涵盖各主管副省长、省发改委主任、都市区各市市长等组成。协调层由常务副省长和省发改委主任牵头，涵盖都市区各市常务副市长和发改委主任等组成。执行层由领取任务和承担责任的各市政府及其相关部门和相关项目主体组成。各自职责原则以上所述相仿，只是决策难度更大，协调力度更大，执行能力更强。除此之外，由于涉及多个不同城市和多种不同利益关系，由省发改委牵头并常设在发改委，依托现有的中原经济区、航空港区、郑汴一体化等战略实施办公室，建立常设的国家中心城市及郑州大都市区建设办公室，所谓有一个责任机构，是绝对必需的。同时，借鉴长三角的经验，由该机构牵头编织“一个计划”、开好“一个会议”、推进“一批项目”，以及建好“一张网”、打造“一个库”、编好“一张图”、共认“一个章”、办好“一张卡”等，对于落实战略决策，推进城市之间深度融合也是绝对必要的。

四、几个问题的思考

（一）从搭建空间框架转向构筑推动要素聚集点

自2005年启动郑汴一体化以来，政府包括省委省政府和市委市政府为开封发展谋划了很多，也做了很多，但发展效果仍不尽如人意，原因何在？原因在过去这些年来政府做的都是搭建空间框架的工作，修路架桥，疏通通道，然而发展和财富创造靠的是人，是各种各样市场主体的聚集，但这种创业和财富创造市场主体的聚集效果不佳，所以，一体化战略总体效果仍未达预期，这是问题的根本。战略目标最终要的是内生发展能力的行程与可持续发展的良性循环，这样靠创新创业要素，也就是市场化财富创造主体的大规模聚集。这种聚集是依托引力点逐步形成的。所以，现在是时候转向构筑推动要素聚集引力点的时候了。上面我们谋划的文化体育购物会议会展中心（文化CBD）、高水平大学和高端研究机构等创新要素聚集中心等，就是尝试构筑这样的要素聚集引力点，吸引各类市场化财富创造主体聚集，形成内生增长机制所做的努力。

（二）打造文化CBD和创新要素聚集中心

相信很多人有疑虑。理由很简单，郑州东区已有商务中心与北龙湖两个现代化CBD，航空港区也在谋划建设大型会展中心，都市区空间容得下那么多商务中心么？这还不是问题，我们谋划的开封文化CBD重点是体育演艺与会议购物中心，与郑州东区和航空港区的三个中心有错位，是补充而不是竞争，所以容易成功。更深入的问题是，开封这边能否有足够的吸引力让投资人来？建成后让业界供给者来？消费者来？这真的没有人能打包票，显然是个风险和不确定性问题。但是商业活动从来不能回避风险，风险也是商业活动魅力所在。著名经济学家凯恩斯的名言是未来不可知。但是，不可知，有风险并不意味着就不能尝试。开封谋划建设文化 CBD，构建市场主体聚集中心，既然是下一步发展的需要，就值得去尝试。关键是要编好故事，精心谋划，创造条件，用心去做。世上很多看起来不可能的事情，只要认定了是趋势，是必须要做的事，努力去做，克服困难，也就做成了。这样的案例不胜枚举。我们身边就发生了很多这样的事。当初谋划航空港区，有几人能相信可以成？但是决心去做就做成了。构筑高水平大学和高端研究机构等创新要素聚集中心的道理也是一样，这里就不再赘述。

（三）关键是要有共识与合力

一个人做件事要聚集全部精力，一群人做件事要聚集众人之力，形成合力，一个城市做件事要集全市民众之力。这个道理很容易懂，但做起来很不易。因为人越多，统一认识越难，合力形成越难。对开封来说尤其如此。因为由于各种各样的原因，开封传统元素遗存过多，与现代化冲突的思维方式和行为方式仍随处可以遇到，对推进现代化战略的实施掣肘较多。也是因此，贯彻落实上述战略思路，达成共识与合力对开封来说就显得特别关键。办法一是初步方案一旦形成后，在较为广泛层面充分讨论，推动最广泛人群的共识形成；二是组织专题宣讲，邀请高级别专家做专题报告，以知识的力量撼动传统观念；三是大规模引进受过高级专门性训练的高水平大学优秀硕士博士毕业生，充实干部队伍，优化干部队伍的结构，将现代观念注入干部队伍，促使干部队伍思想观念发生化学反应，逐步走向现代；四是如上所述，有意识地打造一体化制度特区，推动高端人群规模聚集，形成现代意识发生源，通过诸圈辐射，带动更广大城市区域观念现代化；五是在干中等待，不能等所有人意见都统一了再干，而是认准了就干，在干中让事实教育更多的人改变观念，走向现代化思维。

（四）认识传统与现代的冲突和古城的发展规律

说起开封发展的曲折，人们总是会提起几个重要历史时期的几个重大历史事件。一个是20世纪初京汉铁路选址错过了开封，使开封与现代交通枢纽失之交臂；一个是20世纪50年代初省政府搬迁，使开封失去了延续千年的国家至少是区域政治中心地位；第三个是从“一五”开始的整个计划经济时期国家未能把更多的现代工业项目布局在开封，从而失去了成为现代工业城市的机会。尽管如此，在改革开放和新一轮经济大发展的起点上，开封仍处在河南城市排头兵的位置，虽不及洛阳和郑州，总量第三、人均靠前的位置是十分稳固的。其实真正的掉队是改革开放以来的四十年，尤其是前三十年。前三次可以归于客观，抱怨有理。最后一次下滑真的是无法从客观因素找到理由，只能归结为主观，归结为城市这个人群的思维方式和行为方式。而这个城市人群的主体部分是古城的遗存和繁衍。

由此可以看出，**开封发展的真正问题是传统与现代的冲突，**放眼世界，这也是所有古城尤其是都城的共同经历，都无法回避的问题。所有古城尤其是曾经的都城都是在自给自足的自然经济时期就形成了较大的规模，有足够的城区面积和数量众多的市民聚集，厚重的文化积淀，并因此形成了与那个时代相适应的思维方式和行为方式。在受到现代工业文明冲击以后，所有古城的思维方式和行为方式都受到了冲击，都有不适应，差异仅仅在于古城的规模和现代工业文明的冲击力。规模大冲击力也大的古城，传统虽然仍然不会消失，但现代元素规模很快超过传统元素，古城也就迅速转变为现代城市。典型如北京、南京、杭州、西安等。规模小冲击力大的古城，传统可能很快难以寻觅，古城也迅速转变为现代城市，典型如洛阳、苏州等。规模大冲击力小的古城，传统与现代会持续摩擦，现代对传统的替代要经历一个较长的时期，在这个过程中，现代元素缓慢滋长，传统元素缓慢退却，发展指标上就表现为持续相对下滑的过程。直到现代元素明显超过传统元素，传统元素的制约才会被打破，城市才能走上迅速发展和向现代化转型的道路。开封或许就是此类古城的典型。对于此类古城，主观上能够做的就是促进现代元素的成长和积累，在外来客观因素无法在短时间内做到这一点时候（如洛阳的大规模工业化），就只有采取措施促成内部的变化，打碎传统思维方式和行为方式固有的结构，形成现代元素成长的土壤。郑汴一体化实际上就是通过与区域现代化中心城市对接而人为制造的强刺激，效果从走出低谷走上快速发展的轨道显现出来。新一轮发展还是要借助国家中心城市及郑州大都市区建设的契机，通过深度融合，进一步加大外来冲击的力度。相信未来对传统思维方式和行为方式的改变将会更为彻底，开封古城的现代化转型也将完成。

除了引入外来的冲击，最大限度地吸纳外来人流，尤其是吸引受过高水平教育和现代化市场洗礼的高素质人群，迅速增大此类人群聚集的规模，在古城内部形成现代思维方式和行为方式的滋生地和发生源，就会形成蔓延之势，从而加大现代元素替代传统元素的速度，加快古城现代化转型步伐。我们提出在开封西区通过与郑州完全深度一体化对接形成制度特区的思路即源于此一认识。

需要强调的是，古城现代化转型的完成并不意味着传统的消失，而是意味着现代元素压过传统元素，以及传统元素完成了现代化改造，从而是传统元素成为推动甚至引领城市现代化发展的有生力量。这也是传统古城普遍服务业优势突出，尤其是文化旅游兴旺发达的重要原因。中国的苏州、杭州、西安、南京、北京以及日本的京都，都是如此。在较长时期内，开封以文化旅游和文化创意为代表的现代服务业，也必将在较长时期中成为引领开封发展的有生力量。

第八章　战略解读（一）
郑州国家中心城市及大都市区建设背景下郑汴港核心支点建设的思路与方向

一、现状和定位

（一）国家中心城市的内涵：五大功能、五大特征

2010年，住房和城乡建设部发布的《全国城镇体系规划》确立了五大国家中心城市——北京、上海、广州、天津、重庆。2016年5月，经国务院同意，发改委和住建部联合印发《成渝城市群发展规划》指导文件，成都被列为国家中心城市。2016年12月，国家《促进中部地区崛起“十三五”规划》提出，支持武汉、郑州建设国家中心城市。2016年12月14日和2017年1月22日，国家发改委分别发布《关于支持武汉建设国家中心城市的复函》（发改规划【2016】2650号）和《关于支持郑州建设国家中心城市的复函》（发改规划【2017】154号)。2018年2月7日，国家发改委发布《关于印发关中平原城市群发展规划的通知》，明确了西安国家中心城市的定位。到2018年年底，我国的国家中心城市共有9个，分别是北京、上海、广州、天津、重庆、成都、武汉、郑州和西安。

所谓国家中心城市，是指在经济、政治、文化、社会等领域具有全国性重要影响，在国家经济结构和战略布局中具有重大功能作用，并能代表本国参与国际竞争的主要城市。2007年，我国建设部编制的《全国城镇体系规划》明确指出：国家中心城市是全国城镇体系的核心城市，在我国的金融、管理、文化和交通等方面都发挥着重要的中心和枢

纽作用，在推动国际经济发展和文化交流方面也发挥着重要的门户作用，国家中心城市的建设目标是要成为亚洲甚至世界的金融、管理和文化中心。

国家中心城市必须具备五大功能：综合服务功能、产业集群功能、物流枢纽功能、开放高地功能和人文凝聚功能。同时，国家中心城市具有五大特征：①国家组织经济活动和配置资源的中枢；②国家综合交通和信息网络枢纽；③国家科教、文化、创新中心；④具有国际影响力和竞争力；⑤国家城市体系中综合实力最强的“塔尖城市”。

此外，国家中心城市还担负着带领区域内其他城市发展的职责，从而促进区域经济社会的协调发展，缩小地区间发展差距。

（二）现有国家中心城市的比较：郑州具备一定的区位和交通优势，但高等教育和使领馆短板突出

目前我国有九个国家中心城市，对这九个城市相关的经济指标和定位（见表8－1和表8－2）进行分析比较。

表8－1a　国家中心城市的相关指标

序号	城市	2017年GDP（亿元）	2017年航空旅客吞吐量（万人次）	2017年末常住人口（万人）	2017年末城区人口（万人）	实际利用外资（亿美元）
1	上海	30133.86	11191	2418.33	2225	170.08
2	北京	28000.4	9579	2170.7	1970	243.3
3	广州	21503.15	6584	1449.84	1040	62.89
4	重庆	19500.27	3871	3075.16	851	101.83
5	天津	18595.27	2101	1556.87	950	106.08
6	成都	13889.39	4980	1591.8	720	100.4
7	武汉	13410.34	2313	1089.29	774	96.6
8	郑州	9130.2	2430	988.1	517	40.5
9	西安	7469.85	4186	905.68	510	53.07

表 8－1b　国家中心城市的相关指标

序号	城市	使领馆数量	“一流大学”建设高校	“一流学科”数量总和	对外贸易（亿元）
1	上海	73	4	57	32237.8
2	北京	218	8	153	21923.9
3	广州	54	2	18	9714
4	重庆	10	1	4	4508.3
5	天津	0	2	13	7646
6	成都	11	2	14	3941.8
7	武汉	5	2	29	3134.3
8	郑州	0	1	3	4045
9	西安	2	3	17	2714.9

表 8－2　国家中心城市的定位

序号	城市	定　位
1	上海	直辖市，全国重要的经济中心，打造上海国际性综合交通枢纽
2	北京	首都，全国的政治中心、文化中心、世界著名的古都和现代国际城市。打造北京—天津国际性综合交通枢纽
3	广州	省会，副省级城市，国家历史文化名城，全国重要的中心城市，国际商贸中心和综合交通枢纽，打造广州—深圳国际性综合交通枢纽
4	重庆	直辖市，国家历史文化名城，长江上游地区经济中心，国家重要的现代制造业基地，西南地区综合交通枢纽。打造成都－重庆国际性综合交通枢纽
5	天津	直辖市，环渤海地区的经济中心，打造北京—天津国际性综合交通枢纽
6	成都	省会，副省级城市，国家历史文化名城，国家重要的高新技术产业基地、商贸物流中心和综合交通枢纽，西部地区重要的中心城市。打造成都—重庆国际性综合交通枢纽，国家发改委支持其以建设国家中心城市为目标
7	武汉	省会，副省级城市，国家历史文化名城，中国中部地区的中心城市，全国重要的工业基地、科教基地和综合交通枢纽。建设武汉国际性综合交通枢纽。国家发改委支持其建设国家中心城市

续表

序号	城市	定位
8	郑州	省会，国家历史文化名城，中国中部地区重要的中心城市，国家重要的综合交通枢纽。国家发改委支持其建设国家中心城市
9	西安	省会，副省级城市，国家历史文化名城，中国西部地区重要的中心城市，国家重要的科研、教育和工业基地。建设西安国际性综合交通枢纽，国家发改委支持其建设国家中心城市

对上述9个国家中心城市的经济指标和定位进行分析可以发现：①除了北京以外，9个国家中心城市所在的省（直辖市）都有自贸区建设任务。②截至2017年年底，除了郑州和西安，其他7个国家中心城市的人口总量都超过千万，2018年年底郑州市常住人口首次突破千万。城区人口方面，上海、北京和广州也都超过千万。③经济总量方面，除了郑州和西安，其他都在万亿以上，2018年郑州的GDP首次突破万亿。④实际利用外资方面，主要还是集中在北京和上海，其他城市都有明显的差距，而郑州在利用外资方面和其他城市相比还比较落后。⑤使领馆方面，绝大多数都集中在北京、上海、广州，郑州目前没有一座使领馆。⑥高等教育方面，学科优势明显。9个国家中心城市中涵盖了传统的国家高等教育的城市有北京、上海、西安和武汉。在学科建设方面，北京的领先优势巨大，共有153个“一流学科”，其余8个中心城市总共只有155个“一流学科”。北京和上海的“一流学科”总数为210个，其余八个城市总数为98个。全国的“一流学科”总数为339个，9个国家中心城市总数为308个，占比90.8%，北京和上海总数为210个，占比61.9%。⑦对外贸易方面，梯次较为明显。北京和上海都在2万亿元以上，广州和天津在7000亿元以上，郑州和重庆在4000亿元以上，其他3个在4000亿元以下。

总体来看，在9个国家中心城市中，郑州经济总量和人口规模与前面7个国家中心城市有很大差距，仅仅与2018年获批的西安相比有微弱优势，但是西安的教育实力、相应的科研实力、航空旅客吞吐量都有一定的优势。在对外贸易方面，郑州处于中游位置。使领馆建设方面，和其他城市的差距巨大。在行政级别方面：9个国家中心城市、4个直辖市、4个副省级城市，郑州既不是直辖市也不是副省级城市。此外，郑州还是唯一的没有国家新区的城市，即使是西安也有西咸新区这样的国家级新区。在这样的差距下，郑州能和其他8个城市共同建设国家中心城市，是因为郑州在区位、交通、文化底蕴和市场腹地方面的优势。

（三）郑州国家中心城市建设的优势和短板

1. 总体描述

《国家发改委关于支持郑州建设国家中心城市的指导意见》中指出，“郑州作为中原城市群核心城市，区位优势明显，腹地市场广阔，人力资源丰富，文化底蕴厚重，建设国家中心城市具有良好条件和巨大潜力，但经济发展体量、科技创新水平、辐射带动能力仍需加快提升”。从该表述中可以看出，郑州的优势主要集中在区位、经济腹地、人力资源和文化底蕴等方面。短板在于经济体量、科技水平和辐射能力。

2. 区位优势

区位优势主要体现在“区位＋交通”。郑州地处中原，区位优势明显，是全国铁路的“心脏”，“米”字形高铁的建设、航空枢纽的建设、现代化综合交通枢纽的打造进一步放大了郑州的区位优势，中原城市群“半小时经济圈”、中原经济区“1小时经济圈”、全国“3小时经济圈”构成了广阔的腹地市场。

3. 人力资源优势

人力资源优势主要是指河南省的人口体量。2017年户籍人口达到10853万人，常住人口为9559万人，但是如果与短板当中的科技水平相联系，以及表8－1和表8－2中的其他国家中心城市的相关指标，尤其是教育指标进行对照分析就会发现，河南的人力资源虽然丰富，但是主要集中在量上，在质上还存在较大的差距。从郑州市2017年年底的数据来看，988万人的常住人口总量，在9个国家中心城市中位居第八位，仅高于西安，且只有 80 万人的领先优势。

4. 文化底蕴优势

在历史文化底蕴方面，9 个国家中心城市，绝大多数都是国家历史文化名城。在这一点上，郑州主要在历史悠久方面占据优势，但是和其他国家中心城市相比，并不具有绝对优势。但是如果以围绕国家中心城市的城市群来说，郑州和以郑州为核心的中原城市群的历史文化底蕴在 9 个国家中心城市当中就具有绝对优势，无论是古都数量，地上文物数量，还是文化遗迹等，郑州、开封、洛阳、安阳等都是在全国具有优势的城市。因此，单以郑州来说，虽然有文化底蕴，在国家中心城市当中并不突出。如果以围绕城市群的文化底蕴来说，那么郑州的优势是非常明显的。

5. 辐射能力短板

辐射能力是郑州的短板所在。郑州的首位度在 9 个国家中心城市中是最低的。广州、成都、武汉、西安、郑州等 5 个省会城市占全省的比重见表 8－3、表 8－4 和表 8－5。

表 8－3　常住人口占全省比重（%）

年份	郑州	武汉	广州	成都	西安
2008	7.89	15.71	11.69	15.61	22.26
2009	7.93	15.91	11.72	15.72	22.63
2010	9.21	17.08	12.17	17.46	22.69
2011	9.43	17.40	12.14	17.48	22.75
2012	9.60	17.51	12.12	17.56	22.79
2013	9.76	17.62	12.14	17.64	22.82
2014	9.94	17.78	12.20	17.72	22.85
2015	10.09	18.13	12.44	17.87	22.95
2016	10.20	18.29	12.77	19.27	23.16
2017	10.34	18.46	12.98	19.33	25.07

数据来源：wind 数据库。

表 8－4　GDP 占全省比重（%）

年份	郑州	武汉	广州	成都	西安
2008	16.67	34.96	22.52	30.96	31.69
2009	16.98	35.65	23.14	31.82	33.34
2010	17.50	34.86	23.36	32.30	32.02
2011	18.49	34.44	23.35	32.60	30.87
2012	18.75	35.97	23.74	34.09	30.21
2013	19.27	36.51	24.68	34.51	30.14
2014	19.40	36.78	24.64	35.24	31.05
2015	19.76	36.91	24.86	35.94	32.19
2016	19.83	36.47	24.17	36.95	32.25
2017	20.49	37.80	23.97	37.56	34.11%

数据来源：wind 数据库。

表 8－5　固定资产投资占全省比重（%）

年份	郑州	武汉	广州	成都	西安
2008	16.90	39.88	19.37	39.74	41.31
2009	16.70	38.15	20.57	33.49	40.02
2010	16.62	36.57	20.89	31.33	40.82
2011	16.9	33.89	19.99	32.65	35.54
2012	17.11	32.30	20.04	32.65	35.23
2013	16.87	30.94	19.97	30.89	33.96
2014	17.09	30.38	18.60	28.08	33.88
2015	17.63	28.91	17.82	26.75	27.38
2016	17.32	23.46	17.13	28.68	24.48
2017	17.02	24.22	15.68	29.30	31.33

数据来源：wind 数据库。

从表 8－3、表 8－4 和表 8－5 可以发现，纵向比较的话，郑州的经济指标占全省比例的提升速度是比较快的，但是如果从横向比较来看，郑州的经济指标占全省比例与国家中心城市中的省会城市相比是最低的。这也是郑州在建设国家中心城市过程中面临的一个很重要的短板。

6. 重点任务建设

根据指导意见以及郑州的优势和短板，郑州国家中心城市建设的主要任务是：①夯实产业基础、全面提升综合经济实力；②突出改革创新，加快培育壮大新动能；③发挥区位优势，打造交通和物流枢纽；④坚持内外联动，构筑内陆开放型经济高地；⑤彰显人文特色，建设国际化现代都市。

虽然郑州的多项经济指标占全省比例较低，但绝对数指标与广州类似，反映出河南在中原城市群建设中的多点开花的局面。相应的建设模式可以参考广东的珠三角城市群的建设经验，即以广州、深圳为核心，其他城市定位明确，特色鲜明，齐头并进，形成多点开花的发展局面。

（四）中心城市与次级城市发展关系

根据 Krugman 的中心－外围理论，城市经济圈由中心城市和外围城市构成，以中心城市为中心，带动外围城市，形成经济一体化发展格局。但是在发展过程中，中心对外围城市往往存在着两种效应：正向的外溢效应和负向的虹吸效应。王小鲁（2010）认为这两种效应决定了经济圈是实现共同发展还是加剧区域不平衡。城市经济圈的向心力是中心城市对外围城市的“外溢效应”，主要来源于外部经济、生产和市场的规模效应、产业间的互补效应、生产链的成本节约、知识技术外溢等。城市经济圈的离心力是中心城市对外围城市的“虹吸效应”，主要来源于对后者造成外部不经济、劳动力资源单向流失、资金的吸收、政策性偏向失衡等。当中心城市的“虹吸效应”超过“外溢效应”，将使得外围城市的经济发展受损，加剧区域经济不平衡。只有当“外溢效应”大于“虹吸效应”，地区经济才能够共同发展。

经济圈内在的机制主要源于集群专业化以及规模经济效应。一方面根据要素禀赋优势，通过专业化分工、产业互补实现各自的发展；另一方面根据生产和市场的规模效应，通过生产要素的集中、市场的统一和整合，降低生产成本，提高经济效益。林细细、张海峰和张铭洪

(2018) 通过对合肥经济圈的分析发现，合肥经济圈的“外溢效应”大于“虹吸效应”，不论中心城市还是外围城市都是赢家，促进了地区经济平衡发展，但是中心城市的受益要大于外围城市，使得地区经济发展趋同减缓。而在产业结构方面，经济圈的建成使得合肥可以充分利用外围四市的农业生产，减少了本市的农业生产，促进了周围四市的农业快速发展，使得农业经济增长差距扩大。第二产业方面，外围四市的经济增长速度快于中心城市合肥，产业集聚效应明显。而第三产业中心城市的增速与外围四市的差距不断扩大，体现了产业互补效应。

在中心城市与周围次级城市的联系方面，李煜伟、倪鹏飞（2015）发现运输网络的改善将使得中心城市加速要素集聚，从而获得更快增长。但是，城市间的交易费用将延缓新增要素的流失。因此，通过降低非中心城市间的运输成本，非中心城市之间可以增强对彼此经验的学习，使得它们在流失要素的同时，能够更快、更有效地应用中心城市的知识外溢，从而获得更快的经济增长，促进与中心城市的协同增长。也就是说，城市群中各次级城市之间的运输网络的改善，使得物质和信息的传递速度加快、成本下降，获取了提高城市群的人口密度、土地利用率和产业集聚度以及公共资源配置均衡化的外部性收益。

(五) 开封的定位

1. 郑州国家中心城市建设文件中，多项表述都与开封密切联系

郑州国家中心城市的建设需要中原城市群共同发展，多点开花的模式。而中原城市群需要遵循规律，定位明确，发挥优势，突出特色，共同发展，进而助力郑州国家中心城市建设。作为与郑州临近的开封，需要在规划的指导下，根据自身的优势和特色，找准定位，精准发力，与周边城市一起助力郑州国家中心城市建设。首先我们需要梳理在相关政策文件中与开封发展密切相关的表述。

其一：《国家发展改革委关于支持郑州建设国家中心城市的指导意见》

第三部分是夯实产业基础，全面提升综合经济实力。第三部分建设

内容分别是“壮大先进制造业集群”“提升服务业发展水平”和“加快培育发展新经济”。无论是制造业的承接和互补、服务业发展还是新经济的培育，开封都有很大的发展空间。

第四部分是突出改革创新，加快培育壮大新动能。第七条是打造创新创业发展平台，明确提出：“推进郑洛新国家自主创新示范区、郑（州）开（封）创新创业走廊等建设，积极开展重大政策先行先试。”表述明确提到了开封和郑州之间的“创新创业走廊”。

第七部分是彰显人文特色，建设国际化现代都市。第十五条是引领大都市区建设，其中明确提出，要“加快与开封、新乡、焦作、许昌等城市融合发展，共建高效衔接基础设施，共守生态安全，健全多元共享公共服务体系，打造现代化大都市区。强化重大交通廊道支撑作用，推动城市功能整合和产业布局优化，形成网络化、多中心、组团式、集约型大都市区空间结构”。根据前面的描述，各个城市之间的公共基础设施的衔接，有利于非中心城市充分利用中心城市的外溢效应。而在多个非中心城市中，在空间距离上，开封与郑州是最短的 53 公里、新乡是 75 公里、焦作是 85 公里、许昌是 92 公里。开封与郑州的公共基础设施衔接程度是最高的。

第十六条营造美丽宜居环境，明确提出“突出西部山地、黄河沿岸等生态空间主体功能，加强黄河湿地保护修复。推进生态廊道建设，打造彰显绿城特色的生态网络”。

第十七条彰显中原文化魅力，明确提出：“传承保护和创新发展古都文化、功夫文化、根亲文化和儒释道文化，提升凝聚荟萃、辐射带动和展示交流功能，建设国际文化大都市。”

其二：《郑州建设国家中心城市行动纲要（2017—2035 年）》

《郑州建设国家中心城市行动纲要（2017—2035 年）》，提出要“加快中心城区功能疏解”，具体的，“以中心城区功能疏解为先导突破，有序推进产业转移，带动人口转移，优化城市布局，解决‘大城市病’”。

在“优化市域空间格局”中，明确指出要“东扩、西拓、南延、北联、中优”。

“东扩”指的是要“继续推动郑汴一体化，建设双创走廊，有序发展尖端制造业和高新服务业，建成国际化区域金融中心、国际文化创意园、国际交往中心、创新创业高地、行政文化服务区、高等教育园区和现代体育中心”。

西拓”指的是“以规划建设郑上组团为抓手，发挥山水资源优势，打造“郑州西花园”，与郑东新区相呼应，实现城市均衡发展，建设高端商务会议中心、高端装备制造基地、高新技术产业基地、新材料基地、通航产业基地、医疗康复中心、创新创业中心，有效支撑郑洛新国家自主创新示范区建设”。

“南延”指的是“高标准、高质量、高规格建设郑州航空港经济综合实验区、新郑组团，汇聚高端人才、高端产业、高端要素、高端商务、高端居住，建成国际航空大都市、区域核心增长极，推进许港产业带建设”。

“北联”指的是“坚持统一规划、统一政策、统一管控，探索向北“跨黄河”与焦作、新乡毗邻地区联动发展，加强黄河两岸生态保护，建设沿黄生态经济带，加快一体化进程”。

“中优”指的是“优化中心城区布局，有序推进功能疏解，降低开发强度和人口密度，提高产业层次，提升城市品位，强化金融商务、总部经济、国际交往、文化创意和都市休闲旅游等功能，建设环境优美、生活方便、交通便捷的现代化中心城区”。

“东扩”的休闲消费产业，开封的定位和优势具有特色优势。作为八朝古都，尤其是千年之前的北宋都城，开封拥有新乡、许昌和焦作不具备的国际知名度和历史遗迹等人文旅游资源，此外，开封的小吃文化、民族食品等的发展已经具备较高的知名度。

“南延”的国际枢纽发展和城市高端功能需要辐射到开封，支撑国际枢纽和城市高端功能的建设。前面提到的 9 个国家中心城市比较中，郑州的航空旅客吞吐量是较低的，仅有 2430 万人次，而西安都有 4186 万人次。西安之所以有这么多，和西安国际知名的文化古都定位是分不开的。这是郑州欠缺的，周围能够支撑这一点的就是开封。开封作为国际知名的文化古都，能够吸引国际游客，举行国际会议等，可以有力地支撑郑州航空旅客的人次。

“中优”的核心在于“有序推进功能疏解”。开封和郑州地理位置临近，交通设施健全，拥有多种交通方式，通勤时间在 20～60 分钟之间，而且开封的基础设施完善，拥有较多的建设空间，同时拥有省内其他城市较少具备的科教和文化优势，是承接郑州功能转移的主要地方。

2. 开封、新乡、焦作和许昌与郑州关系比较

通过中心——外围理论，从 GDP 总量，产业结构角度尝试分析开封、新乡、焦作和许昌与郑州的关系。

比较一：GDP 层面

增长速度类似，郑州占比逐渐增加。从 GDP 发展的角度来看，根据前面分析，中心城市与周围城市在经济发展方面效应分为“外溢效应”和“虹吸效应”，由于效应的不同，相应的 GDP 有可能会收敛，也有可能会扩大。根据河南省的统计数据得到表 8－6、表 8－7、表 8－8 和表 8－9。

从周围四市的 GDP 占郑州 GDP 比例来看，周围四市的 GDP 占郑州 GDP 的比例一直在下降，和郑州的差距一直在扩大。2008—2017 年的平均来看，开封为 22.17%、新乡为 28.7%、焦作为 28.73%、许昌为 31.46%。

从增长速度来看，郑州的增长速度与周围四市之间区别不大，郑州 2009—2017 年的平均增长速度为 10.7%、开封为 10.5%、新乡为 10.5%、焦作为 10.2%、许昌为 11.1%。

从增长速度的差异来看，2009—2017 年的平均差距，开封为 －0.2%、新乡为 －0.2%、焦作为 －0.2%、许昌为 0.4%。除了许昌以外，其他三市与郑州的增长速度之间的差距在逐渐地缩小，开封在有些年份，增长速度还高于郑州市。

根据对 GDP 的数据分析可以发现，郑州和周围四市的增长速度差距并不大，都是处于高速增长状态。但是由于基数原因等，相应的GDP差距越来越大，都市经济圈的收敛效应开始慢慢显现。

表8-6　GDP总量　　单位：亿元

年份	郑州	开封	新乡	焦作	许昌
2008	3004	691.1	949.7321	1032.28	1062.05
2009	3300	778.72	991.98	1071.87	1130.75
2010	4040.9	927.1609	1189.945	1245.933	1316.492
2011	5004.1	1072.42	1489.41	1442.62	1588.75
2012	5549.78	1207.05	1619.78	1551.35	1716.19
2013	6201.85	1363.539	1766.096	1707.361	1903.315
2014	6776.97	1492.06	1917.82	1844.31	2087.23
2015	7315.19	1605.84	1975.03	1926.08	2171.16
2016	8025.4	1755.1	2166.97	2095.08	2377.71
2017	9130.2	1934.95	2384.81	2342.79	2642.1

数据来源：历年河南省统计年鉴。

表8-7　GDP增长速度（%）

年份	郑州市	开封市	新乡市	焦作市	许昌市
2009	11.4	12.1	12.4	11.3	12.5
2010	13.0	12.2	14.6	11.9	13.6
2011	13.8	12.9	14.7	13.4	15.2
2012	12.2	11.1	11.4	11.2	12.2
2013	10.0	10.8	9.5	10.7	10.6
2014	9.4	9.6	9.3	8.8	9.3
2015	10.0	9.4	6.1	8.7	9.0
2016	8.5	8.5	8.3	8.3	8.9
2017	8.2	8.2	8.1	7.4	8.7

数据来源：历年河南省统计年鉴。

表 8-8　周围四市 GDP 增长速度与郑州的差异（%）

年份	开封市	新乡市	焦作市	许昌市
2009	0.7	1.0	1.0	1.1
2010	-0.	1.6	1.6	0.6
2011	-0.9	0.9	0.9	1.4
2012	-1.1	-0.8	-0.8	0.0
2013	0.8	-0.5	-0.5	0.6
2014	0.2	-0.1	-0.1	-0.1
2015	-0.6	-3.9	-3.9	-1.0
2016	0.0	-0.2	-0.2	0.4
2017	0.0	-0.1	-0.1	0.5

数据来源：历年河南省统计年鉴。

表 8-9　各市与郑州市 GDP 的比较（%）

年份	开封	新乡	焦作	许昌
2008	23.01	31.62	34.36	35.35
2009	23.60	30.06	32.48	34.27
2010	22.94	29.45	30.83	32.58
2011	21.43	29.76	28.83	31.75
2012	21.75	29.19	27.95	30.92
2013	21.99	28.48	27.53	30.69
2014	22.02	28.30	27.21	30.80
2015	21.95	27.00	26.3	29.68
2016	21.87	27.00	26.11	29.63
2017	21.19	26.12	25.66	28.94

数据来源：根据历年河南省统计年鉴计算得出。

比较二：产业结构层面

各市的产业发展特点雷同，共同发力第三产业。对郑州和周围四市的产业结构进行分析，得到表8－10、表8－11和表8－12。郑州的第一产业比例最低，开封的第一产业比例最高。而第二产业方面，郑州在逐渐下降，周围四市的第二产业比例在逐渐提高。第三产业比例方面，郑州和周围四市的比例都在逐渐提高。

从表中可以发现，郑州和周围四市都在发力第三产业，减少第一产业，发展的产业结构特点雷同。

表8－10　第一产业结构比较（%）

年份	郑州	开封	新乡	焦作	许昌
2008	3.15	22.2	13.79	8.14	12.61
2009	3.12	21.65	13.29	8.02	12.10
2010	3.08	23.65	13.21	8.13	11.39
2011	2.63	22.15	12.58	7.91	10.81
2012	2.57	21.35	12.37	7.89	10.36
2013	2.37	20.56	12.02	7.79	9.72
2014	2.17	18.48	11.64	7.42	8.85
2015	2.06	17.68	11.28	7.12	7.81
2016	1.95	16.39	10.29	6.39	6.83
2017	1.74	15.09	9.53	5.86	5.90

数据来源：根据历年河南省统计年鉴计算得出。

表8－11　第二产业结构比较（%）

年份	郑州	开封	新乡	焦作	许昌
2008	55.24	45.46	54.88	66.84	65.63
2009	54.45	44.41	56.35	67.31	67.30
2010	56.17	43.21	57.69	68.65	68.51
2011	57.92	43.85	59.13	68.89	67.87
2012	56.45	44.18	57.15	67.46	67.02
2013	55.96	44.71	56.59	67.42	67.47
2014	51.46	42.65	51.77	61.80	60.76

续表

年份	郑州	开封	新乡	焦作	许昌
2015	49.56	40.94	49.76	59.76	59.00
2016	46.46	40.6	49.5	59.28	58.82
2017	46.52	40.36	49.02	59.50	58.86

数据来源：根据历年河南省统计年鉴计算得出。

表8-12　第三产业结构比较（%）

年份	郑州	开封	新乡	焦作	许昌
2008	41.60	32.31	31.33	25.02	21.76
2009	42.42	33.95	30.37	24.67	20.60
2010	40.74	33.1	29.10	23.22	20.10
2011	39.45	34.00	28.29	23.20	21.32
2012	40.98	34.47	30.48	24.65	22.62
2013	41.6	34.73	31.39	24.79	22.81
2014	46.37	38.87	36.59	30.78	30.39
2015	48.37	41.38	38.96	33.13	33.19
2016	51.5	42.99	40.15	34.33	34.35
2017	51.74	44.55	41.46	34.64	35.24

数据来源：根据历年河南省统计年鉴计算得出。

比较三：三次产业的增长速度

增长速度差异较小，第三产业增速都较为稳定与GDP的增长速度类似，郑州和周围四市的增长速度都在下降。如果分产业来看，第一产业的增长速度在降低，第二产业的增长速度在下降，而且波动性较大。第三产业的增长速度较为稳定，而且速度较高。

具体到郑州和周围四市的三次产业增长速度差异来看，第一产业方面，开封较为稳定，增长速度绝大多数年份都高于郑州，其他三市有一定的波动。第二产业方面，开封绝大多数年份的增长速度都高于郑州，其他三市反而不如郑州。第三产业方面，周围四市的增长速度绝大多数年份都低于郑州。值得注意的是，开封第三产业的增长速度与郑州的差距在四个外围城市中是最小的（见表8－13a、表8－13b、表8－14～表8－17）。

表8－13a　第一产业增长速度（%）

年份	郑州市	开封市	新乡市	焦作市	许昌市
2009	3.90	4.20	4.10	4.20	4.10
2010	3.00	4.60	4.50	4.30	4.10
2011	3.70	4.10	4.20	3.70	3.80
2012	4.00	4.50	4.50	4.50	3.50
2013	3.20	4.50	4.40	4.40	4.00
2014	3.00	4.30	4.40	4.10	3.80
2015	3.10	4.40	4.40	4.20	4.10
2016	3.00	4.30	4.20	4.20	3.60
2017	2.60	4.50	4.50	4.60	4.10

数据来源：历年河南省统计年鉴。

表8－13b　第二产业增长速度（%）

年份	郑州市	开封市	新乡市	焦作市	许昌市
2009	11.70	14.30	15.40	12.20	13.90
2010	15.10	14.90	18.50	14.70	16.10
2011	17.00	18.10	18.20	15.80	17.80
2012	14.20	14.30	13.50	12.10	13.70
2013	10.40	14.00	10.90	12.40	12.00
2014	10.00	11.60	11.10	9.40	10.10
2015	9.30	9.30	4.90	8.50	8.30
2016	5.80	7.90	8.00	7.80	8.2
2017	7.60	7.40	8.30	6.70	8.30

数据来源：历年河南省统计年鉴。

表 8-14 第三产业增长速度（%）

年份	郑州市	开封市	新乡市	焦作市	许昌市
2009	11.50	14.60	10.20	11.00	12.80
2010	10.80	13.50	10.60	6.30	10.30
2011	10.20	12.50	12.60	9.60	12.50
2012	10.00	11.00	9.90	10.40	11.40
2013	9.60	10.00	8.50	7.20	8.50
2014	9.00	10.00	7.60	8.40	9.20
2015	11.30	11.30	8.80	10.20	12.30
2016	11.40	11.00	9.80	10.10	11.30
2017	9.00	10.40	9.00	9.10	10.30

数据来源：历年河南省统计年鉴。

表 8-15 第一产业增长速度差异（%）

年份	开封市	新乡市	焦作市	许昌市
2009	0.30	0.20	0.30	0.20
2010	1.60	1.50	1.30	1.10
2011	0.40	0.50	0.00	0.10
2012	0.50	0.50	0.50	-0.50
2013	1.30	1.20	1.20	0.80
2014	1.30	1.40	1.10	0.80
2015	1.30	1.30	1.10	1.00
2016	1.30	1.20	1.20	0.6
2017	1.90	1.90	2.00	1.50

数据来源：历年河南省统计年鉴。

表 8-16 第二产业增长速度差异（%）

年份	开封市	新乡市	焦作市	许昌市
2009	2.60	3.70	0.50	2.20
2010	-0.20	3.40	-0.40	1.00
2011	1.10	1.20	-1.20	0.80

续表

年份	开封市	新乡市	焦作市	许昌市
2012	0.10	-0.70	-2.10	-0.50
2013	3.60	0.50	2.00	1.60
2014	1.60	1.10	-0.60	0.10
2015	0.00	-4.40	-0.80	-1.00
2016	2.10	2.20	2.00	2.40
2017	-0.20	0.70	-0.90	0.70

数据来源：根据历年河南省统计年鉴计算得出。

表8-17　第三产业增长速度差异（%）

年份	开封市	新乡市	焦作市	许昌市
2009	3.10	-1.30	-0.50	1.30
2010	2.70	-0.20	-4.50	-0.50
2011	2.30	2.40	-0.60	2.30
2012	1.00	-0.10	0.40	1.40
2013	0.4	-1.10	-2.40	-1.10
2014	1.00	-1.40	-0.60	0.20
2015	0.00	-2.50	-1.10	1.00
2016	-0.40	-1.60	-1.30	-0.10
2017	1.40	0.00	0.10	1.30

数据来源：历年河南省统计年鉴。

比较四：结论

综合前面的数据分析发现，在以郑州为核心的城市群中，GDP 的总量和增长速度，郑州高于周围四市，其他周围四市 GDP 对郑州的比例在逐年下降。产业发展的结构特点有些雷同，需要重视。

产业结构方面，周围四市中，第一产业方面，周围四市的增长速度都高于郑州，说明随着中心城市的发展，第一产业的发展开始向外围转移。第二产业方面，除了开封以外，郑州的增长速度在绝大多数年份还是高于其他三市，说明在工业发展方面，郑州还处于高速发展时期，向外围转移的迹象并不明显。第三产业方面，除了开封作为旅游城市之外，其他三市的增长速度绝大多数时候都要低于郑州。

就开封而言：

第一，增长速度方面，开封发展指标良好。最近十年的增长速度开封和郑州的差异是周围四市当中最小的，很多年份增长速度还高于郑州。占郑州 GDP 的比例下降的速度也是最慢的，2008—2017 年，占比仅下降了不到2%，最多的焦作下降了 8.7%。

第二，产业结构方面，第三产业带动作用明显。开封的第一产业占比较大，增长速度和外围其他三市相比也比较快。得益于开封旅游城市的定位，开封的第三产业速度反而比郑州要快一些，也高于外围其他三市。

3. 开封的优势和特色

可以看出，在四个外围城市中，开封与郑州的联系是最为密切的。在产业发展方面，第三产业的发展速度相较郑州也是比较高的，这和开封的优势和短板有关。

第一，空间距离优势。前面提到开封与郑州的距离是 53 公里、新乡是 75 公里、焦作是 85 公里、许昌是 92 公里（以相应市政府到河南省政府的距离测度）。不仅距离短，开封和郑州之间的公共基础设施衔接也是比较完善的，连霍高速、郑开大道、物流通道以及正在建设的平安大道延长线等。无论是货运、客运，都有相应的交通基础设施。

第二，制度优势。河南省的六大国家战略分别是国家粮食生产核心区、郑州航空港经济综合实验区、郑洛新国家自主创新示范区、中原经济区和中国（河南）自由贸易试验区、国家跨境电商综合试验区。六大战略和开封都有一定的叠加，尤其是郑州航空港经济综合实验区，中国（河南）自由贸易试验区和中原经济区和郑州航空港经济综合实验区在郑州和开封之间，而且开封和港区之间有开港大道连接，基础设施方面已经较为完善，需要的就是制度创新和产业发展。中国（河南）

自由贸易试验区有三个片区，郑州、开封和洛阳。在自贸区建设中，开封也在商事制度改革等方面取得了全国知名的成果。中原经济区中，前面已经分析，开封与中心城市郑州的联系比较密切，无论是交通、基础设施等的空间联系，还是制度衔接，比如自贸区。

第三，文化优势。开封的古都文化是郑州都不具备的，也是周围其他三市不具备的。首先，作为八朝古都，开封具有深厚的历史文化底蕴。在全国的城市中，开封城墙是仅次于南京城墙的第二大古代城墙。此外还有城摞城、开封铁塔、繁塔等具有重要历史和文化价值的遗迹等。其次，民族、宗教文化资源优势。开封是一个多民族融合的城市，比如有专门的回族区。开封市内有三大宗教的历史建筑，同时还有历史传承的民族食品等。再次，开发基础较好、经验丰富。文化优势的开发尤其是文化旅游方面，开封也已经具备完善的基础和丰富的经验。比如建设的清明上河园，在全国都有知名度。

4. 开封的定位：融入郑州大都市区，对接周围城市，错位发展，打造郑州大都市区建设的重要支点

根据与中心城市以及周围次级城市的比较，以及开封自身的优势，开封的定位应该立足自身优势，转变发展观念，积极融入郑州，结合郑州在国家中心城市当中的定位和短板，把郑州没有的内容做好，辅助郑州发展现有的需要做优、做强的内容，做好郑州大都市区建设的支点。

第一，补齐郑州短板、瞄准科教发力。在国家中心城市建设当中，目前郑州的核心短板是科教。在周围城市当中，开封离郑州最近，交通设施最为齐全和完善，而且还拥有相应的生态环境优势，需要充分利用上述优势，结合郑州的科教短板，积极发展科教，尤其是高等教育。

第二，融合郑州产业、利用“外溢效应”。利用郑州大都市区建设的“外溢效应”，发展现代服务业、现代制造业，建设创新技术中心和生态宜居现代化都市。与郑州互补发展，大力发展汽车及零部件产业，加快打造具有较大影响力的汽车及零部件生产制造基地。加快郑汴旅游融合，打捆推介精品旅游项目，打造郑汴旅游城市圈。做好郑汴产学研结合示范带空间规划和产业规划，共同打造全省规模最大、最具活力的双创活力带。

第三，对接周围城市、减缓“虹吸效应”。积极对接周围城市，形成发展合力。具体包括交通基础设施建设、制度创新等，降低城市交易成本，形成多点开花的局面，减缓郑州大都市区建设的“虹吸效应”。

（六）案例分析

1. 长株潭一体化

（1）战略意义。全球化背景下的区域一体化发展趋势日益明显，城市群一体化是我国区域一体化的重要组织形式。城市群的发展不但可以提升各个城市自身的竞争力，更能用其强大的辐射能力带动城市周边地区以及整个区域的发展，对提升国家竞争力和保持经济持续稳定增长意义重大。一体化是城市群发展的核心内涵和本质特征，如何提高城市群一体化水平是当前城市群发展过程中的重要任务。长株潭城市群作为我国中部地区的核心经济区和“两型社会”改革试验区之一，其一体化发展对于国家实施“中部崛起”和长江经济带开发战略以及推动湖南省“一带一路”倡议具有重要意义。

（2）发展阶段。长株潭城市群一体化的形成与发展是一个长期的过程，大致分为前期准备阶段、启动阶段和全面深化提升阶段。各个阶段特点如下：

准备阶段：作为湖南甚至全国的重要工业城市，长沙、株洲、湘潭三市以强大的经济总量引领湖南省内经济的发展。但是，长株潭三市在发展中各自为政，无法有效发挥三市对区域发展的辐射和带动作用，为提高全省核心城市发展竞争力，1982 年湖南省社科院副院长张萍提出建设“长株潭经济区”的构想，此后湖南实施了一系列举措促进长株潭经济区的发展。总的来说，长株潭经济区的构想在我国内陆是较早提出并实施的，在准备阶段还存在诸多不足，并且这一时期长株潭三市对这种区域发展模式还未能完全达成共识，一体化进程比较缓慢，经济区建设也未取得实质性成效。

启动阶段：该阶段长株潭一体化发展主要是以顶层设计为主，形成了一系列区域规划，为长株潭城市群一体化发展提供了科学权威的指导。与此同时，一些空间规划也逐渐通过项目建设落到实处，特别是在基础设施建设方面的“五同”网络建设，为长株潭城市群一体化发展奠定了坚实的基础。在规划过程中，三市产业分工格局逐渐明晰，三市根据不同的资源禀赋发挥各自的优势，在城市空间布局上做出了重大调整，由“单中心”“摊大饼”式的发展模式向组团式城市空间格局转变。长株潭城市群在一体化发展过程中已经开始取得一些实质性成效。然而基础设施和大项目的建设并不能代表一体化的本质，城市群一体化推进过程中也开始暴露出一些问题，比如行政体制下的市场分割和利益格局的分歧、三市在政策环境上的差异以及产业同构、无序竞争、跨区域环境污染等问题，这些体制机制方面的障碍严重阻碍了长株潭一体化发展进程。

全面推进提升阶段：在“十一五”规划的引导下，该时期长株潭城市群一体化进入全面推进阶段。长株潭作为湖南省经济增长极的功能初步形成，城市群“集聚”和“扩散”效应逐渐加大，一体化对区域经济的影响开始显现，更大规模城市群的产生成为区域一体化的必然结果。同时“两型”社会建设试验区的获批使长株潭由省内一体化区域提升为国家层面的“两型”改革试点。从国家战略层面来看：一是强化了长株潭城市群在全省经济发展中的增长极作用；二是作为中部崛起的战略支点，促进东中西部的联动和协调发展，在实现发展定位与目标的提升之后，长株潭城市群一体化进一步向实质性方面发展。从总体上看，长株潭城市群一体化在发展过程中手段与目标一致，规划与实施同步，其一体化发展步伐在稳步前进。

（3）发展特点。从城市群一体化的内涵来看，城市群一体化既体现为一种地理空间上相互联系，也包括在地域空间上的经济活动，主要包含以下几个方面：

市场一体化。市场一体化是城市群一体化发展的基础，主要表现为各城市间生产要素的自由流通。在城市群一体化发展过程中，随着产品、资本等要素流动的速度加快，产业集聚与扩散作用进一步加强，促使城市规模和边界突破原有行政区划边界的限制，城市之间的市场逐渐出现融合并最终实现市场一体化，形成跨行政区划界限的以市场一体化为基础的城市集群。

设施同城化。城市群是由特定地域范围内相邻的若干城市组合而成的城市集合体，而高度发达的城市交通网络和信息网络是连接各城市并促进城市群一体化发展的基本条件。从国内外城市群的发展实践来看，设施同城化是城市群一体化发展的基本特征，发达的交通网络、通信网络及其他基础设施不仅能加快城市之间要素的流动速度，也能够促进城市间功能的衔接和匹配，进而推进城市群一体化进程。

功能一体化。城市群功能一体化主要表现在其产业一体化上，相较于其他城市或者城市区域，城市群作为一个综合的城市集群，必须具备完整的城市结构体系，具体表现为产业结构不断升级，产业分工不断深化以及产业空间布局的演化与重组，各个城市拥有各具特色而又相互补充的主导产业，如中心城市以多样化的生产性服务业为主，次级城市则以专业化的加工制造业为主。在此条件下，城市群才能形成以产业为导向的城市群功能一体化。

利益协同化。城市群一体化作为区域一体化的重要表现形式，各个城市基于产业专业化和空间布局的互补成为一个整体，并按照产业链分工获得各自相应的利益，在这种分工的过程中不仅有利于产业结构优化和产业专业化，也可以使城市群的协同利益达到最大化。

2. 珠三角一体化

（1）发展阶段。初步发展：20 世纪 80 年代初，随着外向型经济的发展，珠三角城市经济由农业经济主导向工业经济主导转型，人口快速集聚，但珠三角城镇体系发育明显滞后，广州是珠三角唯一的大型城市，缺乏第二层级中心城市，区域协调发展格局尚未形成。为了建立合理的城镇体系结构，推动大、中、小城市的合理布局和协调发展，1991 年，珠三角编制了第一版区域规划——《珠三角城镇体系规划（1991—2010）》，该时期的区域规划重点在于建立合理的城市规模等级体系，培育区域增长极点，打造广佛、深圳、珠海、中山、江门、顺德、东莞、惠州—大亚湾、肇庆、清远等 10 个城镇群。

中期探索：在上一版区域规划指导下，珠三角经济发展迅速，但随着城市快速扩张，上版规划中区域协调性不足、城市群整体发展目标不明确的问题逐渐暴露。针对珠三角发展中暴露的问题，1994 年广东省开展了《珠三角经济区城市群规划》的编制。规划从点状发展的思路向“点—轴”式发展转变，将珠三角作为一个整体进行规划，提出“一个核心、两条主轴、三大都市区”的空间结构体系，重点打造“两主轴、七拓展轴”的空间拓展轴线，构建区域协调发展的纽带和脊梁。

2008 年，在改革开放 30 周年之际，珠三角编制了《珠三角地区改革发展规划纲要（2008—2020）》，从构建现代产业体系、统筹城乡发展、统筹基础设施布局、深化体制改革、加强港澳合作等方面，对内协调发展，对外扩大开放，率先建立更加开放的经济体系，成为珠三角地区经济社会发展的行动纲领。

2009 年，在粤港澳合作的基础上，将香港、澳门纳入“大珠三角”范围，编制《大珠江三角洲城镇群协调发展规划》，提出粤港澳三地城镇群协调发展的机制，建设广佛、港深、珠澳三大都市区，提升“大珠三角”整体的国际竞争力。为加快推进珠江三角洲区域经济一体化进程，统筹珠三角区域发展格局，推动区域规划向行动计划转变，珠三角地区编制了五个一体化规划，在基础设施、产业布局、基本公共服务、城乡规划和环境保护等五个方面推动珠三角一体化进程，规划建设交通、能源、水利、信息化等四类重大工程共 150 个项目，总投资 19767 亿元。通过近十年的规划探索，珠三角基本形成了以三大都市区为核心的区域一体化发展格局，在城市间产业合作、交通联系、设施共建等方面进行了有益的尝试。

深化发展：随着珠三角一体化进程的不断深入，珠三角地区辐射能力日益增强，都市圈的影响范围进一步扩大。《广东省新型城镇化规划(2014—2020 年)》提出以都市圈为主体推进区域协调发展，在珠三角现有三大较为成熟都市圈的基础上，促进环珠三角地区外围城市融入珠三角地区，形成“广佛肇 + 清远、云浮”“珠中江 + 阳江”“深莞惠 + 汕尾、河源”的三大组合型新型大都市圈，实现“9 + 5”共赢合作格局。

（2）发展特点。

1）经济格局：产业梯度转移，东西两翼发展异军突起。产业转移是区域产业及经济格局重构的重要途径。2010 年，广东省已建成产业转移园区 70 个，其中珠三角与周边地区（“9 + 5”城市群）范围内共建产业园区占一半以上，是产业转移的重点地区，对珠三角周边地区产业结构产生重要影响。在产业梯度转移的过程中，各城市结合自身产业基础及产业转移地的产业优势，形成不同的产业发展集群。粤东地区主要承接纺织服装、电子工艺品、制鞋、玩具、陶瓷、石油化工等产业；粤西地区主要承接家电制造、金属制品、石油化工、港口物流等产业；粤北山区主要承接冶金及深加工、机械、汽车及汽车零部件、电子通信及器材和其他资源加工业及劳动密集型产业。

2）人口格局：珠三角地区“磁极”地位增强。广东省的人口分布整体呈现“三大板块”的格局。珠三角地区 9 个城市常住人口总量为 5763. 38 万人，占全省的 54%，广州、深圳、佛山、东莞等四大城市总人口已经相当于全省人口的 37%，是广东省人口分布的重心，粤西和粤东地区分别形成了以茂名—湛江及潮汕地区为核心的城镇群。从人口增长情况来看，珠三角地区“磁极”效应凸显，基本呈现从“湾区”向外围依次降低的趋势，珠三角内部人口向“湾区”集聚，珠三角外围地区如肇庆、江门、河源、韶关等地，户籍人口以迁出为主，主要往珠三角“湾区”迁移。

3）城市建设格局：城市扩张得到有效控制，区域基础设施一体化压力较大。2000—2010年，珠三角经历快速扩张的时期，人口和用地规模快速增长。十年间珠三角人口增长了30%，年均增长2.73%，建成区面积从939平方公里增加到2615平方公里，增长了1.8倍，年均增加167.6平方公里。2010年以后，随着国家发展思路的改变，城市土地集约发展趋势明显，大城市规模得到有效控制，珠三角城市群扩张速度减缓，转向精明增长的发展路径。2010—2014年，珠三角城市人口仅增长了3%，建成区面积增长了10%，人口及建成区面积增长速度仅为前十年的1/4，但用地效率明显提高，地区经济依然维持10%以上的年均增长速度。

4）区域发展策略：从“单兵作战”到“区域联合”。在区域一体化发展的背景下，珠三角地区及周边城市发展经历了从分散独立发展到网络型城镇化的阶段，城市之间联系更加紧密，三大都市区辐射影响范围扩大，与周边城市互动日益频繁。随着广东省新型城镇化规划、珠三角全域规划等区域协调规划的编制，珠三角一体化发展的趋势不断加强，各地方城市在自身发展战略的制定上，充分结合区域发展的背景，在城镇体系中寻找合适自身的定位，加强与周边城市的区域联系，改变过去单兵作战的发展模式，实现区域统筹发展，加快实现珠三角建设世界级都市圈的发展目标。

5）产业发展策略：从“同质竞争”到“产业耦合”。根据“区域产业链”理论，在城市群区域内所形成的以分工合作为基础、以产业联系为纽带的链网状产业组织系统，对完善区域产业体系、形成区域性产业集群、增强区域产业竞争力具有重要意义。在全球产业转移的过程中，珠三角各城市主要承接了西方国家转移的资源密集型及劳动密集型产业，产业结构相似，发展定位较为模糊，同质化竞争严重。随着珠三角区域产业结构转型升级，珠三角逐步推动产业梯度转移，通过共建产业转移工业园，建立地方之间广泛的产业联系。在珠三角一体化发展的过程中，需要加强区域产业链的构建，强化城市之间在产业、技术、人才之间的交流合作，形成一体化的产品链、价值链、知识链，构建耦合发展的区域产业体系，增强区域产业综合竞争力。

二、郑汴港核心支点建设目标

（一）汇聚高质量人才

加大对商业、文化旅游、新型工业、教育培训等相关行业人才引进的资金和政策支持力度，吸引创新型、尖端型、技术型人才落户开封，提供便利的创业环境保障，鼓励实现知识和科技成果转化，对科研成果在开封市实施创业转化并产生巨大效益的予以经济补助，调动创业积极性。同时，鼓励企业走出去，与省内、国内的科研机构主动对接，合作建立相关研发平台，酌情给予适当奖励。适当建设高标准配建保障性住房，解决企业工程技术人才和具有一定技能的新就业大学生的住房问题。营造有利于产业人才之间交流、讨论的环境，引导创立俱乐部、联谊会、论坛等形式的沟通平台，为高层次人才的交流与合作提供契机。深化与河南大学等高校的合作发展，支持高校毕业生在开封实习、创业、落户发展。联合行业协会，制定各行业工作人员标准，建立规范化的人才培训机制，提供从业人员技能和素质，为相关产业的发展提供高质量的人力资源保障。

（二）医养结合示范区

医养结合养老服务业是人口老龄化加速背景下，为满足老年人养、医、护、康、疗、健、终等多元化需求，通过医疗资源和养老资源有机结合形成的新型养老服务供给模式，是持续性、专业性的服务供给方式。随着医养结合养老服务实践经验的增加，其概念和内涵不断延伸和丰富。医养结合是医疗和养老两个领域在管理理念、服务能力和专业人才多重层次的深度融合，在养老过程中实现医疗服务可及性和连续性，扩展医疗和养老的共融发展模式。要找准定位，科学谋划，以发展高端康养产业集群为目标，进一步优化生态条件，以满足老年人多样化、多层次的需求为第一宗旨，将目标群体定位在国内外老年人休闲旅游和中部地区乃至全国退休老人居住疗养两个方向，全力打造人性化、专业化、规范化的养老服务社区。要突出特色，打造品牌，品牌竞争越来越成为城市竞争的关键和制高点。开封作为旅游名城，北方水城，要结合地热、温泉、旅游、文化等相关资源，突出自身特色，大力发展相关配套产业如高端房地产、高水准规模化的疗养机构、完善成熟的旅游资源，打造开封康养特色品牌；要科学规划，重点突破。科学制定《创建国家级康养产业示范区发展规划》，从战略定位、发展步骤、品牌建设、战略目标等方面引领康养产业快速健康发展。最后要紧抓机遇，项目先行。抓紧推动医养产业发展的战略趋势，大力吸引相关企业入驻，立足项目支持，一体谋划，综合布局，协力发展，互相支撑，抢占市场竞争制高点，争取项目建设示范点，凝聚发展突破点。

（三）坚持创新驱动制造业转型升级发展的总思路

努力培育高科技、高附加值骨干企业，重点发展精细化工、新材料、新能源等主导产业，拉长精细化工产业链和培育新材料、新能源产业集群，并在此基础上拓展研发高端化、智能化、符合未来产业发展趋势、具有广阔市场前景的产品，力争培育形成2～3个在国内乃至国际上具有影响力、占据绝对市场优势的产品。

（四）现代服务业之都

以现有商贸物流业为基础，培育现代商贸物流市场体系，大力培育和吸引规模较大、实力较强的商贸物流企业，拓展和提高现代商贸物流服务的辐射范围，充分对接利用河南自贸区开封片区的优惠政策，努力将开封物流园区建设成为一个贸易繁荣、商业配套设施完善、物流高度发达、人才集聚的商贸物流运营中心示范区，辐射带动中原城市群豫南、豫东南区域商贸物流业的发展，服务于郑州国家中心城市和开封建设中原现代服务业之都的定位。

三、郑汴港核心支点建设路径

根据郑州建设国家中心城市行动纲要（2017—2035年）按照“东

扩、西拓、南延、北联、中优”发展思路，持续优化市域空间布局。其中和开封、港区密切相关的主要是“东扩”和“南延”。以下从产业、要素和制度三个方面来介绍路径选择。

（一）协同发展产业，打造科教文旅融合体

产业是城市发展的基础，需要合理布局制造业、服务业和现代农业。我们认为开封市在四个支点城市中有比较优势的产业应该优先发展，特色就是城市的名片，是城市发展的核心竞争力。

1. 医养结合

随着60后在2020年进入退休年龄，在计划生育政策严格执行的中原地区，老年人养老需求加大的问题将持续成为经济社会发展的一个关键性问题。根据2017年的调查显示，开封市城市人口中，60岁以上老年人将占据近1/5的规模。城市中增加更多的老年人服务基础设施不仅是城市发展的要求，也是社会发展和进步的体现。开封作为支点四个城市中唯一的历史文化名城，居住环境较其他城市更为舒适，出行更为便利。我们认为开封市应利用现有医院资源，拓展业务范围，建设以体检、保健、健康养生、老年病防治为中心的专业化医疗队伍。据国际权威机构调查显示，如日本一般老龄化严重的国家，家庭养老也是该国老年人养老的主要方式。护工和家庭医生上门服务是老年人晚年生活的正常现象。介于都市区核心郑州拥有多个先进的诊疗机构和大型综合性医院，复杂的疾病和突发性疾病可以考虑去郑州医治。开封在发展医疗服务时，更加要坚持和郑州错位发展，以治疗慢性病和康复疗养为主。建议利用河南大学优秀的学科基础，发展护理和康复治疗方向的中高层次人才，尽快建立一支中原地区一流的专业化理疗、康复团队。

2. 文商旅

与周边支点城市相比，开封在发展消费型服务业方面具有比较优势。消费型服务业在开封市的产业体系中发展较为完善，服务层次较高，服务收费合理。与都市区核心郑州相比，开封的城市结构更为紧凑，商业区集中分布于西开发区和新街口景区周边，并相对远离生活区。随着近年来开封城市改造进度的加快，各种棚户区和旧有平房、低层楼房被改为公园、绿地或者文化教育机构，城市服务功能逐步强化。当前，开封的假日旅游已有相当规模，周边地区的短途游客都愿意来开封休闲度假。对开封旧有的脏乱观感已大有改善。

我们认为开封服务业下一步的发展可以在利用现有资源做大做强的同时，创新新品牌突出城市特色，提升城市品位。

第一，突出开封的文化气息，打造河南省乃至黄河流域的文化传承与传播中心，建设全国的华夏文明传播中心。利用开封在黄河流域重大的影响力，和历史上城市兴衰与黄河的故事，继续本地文化旅游的价值深挖和品位提升；深刻发掘和研究夏朝都城遗址，拉长城市建设年代，树立夏文化研究的权威地位。利用历史人物的典型建立精美的主题公园若干个，让游客有所思，有所感，与周边地区以游乐项目为主的各色黄河游览区拉开品位距离。

第二，点出一些城市的标志性的符号，吸引更多的国内外游客来观光旅游。与中原地区其他的古都相比，开封是中华文明发展的一个高峰，而且据当今并不久远。苏轼、范仲淹、司马光、欧阳修、包拯、宋徽宗等历史人物在东亚文化圈中都是深入人心的历史人物。当前利用国家发展消费经济的机会，政府可以规划建设若干个主题公园、实景历史剧项目，通过北方城市少见的环城水系工程进行连接，并以此为品牌进行城市宣传与营销。对于年轻的游客，可以以恒大童世界、银基欧秀项目为主开发娱乐为主的公园，和历史主题公园错位发展。

3. 文化教育

第一充分挖掘开封的文化底蕴，开展国学教育，助力开封旅游。开封自春秋时期就有“孟子说梁惠王”的典故，2000 多年前就是国力强大、文化繁荣的都市。1000 年前的北宋是中国印刷术广泛商业应用的时代，文化教育在这个时代普及，科举制度在宋代全面实施，宋代的读书人有中国历史上最深厚的家国情怀。当前，我们认为应该以“三字经”“百家姓”为切入，推广开封的国学教育品牌。

第二是瞄准郑州短板，发展高等教育。首先是要挖掘自身资源，利用河南大学“双一流”建设的机遇，大力支持河南大学发展。其次是以建设双创走廊为契机，与国内外高水平大学、科研机构、智库等合作建设开封分校或者分院。

4. 制造业

第一，融入郑州。对接郑州的相关制造业，主要是郑州的汽车零部件产业以及港区的高端制造业，利用开封的资源禀赋，积极承接郑州城区和港区的相关配套产业，比如以开港大道沿线为纵深，可以大批量引进港区的制造业企业，发展轻工业为主的临空经济。

第二，支撑开封发展科教文旅产业的制造业。比如相应的科技工业园区的建设，推动高校科研机构的研究成果转化。同时根据开封的文旅特色，比如汴绣、开封小吃等，协调发展，共同发力，塑造开封的文旅制造业品牌。

5. 融合发展，打造科教文旅融合体

无论是医养结合、文商旅、文化教育还是制造业，都需要紧紧围绕开封发展的定位和特征，跨界融合，打造科教文旅融合体。开封在发展科教文旅和制造业的时候，要紧紧把握郑州大都市区建设重要支撑的定位，补齐郑州短板，积极发力科教产业，发挥自身优势，深入挖掘文旅产业，对接郑州和港区，积极承接配套产业。在这样的基础上，科教、文旅和制造业要融合发展，形成发展合力，打造科教文旅融合体。

第一，在规划上要以融合发展为目标，精准定位，合理布局，统筹谋划。

第二，在发展过程中，可以尝试建立科教文旅及相关制造业联合会。各个产业之间要沟通协调，随时交流业界动态，把握前沿趋势和郑州发展的态势，积极对接和融合。

第三，政府方面除了规划之外，还要在机制上予以保证，比如建立科教文旅办公室，同时和工信部门建立定期协商机制，邀请相关的企业和单位以及科教文旅及相关制造业联合会参加，就科教文旅以及制造业当中出现的问题进行座谈，推动各个产业之间的融合发展。

第四，出台有关的激励政策。比如对于能够做到融合发展的相关企业和部门，可以进行物质和荣誉等的奖励，以及政策上的优惠等。

（二）促进要素流动，实现高层次人才和创业资本的集聚

当前国家正在进行深刻的经济转型，大量的非熟练劳动力将要进行再就业，产业发展对高层人才的需求进入新阶段，全国各大城市已经提前打响了抢人才大战的战争。同时，国家传统产业持续低迷，外贸出口中低端产品占比减少，大量沿海的制造业小型企业倒闭。新的商业模式在旧有格局打破的同时在慢慢地建立。对创业的支持和创业资金的使用是当前的另一项重要因素。

1. 高质量人才

随着中国劳动力人口与代际之间断崖式下降，各城市已经提前打响了城市人才争夺战。开封市本地就有省内的重点大学，不过，开封市并没有有效利用这一先天优势，每年河南大学的毕业生留在本地工作的人数相当少。介于以上情况，开封市政府应该继续与河南大学合作，为优秀本科生提供更为宽松的就业和创业环境，留住人才，使用好人才。

另外，我们认为开封市要打造中原地区“服务业之都”品牌，还需要大量有一定工作能力的年轻劳动力通过城市化进入开封市的服务业市场工作。与其他几个支点城市相比，开封的服务业因为郑汴一体化的深化，服务价格和质量逐步与郑州接近，从事服务业也可以获得理想的收入。消费型服务业吸纳年轻劳动力的能力更强。本地区的 40 岁以上中年劳动力则需要政府引导，学习一定的技能，进入医养结合领域，担任服务和保健工作。

2. 资本

结合开封打造科教文旅融合体的定位，要利用好资本力量。一要利用郑州的资本优势，充分利用河南股权交易市场等当地的资本市场，将创新创业的企业等推到资本市场上。二要对于具有发展优势的品牌，要积极对接国内的沪深两市，积极帮助品牌企业利用国内的资本市场。第

三要引进风险资本。积极宣传开封的科教文旅融合体品牌，打造良好的营商环境，吸引国内的风险资本进入开封，寻找合适的项目机会。

开封进入到第三批自贸区试点城市之后，在四个支点城市中，开封有吸引资金的政策优势。当前由市委着力推进的改善投资营商环境评估工作，促进了政府部门行政效率的提升。这项工作为开封市吸引内外资提供了较好的服务平台。我们认为开封应该利用当前人民币国际化和“一带一路”政策带来的投资契机，与世界著名高校、研究机构、高科技企业建立合作，兴办跨国合作的国际教育、科研与新经济项目。

开封当前也可以利用恒大、万达、开元等各大型企业投资商场、游乐场、国际赛车比赛在业内的影响力，带动更多企业参与本地区的文化旅游产业和城市建设。在省会郑州及周边县市房产限购的情况下，开封市应继续维持本地房地产市场的稳定发展，对于不同消费群体规划开发多样性楼盘，争取和人才政策相配套，吸收更多的年轻人来开封创业，老年人来开封养老，小朋友来开封学习和游玩。

（三）进行制度创新，推动“郑汴新区”上升为国家战略

全力推动“郑汴新区”上升为国家战略。开封快速发展的十年是“郑汴一体化”战略全面实施的十年。“郑汴一体化”打通了开封和郑州的人流、物流，便捷了郑汴港三角的交通往来，使开封迅速改变了地区发展边缘区的角色定位。

郑州发展国家中心城市应该在区域内选择经济互补性更强的城市分散城市功能，总体规划地区建设。郑州市糟糕的交通和混乱的城市发展不仅和城市发展速度太快有关，更和城市功能分流不及时相关。开封各县区发展，应充分考虑河南经济发展的大格局，率先找准定位，积极与郑州市对接，抢占发展先机，与周边各城市共享国家中心城市建设成果。

四、保障措施

（一）基础设施保障

基础设施保障主要包括两方面：一方面是对外联系的通道建设；另

一方面是市内的道路建设。

1. 对外联系的通道建设方面

一要深化和郑州的联系。对郑开大道进行快速化改造，郑开城铁升级改造，包括和开封火车站连接的延伸线建设，和郑州地铁的衔接、和郑州南站的衔接以及早晚高峰期的高频化运营。

二要对接周边城市。加强与新乡、许昌、焦作等城市的联系，延缓“虹吸效应”，形成多点开花，共同支撑郑州大都市区建设的局面。规划建设与新乡、许昌的城铁，使开封深度融合进“米字形”高铁，支撑郑州交通枢纽的建设。

2. 市内的道路建设方面

一是老城区的道路改造。在现有的基础上，以支撑开封现代服务业发展为目标，深度改造开封原有的胡同等道路，改善道路周边的设施，提升道路建设水平，规划相应的自行车道路，尤其是观光车的旅游线路。增加公共交通线路和运营频次。在全面调研的基础上，在老城区划定一定的区域对机动车实行禁行、限行等。

二是新城区的道路提升。网状道路建设，新城区的道路要以多层次、网状化为目标。现在新城区的道路主干道已经比较完善，但是要为未来打造现代服务业之都、高端制造业以及休闲文旅等做准备，这样需要对现有的道路进行提升改造，主要是建设道路的毛细化，打通断头路，形成多层次、网状化的道路交通体系。

（二）教育医疗保障

实施现代服务业引领和创新驱动的发展模式，要害是大规模人流和市场主体的聚集。要对人流和市场主体拥有足够的吸引力，除了科学的谋划和规划、完善的基础设施和良好的营商环境之外，还必须有优质的教育医疗服务做保障。因为随着发展水平的提高和消费的升级，不管是市场创业者还是普通就业者，都会把子女教育、自身再教育和家人医疗保障条件作为就业创业空间选择的优先方向。开封文化积淀丰厚，社会服务体系完整，医疗、教育事业发展的基础较好，但由于社会进步迅速，人们对优质服务的期望值较高，教育、医疗规模和层次都出现了明显的短板。比如中小学基础教育规模无法满足日益增长的学龄儿童入学需要，医疗质量和服务水平不能满足居民需要等日益凸显。

医疗方面，一要全力支持现有的医疗体系升级。在人、财、制度等方面灵活调整政策，鼓励医疗机构突破创新机制，形成内生动力，发展现代的高科技医疗体系。二要吸引国内外一流的医疗机构入驻开封。可以从特色专业，尤其是养老相关的专业医院和机构入手，合理规划布局，打造良好的营商环境和生态环境，吸引国内外一流机构入驻开封。

教育方面首先是要挖掘自身资源，利用河南大学“双一流”建设的机遇，大力支持河南大学发展。其次是以建设双创走廊为契机、与国内外高水平大学、科研机构、智库等合作建设开封分校或者分院。

（三）制度保障

制度保障的核心在于实现要素流动的市场化。随着郑开一体化的发展，目前开封和郑州之间的基础设施已经具备一定的基础，但是在要素流动方面，还存在一定的障碍，需要实行郑开一体化 2.0 版，实现要素流动的完全市场化。

要素主要是劳动力和资本。劳动力方面，在现在的体制范围内，可以在开封新区或者在开封新区划定的特殊区域，比如自由贸易试验区或者纳入双创带范围的区域，从工资水平、税收优惠到户籍、教育医疗、养老保障等所有方面与郑州完全对接，实施无差别待遇，从而为现代服务业和高新技术产业发展培育提供坚实的制度保障。

资本方面，积极打造良好的营商环境。开封不仅在空间距离上与郑州比较接近，尤其是郑东新区，还需要在制度上积极对接郑州。开阔视野，尊重人才，以现代服务业、现代制造业、创新技术中心为抓手，在产业投资和风险投资等方面充分利用郑州的资本优势。同时对接港区和保税区，共同请省政府积极向上呼吁，在国际金融或离岸金融方面争取有所突破。

（四）体制机制保障

借鉴覆盖三省一市的长三角地区推动战略实施的经验，建立包括决策层、协调层和执行层的三级运作机制。

由市委书记和市长牵头，组成包括所有市委常委、各主管副市长在内的决策层，就上述战略思路充分讨论，在形成共识的基础上形成实施战略的各项决策；由市长牵头，组成包括各主管副市长、发改委主任、各相关部门负责人在内的协调层，就实施战略决策所涉及的各种问题进行协调，明确任务和各自责任边界、时间节点等，提出奖惩措施；各个责任部门和相关企业及项目主体为执行层，负责不折不扣保质保量按时完成各自的目标任务，接受协调层协调服务，并向协调层负责，接受奖惩激励和惩罚。

在国家中心城市和郑州大都市区及郑汴新区建设方面，关键是推动各个不同行政区域之间的深度融合。建立三级运作机制体制架构就显得更为重要。决策层由省长牵头，涵盖各主管副省长、省发改委主任、都市区各市市长等组成。协调层由常务副省长和省发改委主任牵头，涵盖都市区各市常务副市长和发改委主任等组成。执行层由领取任务和承担责任的各市政府及其相关部门和相关项目主体组成。各自职责原则以上所述相仿，只是决策难度更大，协调力度更大，执行能力更强。除此之外，由于涉及多个不同城市和多种不同利益关系，需建立常设的国家中心城市及郑州大都市区建设办公室，设在发改委。同时，借鉴长三角的经验，由该机构牵头编织“一个计划”，开好“一个会议，推进“一批项目”，建好“一张网，打造“一个库，编好“一张图，共认“一个章，办好“一张卡”等，推进城市之间深度融合。

课题组负责人：王永苏

课题组成员：孟骞、纪鸿超、张超鹤

第九章　战略解读（二）开封建设中原现代服务业之都的目标、路径、重点与举措

一、开封建设中原现代服务业之都目标定位

（一）开封的都市地位和都市功能

开封是河南省原省会，中国八朝古都，1000 年前曾是享誉世界的大都市。开封在世界文明、中华文明、黄河文明和中原文明中都曾长期引领过时代潮流，是名副其实的都市型城市。

20 世纪 50 年代，开封由省会城市变为省辖城市，全省的政治中心、经济中心、文化中心和交通中心由开封迁往郑州，开封的城市地位随之降低，成为地区级城市。

改革开放以来，开封在中华复兴、中原崛起中焕发出新的生机。新时代将赋予开封新的使命。

第一，开封作为世界文明古都的文化影响力将得到提升。开封代表着公元 11 世纪世界文明的高度。当时，开封作为中国宋朝的都城，科技、经济、人文多方面的发展成就在世界上占有领先地位，对人类文明进步起着影响和促进作用。时过境迁虽过千年，但这种文化影响力仍然存在，且会随着改革开放的不断推进和中华民族的伟大复兴再创辉煌。

开封在中原发展大格局中的引领和辐射作用将得到加强。长期以来，开封是中原地区的中心城市，引领着中原地区的发展。近年来，开封再次回到中原发展的中心舞台，扮演着引领中原发展的重要角色。2012 年，国家批复《中原经济区规划》；2016 年，国家批复《中原城

市群规划》。在这两个规划中，开封都处在核心区域，是中原经济区和中原城市群的重要城市，承担着引领中原发展的使命和责任。

开封的都市形象将重新塑造。在中原城市群的规划中，国家支持以郑州、开封、新乡、许昌、焦作为核心区域，建立郑州大都市区。2016年年底，国家在批复《促进中部地区崛起“十三五”规划》中，明确支持郑州建设国家中心城市。开封是郑州大都市区中五个主体城市之一，在郑州大都市区中有鼎足而立的地位，对郑州成为国家中心城市有着重要的支撑作用。郑汴一体化的推进，使开封与郑州融为一体，成为郑州大都市中不可或缺的都市区。开封将以都市区的新形象在中原腹地崛起。

重塑开封的都市形象，实现开封的都市功能，开封需要谋划都市化的格局和功能。

（二）开封成为中原现代服务业之都的可能性

为谋划开封都市化的产业格局，开封市委、市政府提出了建设中原现代服务业之都的发展目标。这是一个“一业带全局”的战略目标。如能实现，开封将重新站在中原崛起的高端，以更加出彩的形象屹立在中原大地。

现代服务业是先进技术支撑、高端人才领军、新兴产业聚集、优美环境依托、高效机制运作的引领潮流的产业。在三次产业的格局中，它虽属第三产业，但它通过研发的技术引领、市场的需求引领，引导着第一产业和第二产业的发展方向，决定着这两次产业的品位和效益。国内外著名的大都市，现代服务业在其生产总值中都占有较大的比重，是大都市中最出彩的产业。

近年来，开封发展现代服务业的优势日益明显。2015年，开封的第三产业占比超过第二产业占比，是当年全省地级市中，唯一一个三产比重超过二产的城市。与同属都市区中的新乡、许昌和焦作相比，第三产业占当地生产总值的比重开封最高。特别是开封的文化旅游业，更是优势突出，特别出彩。正因如此，开封才有底气提出建设中原现代服务业之都的发展目标。

开封提出建设中原现代服务业之都，一是因为开封发展现代服务业具有历史和现实的优势；二是因为开封发展制造业受基础差、体量小所限。只有扬长避短，才能大有作为。

中原现代服务业之都的发展目标，是一个立足开封现实，面向未来的高远目标。能否实现这个目标，人们还有三个疑问：一是凭开封现有的资源条件和产业基础，能否撑得起中原现代服务业之都的大盘？二是开封的服务业发展水平能否达到应有的高度？三是开封的现代服务业在都市区和城市群中能否具有可持续领先的核心竞争力？

规模体量、品位高度和可持续领先的核心竞争力，是开封成为中原现代服务业之都的三个维度。从资源条件和产业基础上讲，开封的优势在于：①通过十多年郑汴一体化的建设，开封可都市化的产业空间不断拓展，形成了可容纳上百万人口、几千亿产值的发展空间；②开封作为都城和省城的历史，已积淀了底蕴深厚的文化，形成了门类齐全的服务业集群态势；③开封市所辖区域有500万人口，加上周边影响所及的人口，有几千万人口的市场资源，这种资源是潜在的可向都市聚集的资源。只要将上述优势发挥好、利用好，开封的现代服务业就能在城市规模、市场规模、产业规模和产值总量上达到目标要求。

从产业的品位和高度上讲，开封的服务业目前虽存在档次低、品位差的问题，但开封有其得天独厚的条件和发展上的相对优势。主要是：①开封是世界文明古都，是中国的八朝古都，历史文化底蕴深厚，文化旅游产业占有国际化和高端化的优势；②开封的服务业已创造了不少品牌，清明上河园、龙庭、禹王台、包公祠、童世界等文化景点品牌，开封第一楼、小宋城等餐饮服务品牌，新玛特、万达等现代化商场品牌，使开封的服务业有了较高的品位；③开封服务业的新业态不断涌现，档次不断提高，呈现出向高档次、高品位发展的势头。文化旅游业的高端占位，品牌优势的不断增强，发展趋势的普遍看好，开封成为中原现代化服务业之都的可能性有望成为必然性。

在郑州大都市区的产业格局中，开封的现代服务业具有恒定和可长期保持的优势。①以古都文化为基础的文化旅游业具有无可比拟的恒定优势；②在其他城市凸显生产服务业优势的同时，开封的生活服务业优势则更加鲜明，这种优势随着城市人口的增加和生活水平的提高会日益增强；③现代服务业的核心竞争力取决于文化软实力、环境吸引力和品牌影响力，这种软实力、吸引力和影响力一旦形成，就具有长期且深远的竞争力。开封只要集中优势培育和营造这种竞争力，就会长期保持领先地位。

中原现代服务业之都的发展目标对开封来说，尽管高远，但立足现实，方向把握的准。只要路选的对，政策到位，努力到位，目标的实现就是必然的。

（三）开封建设中原现代服务业之都的目标体系

中原现代服务业之都的建设目标是一个多元目标集成的目标体系。在实现的时间周期上，它可分解为若干规划期目标和年度指标。在现代服务业的业态上，它可分解为各类服务业各自的发展目标。在支撑条件和政策体系上，它可分解为不同部门和各个领域的各项目标。

如果我们将建成中原服务业之都的目标设定为20年的周期，我们可将这个达到的目标展望性地进行预测：

20年后，开封的城市人口将达到350万人左右，其中，常住人口250万人左右，流动人口100万人左右。这就要求，年均常住人口增加9万人，流动人口年均增加5万人。常住人口的增加主要通过农村的城镇化实现，流动人口的增加主要通过旅游业的发展实现。相应地开封的城市规模要不断扩大，基础设施要不断配套完善。

20年后，开封的生产总值（GDP）将达到1万亿元，其中现代服务业要占70%，达到7000亿元。这就要求，开封的现代服务业要以年均11%的速度增长，6年翻一番，20年增长6倍。

在今后20年的发展过程中，开封要对标国内一线城市和国际上著名的文化旅游城市，将各种服务业的行业标准和服务水平提高到相应档次。

二、路径选择

（一）走高端引领之路

现代服务业是包括生产服务、生活服务和公共服务在内的引领潮流和时尚的高端产业。不在高端，就无法引领。不能引领潮流和时尚，就会落伍。因此，要发展现代服务业，就必须走高端引领之路。

高端引领，首先要有高端意识。高端虽然说是相对的，但它也有绝对的高度。譬如，五星级酒店就是酒店的高端，一线城市就是城市的高端。高端意识，就是高端应有的眼界、胸怀、业态、时尚和潮流。将眼界放远，走出市界、省界、国界；将胸怀放大，装得下五湖四海的大市场；增强高端业态意识，对标一线城市的一流产业；增强时尚和潮流意识，从发展趋势和消费走向上把握产业方向。只有具备了这种高端意识，才能站在现代服务业的高端，通过人才引领、产业引领和文化引领，营造出具有独特优势的发展局面。

高端人才引领，就是通过引进或培养发展现代服务业的高端人才及其团队，占据行业的制高点，引领企业和产业不断创新，以独具优势的技术、产品和服务占领市场。

高端产业引领，就是聚集优势资源，聚焦优惠政策，培育具有品牌优势、具有持续领先能力的龙头企业，以其为核心形成集群式产业优势，引领该产业向高端发展。

高端文化引领，就是通过城市形象的塑造、文化氛围的营造、市民素质的提高、生态环境的优化，形成具有吸引力、集聚力和影响力的软实力。以这种软实力塑造形象、聚集资源、开拓市场、提高品位。

试想，如果开封聚集了上万人在国内外有学识、有成就的高端人才，形成了上百个具有技术优势、品牌优势的领军团队，开封的现代服务业就有了高端上的人才优势、品牌优势和产业优势。如果开封有十多家五星级酒店，有能召开大型国际会议的会议中心，有能广聚天下名牌产品、展示时代和时尚潮流的会展中心，有能举办大型国际比赛的体育中心，有可与国内一线城市媲美的大型高端商场、娱乐中心，开封以现代服务业为特色的都市形象就会脱颖而出。

只有走高端引领的道路，开封才能将有限的资源聚焦到高端产业上，才能打破思想意识的局限、交通格局的局限、产业基础的局限，城市规模的局限，才能以高端优势领先中原的现代服务业。

（二）谋市场功能之局

服务业的价值是通过市场实现的，服务业的品位是通过市场提升的，服务业的地位是通过市场确立的。开封要成为中原现代服务业之都，开封的服务业就必须在中原服务业大市场格局中占有较高的位次、较大的份额，具有满足本地、中原和国内外各类人员在开封消费的市场功能。这就需要从市场层次、市场占位、外向型发展等方面谋划开封现代服务业的市场功能。

1. 多层次市场体系

开封的服务业市场按消费者来源可分为本地、中原地区、国内和国际四个层次。开封应根据这四个层次分类施策。对本地市场，要根据本地居民的收入水平和生活习惯发展能满足本地居民消费需求的服务业，使本地绝大部分的消费需求在本地市场实现。对中原市场，要发展具有比较优势的服务业，通过高档次的服务设施、高品位的服务水平、性价比较高的服务效能，将中原其他地区的消费者吸引到开封市场。对国内和国际市场，要发展高端化、国际化和有特色的服务业，使开封具有能满足高端消费、外宾消费和特色消费的市场功能。

2. 高端化市场占位

开封服务业要站在中原地区的高位，具有代表中原形象、引领中原地区时尚和潮流的市场功能。具体地说：①开封的服务设施（交通、饮食、住宿、旅游、教育、医疗、卫生、生态、安全等方面的条件）要在中原地区有高位优势，给人以“看的最好、吃的最好、住的最好、玩的最好”的开封印象。②在中原地区，开封的服务水平最高、服务质量最好，能给人以关爱、温暖、贴心、舒心的切身感受。③开封具有独特的服务业态，在历史文化、旅游景点、特色产业等方面独一无二，给人以“不到开封，难遂心愿”的愿景。

3. 外向型市场拓展

开封的服务业市场不但要满足本地居民的消费需要，还要吸引外地居民到开封消费。外地消费者越多、消费比重越大，越说明本地服务业对外地具有较大的影响力、吸引力和引领力。如果外地人在开封消费的数额超过了中原其他城市外地人在其当地消费的数额，那就说明，开封具有了中原现代化服务业之都的市场功能。

这就要求，开封的服务业要以更加开放的姿态外向型发展。应有的举措是：①占领中原地区高端市场，在高端上营造各方面的优势。②根据外地消费者的不同需求，发展能满足这种需求的各类服务业。③对标国际著名旅游城市和国内一线城市，提高各类服务业的服务能力和服务水平。④发展具有独特优势的特色服务业，使开封成为特色旅游和特色消费的目的地。

为此，开封要从应有的市场功能着眼，谋划现代服务业的发展格局。重点是：

（1）本地市场以健全完善的服务体系和高品位的服务供给尽可能地满足当地居民的各种需要。本地消费总量随城市发展和居民生活水平提高同步增长。

（2）在中原地区，开封具有大型高端商场、高星级酒店、高规格会议中心和会展中心、高档次体育中心、多功能高档次科技文化中心、现代化高级游乐场、独具特色的旅游景点，吸引中原地区各类消费者在开封购物、游玩和从事商务及文体活动。

（3）在国内，除郑州外，开封成为中原地区最有特色、最有品位的城市，最能代表中原形象，最能吸引外地游客来开封旅游、购物，全国性的会议和文体活动在开封举办的次数最多。

（4）在国际，开封的文明古都形象日益彰显，来开封考察、旅游的各国宾客和游客不断增多，成为与雅典、罗马、开罗等世界文明古都齐名的旅游目的地。

（三）兴龙头优势之业

都市化城市需要都市化业态。开封要以现代服务业立“都”，就必须拥有一大批占据高端的现代服务业“龙头”。百龙齐聚，都市必兴。

所谓“龙头”，是指在行业内代表最高水平，在区域内具有高端优势，品牌优，形象好，知名度高的企业。开封的每一类服务业，如果都有一个这样的龙头企业引领，就会形成全局性的高端优势，就能在中原托起现代服务业之都的形象。

龙头企业的形成，一靠培育；二靠引进。开封自身优势凸显的服务业，譬如文化旅游业，其“龙头”主要靠培育形成。自身优势不明显的服务业，譬如文化创意产业，主要靠引进高端人才、优质团队形成。培育主要靠政策支持，引进主要靠发展吸引。自身有较好的产业基础和发展潜力，只要政策支持到位，通过行业内的市场竞争，龙头企业会自然而然产生。产业基础虽然薄弱，但发展空间大、前景好的服务业，外地的业界领军人物、实力强大的企业也会选择到开封发展，形成业界的龙头企业。

龙头企业一旦形成，就会成为业内的标杆、旗帜，就会在资源聚集、人才聚集等方面形成聚合效应，就会引领行业内的各个企业向高端发展，就会以行业标准、行业规范促使各个企业优化升级，从而形成既能服务高端又能服务各个层次的服务业态。

三、开封建设中原现代服务业之都重点领域

（一）以禹王台、繁塔为主体，建设中原历史文化博览园

开封虽是八朝古都，但能看得见的古建筑很少。位于开封市东南部的禹王台、繁塔，却是在原址上保存下来的古建筑。禹王台又称古吹台，相传春秋时代晋国著名盲人大音乐家师旷曾在此吹奏乐曲得名。西汉梁孝王在此建豪华园林，又称“梁园”。明代为纪念大禹治水，在此建禹王庙，又称禹王台。禹王台几经沧桑，承载了两千多年文明，传承

了多个朝代的历史故事。繁塔，始建于北宋初期，是开封地区最早的佛塔，也是开封地区现存最古老的建筑之一，属全国文物重点保护单位。

这两处古建筑，相距不远。可以这两处古建筑为主体，修建集古迹考察、旅游观光、中原历史文化展览、历史文化研究于一体的中原历史文化大观园。在此园内，可将中原地区的历史事件、历史人物、历史故事高度浓缩，荟萃精华，以展厅展览、影视播放、人物雕塑、戏曲表演、论坛评说等形式展示出来，形成可形象化、可艺术化、可典型化的公园式历史殿堂。

（二）全域布局、打造品牌，对标国际旅游服务水平新高度

1. 以点带面、全面布局，大力发展全域旅游

全域旅游的发展是对空间经济学理论的灵活运用，是以重大旅游项目的建设来培育新的全域旅游增长极，从而带动区域产业自发性、联动式的发展。按照空间经济学中的点轴理论，开封旅游业的全域发展，应该围绕市区现已成规模的优质景区，将市中心城区作为发展极核，以交通线路特色廊道为轴线串联全市旅游资源，开辟四县六区古、人、水、花、食、旅游一条线。开封古而有之的区位优势在天为人为中成就其灿若繁星的资源数量。县域资源的存量并不亚于市区资源，目前仅依靠部分已成规模的景区进行开发，既是对资源的极大浪费也不足以统领全市经济的发展。因此全地域发展格局的形成还需加快对郊县地区资源的挖掘，包括清官忠臣名人类、历史遗迹类、自然风光类、民俗民风类等。深度挖掘当地的古、人、水、名、花、食等吸引力要素以有效承接市区资源，延长旅游线路。通过区域联动、内外合力，构建全域旅游一体化发展格局。

2. 树立品牌意识，提高开封旅游业的知名度

增强品牌意识，倡导有形文化建设与无形文化产品的结合，以人文为灵魂，深度挖掘文化遗产，重点突出“宋都”、菊乡、“水城”三大特色，把文化元素有机融入旅游品牌打造与旅游产品研发之中，开拓大脑，精心打造“宋代皇城”“菊香水美”城市名片，开发适应中外游者

需求的旅游纪念品，形成物美价廉旅游产品体系。争取把“大宋武侠游”“水城特色游”“菊花花会赏菊游”“开封美食游”打造成为具有影响力的知名品牌。一方面，利用旅游局官方网站提供旅游咨询、旅游政务、旅游商务服务；另一方面，通过电视电影的方式宣传开封市文化，扩大开封市旅游影响力，同时通过官方微博、微信、微站传播开封市旅游资源及其文化内涵；第三方面，成立旅游信息中心运用现代化手段进行微营销以服务开封市旅游产业发展。通过河南省主导的中原经济区与郑州航空港经济综合实验区国家战略，提升开封市旅游的国内外知名度，为开封市旅游业发展的国际化打开了一个绿色通道。

3. 加大营销力度，扩大开封旅游影响力

旅游地的影响力对于正在发展中的旅游目的地来说至关重要，影响力的扩大与对外营销直接相关。依据开封市旅游发展的现实状况，其形象的塑造仍需依托文化品牌，“文化 + 旅游”战略集中发力，创造轰动的市场带动效应。一方面继续借助传统媒介，持续推广开封旅游特色品牌，提高影响力。利用媒体、娱乐界、文化界、学术界等各种展示开封形象的机会，刻画人们对开封形象的认知。另一方面要有效利用现代化、创意化等新型媒介，如微博、微信、旅游网站等自媒体渠道，有针对性且精准地进行营销。软促销与大宣传持续推进，构建全方位、多渠道、立体化的旅游营销模式。在潜移默化中培育游客消费意向，拓展消费市场，以深入人心的旅游大品牌形象，打破客源地封闭的现状。

（三）打造地标、规划滨河新区，勾画开封“黄河之都”新蓝图

通过黄河滩区改造、湿地公园建设、景观大堤建设、滨河小镇建设、黄河书院建设、黄河博览园建设以及“城摞城”的地标建设等系列工程，规划建设滨河都市新区，将开封打造成“黄河之都”。

滨河新区建设要突出滨河自然景色、滨河文化特色、滨河街区特色，围绕黄河书院、文化创意产业园和高品位多功能养老院三大主题项目，通过系统规划、有序开发建设和高效运作，将开封滨河地段的黄河

滩区改造成为集群式的滨河特色小镇。

滨河地带是得天独厚的自然景区，我们可通过河道疏浚和一系列滩区改造工程，将其建设成达到4A级标准的滨河景区。主要是：①滨河湿地公园。沿中水河道在嫩滩基础上营造亲水湿地，形成天水一色、五彩缤纷、鸟语花香、自然和谐、令人心旷神怡的湿地景观。②滨河花果园区。湿地公园往上走，在嫩滩和高滩之间，种植各种果树和花草，中原地区所有的果树、鲜花沿河铺开，形成五彩缤纷的滨河锦绣画卷。③景观大堤。花果园区再往上走，是绵延数十公里的景观大堤，大堤宛如城墙，将自然景观与人文景观既区分开来又融为一体，形成色彩层次分明、格调姿态不同的立体景观。

黄河书院典雅精致，文化气息厚重，格调高远；文化创意产业园青春活泼，创新气息浓烈，引领风骚；高品位多功能养老院尊老敬长，社会关爱风气彰显，传承文明。由这三大主题形成的三个特色小镇，相互衬托，互为印证，形成内涵丰富、品位高尚的集群式特色小镇。

滨河小镇的街区建设，融景观、产业和文化为一体，使街区寓于景观之中，文化寓于产业之中，景观体现在街区建筑、产业品位和文化格调上。小镇街区的建筑风格古朴典雅，追求精致细腻。小镇的产业以各类服务业为主，追求文化品位。小镇文化突出多种文化元素的融合，追求内涵格调。

（四）以河南大学为龙头，建设中原地区国际化智能高地

作为一所具有厚重历史的高校，河南大学学科齐全、办学层次高、教育质量好，已经成为一所拥有文、史、哲、经、管、法、理、工、医、农、教育、艺术等12个学科门类的综合性大学，先后与40多个国家和地区的120余所高校建立了友好合作关系，是世界大学联合会和亚太大学联合会成员。2017年，河南大学进入“双一流”建设高校序列。目前，河南大学拥有97个本科专业，43个硕士学位授权一级学科，24种硕士专业学位授权类别，20个博士学位授权一级学科，15个博士后科研流动站。现有教职工4300多人，其中专兼职院士14人，正、副高

级职称1700人。全日制在校生5万人，其中，研究生近1万人、留学生500人。学校拥有棉花生物学国家重点实验室、纳米杂化材料应用技术国家地方联合工程研究中心、高效显示与照明技术国家地方联合工程研究中心和抗体药物开发技术国家地方联合工程实验室，特种功能材料、植物逆境生物学、黄河中下游数字地理技术实验室等教育部重点实验室3个，黄河文明省部共建协同创新中心1个，教育部工程技术研究中心1个，省级协同创新中心4个。建有国家教育部黄河文明与可持续发展研究中心、国家教育部体育艺术师资培训培养基地、国家体育总局社会科学研究基地、国家大学生文化素质教育基地、国家中华优秀文化艺术传承基地等5个国家级教育、科研基地。办有出版社和多种学术刊物，图书馆有纸质图书520万册、电子图书700多万件。校区总面积220万平方米，建筑面积147万平方米。

河南大学是一所综合性、研究型、有较大影响的国内一流大学，具有深厚的文化底蕴和良好的教育基础。开封市应以河南大学为龙头，鼓励和支持引进国际高校、科研院所，特别是引进由高端人才团队引领的专业学科，形成若干专业上的高端优势，将河南大学建设成中原地区的国际化智能高地。

（五）以中央活动区建设为主体，集聚城市高端商贸服务功能

伴随着开封市经济较快发展，城市发展的空间格局受到一定程度的限制，市区面积在2005年以来的十年间未有变化。基于之前对城市市区第三产业发展格局的分析，开封市服务业发展的集中度还不够高，市区与周边的县的发展还存在着明显差距，呈现出一定程度的弱中心化态势，市区与县的功能联系相对薄弱，弱中心引致的规模不经济、集聚不经济降低了城市的运行效率和质量（如节假日的交通拥堵，传统服务业仍占据在市区的黄金地段等，限制了城市服务业的发展和整体竞争力的提升）。城市服务能级相对不足，城市中心性功能不全，缺乏高端服务功能引领，市一级的服务中心不强，城市整体竞争力和辐射力不强。规划建设大型国际会议中心、会展中心、文化交流中心（文化CBD）、

体育中心。在现有基础上，再建10多家五星级酒店。配套建设高端化和国际化的文化娱乐设施。

拓展CBD多元载体，打造现代化多功能的CAZ（中央活动区），围绕滨河新区发展商务、商业、会展、文娱、高端居住、技术研发等功能，完善配套服务功能，借助面向郑州和航空港的交通优势，依托黄河和城区水资源优势，大力做好新兴旅游平台建设，打造运动休闲主题公园，开展运动康体项目。配置高级学校、高档超市、五星级宾馆、高端餐饮娱乐、社区服务等相应的生活配套设施。

（六）以航空物流仓储服务为平台，深化郑汴港区域经济联系

在产业发展思路上，要以郑州航空港经济综合实验区毗邻区为主要集聚地，沿开港经济带布局，重点在航空物流及运输业、临空制造业、仓储业及相关配套服务业等产业和服务要素集聚，成为集中体现航空港对区域经济辐射带动能力的主导产业区。高起点规划航空物流园区，以区域性物流园区建设为统领，满足国际快递物流需求，逐步形成郑州航空港物流中转基地和枢纽（见表9-1）。

表9-1　开封货物周转及邮电业务量

类别＼年份	2000	2005	2010	2015
货物周转量（亿吨公里）	22	28	119	84
邮电业务总量（亿元）	4	19	64	54

积极开展面向IT、精密仪器等临空型产业的物流增值服务，引进培育临空制造业相关配套产业，稳步推进周边区域服务业配套与产业升级，引导区域特色制造业向高端化发展，在航空商务、航空文化方面发展相关产业，拓展具有较高服务水准和发展潜力的服务业新领域，提升毗邻航空港区域制造业与服务业发展水平。

（七）推进医养融合，大力发展健康养老产业

人口老龄化是世界性问题，事关发展大局、事关百姓福祉，已经成

为党和政府关注的焦点、民生事业工作的重点、广大人民群众关心的热点。河南是人口大省，老年人口基数大、增速快，人口老龄化形势日益严峻。2010—2016 年，全省老年人数年均增长 4.2%，高于全国增速近 0.3 个百分点。预计到 2020 年，全省 60 岁以上老年人口占人口总量比将达到 18% 左右。由此可见，河南省不仅已经进入了老龄化社会，而且速度在不断加快、程度在不断加深，怎么既为老年人提供高质量的养老服务，又促进健康养老产业的良性发展，是河南省面临的一个突出问题。

1. 智慧养老服务产业将在 2020 年进入成熟期

根据目前的技术和经济状况判断，2015—2017 年为智慧养老服务产业的培育期。在此期间，适应养老服务产业的法规、政策、标准和创新体系及可信交易环境将逐步建立，众多智慧养老服务企业将不断推陈出新。2018—2020 年将是智慧养老服务产业的成长期。在此期间，适应智慧养老服务产业的各类企业基本建立，创新的服务模式不断涌现，投融资市场十分活跃。智慧养老服务产业发展的重要转折点为 2020 年左右。2020 年以后，基于网络的无形市场规模会逐渐接近传统的有形市场规模，预计智慧养老服务产业在此时进入成熟期。

2. 智慧健康养老社区建设成为主要发展方向

社区是政府基层政权进行社会管理的基本单元，也是整合政府、市场资源的基础平台。养老服务以及社区的本质属性，决定了社区在智能养老服务中的基础地位。未来，智慧健康养老社区建设将成为主要发展方向。以街道（乡镇）社区为基本单元，依托社区公共服务综合信息平台，精准对接老年人服务需求和服务资源，方便服务供应商为老年人提供精准化、个性化、专业化服务；运用互联网、移动互联网、物联网等技术，开展智能化居家社区养老服务，推进养老、保健、医疗服务一体化发展。

瞄准健康养老的中高端市场，从生态环境、生活条件、医护条件、交通条件、文化品位等五个方面的高端目标提出设计标准，规划建设成规模、上档次的若干五星级的健康养老院。在规划布局上，提出要综合考虑人口密度、老年人口分布状况、服务需求、服务半径等因素，统筹规划社区养老服务设施的选址和布局。城市社区养老服务设施原则上以“15 分钟服务圈”进行服务范围测算，依据居住人口密度、社区居民百户老人等指标进行规划布局；农村地区要统筹规划社区养老服务设施和其他公共服务设施建设，原则上在村委会所在地建设。在设施建设上，新建和已建成居民住宅区应当分别按每百户不低于 30 平方米、20 平方米的标准配建；每个行政村可充分利用农家大院、校舍等闲置资源至少设置 1 处社区养老服务设施。

（八）打造特色产业之都

开封应是一个有启迪意义、敢为天下先的城市，不能因循守旧、因传统而保守。应着力打造服装设计和科幻产业两个特色产业。以服装设计引领中原的服装制造和穿戴时尚，以科幻产业引领中原的智能制造和文化创意。

服装设计是服装产业链中实现价值增值的关键环节，主要包括服装产品的设计和品牌的策划，二者既是服装产品价值增值的重要源泉，也是当今服装产业竞争的关键所在。设计产业是一种高技术含量、技术密集型的都市型产业，需要文化和经济的共同支持，同时与消费者密切相关，市场敏感度高。服装产业应将产业链核心逐渐向服装设计环节转移，将产品和品牌的设计作为战略环节，整合资源、重点发展，在新的市场条件下创建新的核心竞争力。就开封而言，可结合开封厚重的宋文化积淀，以宋文化元素为基础，同时集合开封非遗文化符号，发展服装设计产业，以服装设计引领中原的服装制造和穿戴时尚。

科幻产业是生产和销售科幻产品相关的产业，由科幻产品的创造、制作、传播和消费四个环节组成。其核心是以科学幻想为主要内容的文化创意产业，包括科幻展品、科幻出版、科幻影视、科幻动漫、科幻玩具、科幻游戏、科幻旅游等。目前，中国科幻产业已进入快速增长阶段，发展科幻产业，不仅可以带动经济发展，更能提高本地的科技创新和人才培养能力。因此，开封应通过加强对科幻产业的理论与政策研究，抓紧培育发展科幻产业所需的复合型人才和相关平台，大力发展科幻产业，以科幻产业引领中原的智能制造和文化创意。

专栏一：现代服务业建设重点领域

旅游。以禹王台、繁塔的古迹为基础，建造中原历史文化博览园（中原史博园）；加快清明上河城、朱仙镇国家文化生态旅游示范区等项目建设。加快推进我市一个中心七个分中心的旅游集散中心项目建设、龙亭区城北旅游休闲观光项目、水系一期两岸项目、祥符区黄龙湖旅游休闲度假区项目、七朝文院旅游区等项目建设。

健康养老。支持开封市民生养老院、中原养老产业示范基地项目、淮河医院医养结合项目、开封市中医院祥符健康颐和苑等项目建设。

会议会展。规划建设大型国际会议中心、会展中心、文化交流中心（文化 CBD）、体育中心。在现有基础上，再建 10 多家五星级酒店。配套建设高端化和国际化的文化娱乐设施。建成开封国际农业会展中心，规划建设国际博览中心等项目。

现代物流。加强沿 310 国道商贸物流产业带建设，加快河南广通产业物流园项目、中部国际物流建材城、中原种子科技物流园区项目、开封晟大农贸物流园等项目建设。支持华晨申华物流产业园项目、尉氏县国际绿色建材物流园项目、智能物流港项目、宏进物流二期冷链物流等项目建设。

文化教育。以河南大学为龙头，鼓励和支持引进国际高校、科研院所，特别是引进由高端人才团队引领的专业学科，形成若干专业上的高端优势，将河南大学建设成中原地区的国际化智能高地。

四、保障措施

（一）制定建设中原服务业之都的总体规划

中原现代服务业之都，是一个立意高远、内容丰富、牵涉面广、制约因素多、条件要求多、周期比较长的目标体系。要启动、推进和实现这个目标，就必须制定战略性、系统性和可调控的总体规划。

这个总体规划应包括以下内容：

（1）在中原大战略格局中具有协同、合作和共赢的立足点和着眼点。明确中原服务业之都在中部崛起、中原经济区、中原城市群、郑州大都市区和郑州国家中心城市诸多战略格局中的目标定位，指出与各战略层面的正相关意义，强调相对优势的充分发挥和与其他城市的错位发展。

（2）开封发展现代服务业的总体格局。各类服务业按优先发展的顺序依次排列，譬如：文化旅游业，文化创意产业，金融保险业，商贸业，物流业，健康养老产业等。每类产业都有一个较为明晰的空间布局和功能定位，强调每类产业都能形成有品牌引领的集群优势。

（3）现代服务业对标的行业标准。各类服务业要走国际化、高端化、精细化的发展道路。国内对标一线城市、国际对标著名旅游城市，在业务规范、业务水平、服务条件、服务质量、考核指标等方面在一定期限内达到应有水平。

（4）营造发展现代高端服务业的城市环境。在基础设施、配套条件、城市建设、城市管理、生态治理、安全便利、公共服务等方面按照都市化的功能和品位进行升级改造。

（5）营造支持和保障现代服务业可持续顺利发展的体制机制和政策环境。学习和借鉴国家自贸区的先进经验，创新管理体制，建立高效的运作机制，不断推出能解决问题、促进发展的政策措施，实行负面清单的管理办法，及时解决各种阻滞发展的一系列问题。

将总体规划制定成一种可适时调控的滚动式规划，每年调整一次，使之具有切实、可行、有效、可控的规划效能。

（二）规划建设承载现代高端服务业的都市新区

现代服务业是由一系列高技术含量、高品位服务的新业态构成的引领时尚和潮流的第三产业。与制造业相比，它需要更安静、更优雅、更美丽、更有文化氛围的城市环境；与传统服务业相比，它需要更高档次的服务设施、更加完善的配套条件和更高品位的服务水平。

开封的城市建设有一个从都城到省城再到普通城市的历史演变过程。它的城市功能也从服务全国到服务全省再到服务地区的演变。我们现在的目标是建设中原现代服务业之都，它的服务对象不再是本乡本土的城乡居民，而是各国外宾、全国各地的游客和来自五湖四海在开封创业就业的人士。要具备这种都市型的功能，开封的城市面貌和城市功能需要脱胎换骨的转变，从适应一般制造业和传统服务业的普通城市发展成适应现代服务业发展的都市型城市。

要建设这样的都市型城市，一是靠旧城区的升级改造；二是靠新都市区的规划建设。旧城区的空间面积有限，最多能容纳 100 万人口。再说，旧城区受原来的基础设施、空间布局和风格品位所限，很难满足现代服务业高规格、高品位的需要。

因此，开封要建成中原现代服务业之都，就必须下决心、下功夫建设都市新区。郑汴一体化，将开封西区与郑州东区连在了一起，形成了可都市化的郑汴新区。郑汴新区的建设，为开封的都市化奠定了基础。没有郑汴新区，就没有河南自贸区的开封片区。

开封都市化的格局应在此基础上进一步拓展。经多方面的比较，我们认为在开封北部、黄河大堤以南规划建设滨河都市新区最为适宜。①该地段紧靠龙亭区，东西向的郑徐高铁、连霍高速、东京大道、黄河大堤四条通道在其南北两侧，道路交通及基础设施投入较少；②该地段属未开发的城乡结合部，城市建筑和村落较少，搬迁成本低；③该地段的南侧有河南大学、开封大学、黄河水利职业技术学院等高等院校依次布局，属知识密集型区域，适宜发展高技术、高智能和高品位的现代服务业；④它位于黄河南岸，可通过黄河滩区改造、黄河湿地建设、滨河小镇建设、滨河景区建设，彰显黄河文明的新形象，可将滨河都市新区打造成黄河之都，由此衍生出与黄河文明传承相关的现代服务业。

都市新区的建设，要着眼于未来、着眼于高端，对标国际旅游城市和国内一线城市。在产业项目落户前，要将其打造成绿草茵茵、鸟语花香、环境优美、交通便利、文化品位浓厚的生态园林和文化园区。

（三）实施品牌带动战略，以品牌效应聚集优质资源，发展优势产业

品牌代表形象，代表高度。开封服务业向高端化、现代化和国际化发展，需要有一个百花齐放、百舸争流的局面。形成这个局面需要高端引领，品牌带动是事半功倍的路径。否则，遍地开花，无序发展，将会浪费资源，出现低端劣质产业挤占高端优质产业市场和资源的现象。

品牌带动战略是优质资源向品牌产业（企业）聚集、优惠政策向品牌产业（企业）聚焦的集约化发展战略。该战略的主要内容是：①以优惠政策鼓励和支持各类产业及其企业争创品牌；②对创出品牌的产业（企业）在扩大规模、开办分支、形成集群优势等方面，在土地、场所、融资、引进人才、对外合作等方面给予支持；③保护品牌产业（企业）的知识产权；③鼓励和支持品牌产业（企业）产业链的拓展和延伸，带动相关产业（企业）共同发展，形成以品牌为核心的集群式发展格局。

（四）建设各类创新平台，以平台驱动创新，以创新引领发展

创新驱动战略的实施需要“点火驱动的发动机”，需要驱动平台的引领。如果说服务业的大盘是“千斤”，则需要拨动千斤的“四两”；如果说技术、人才、资金是拨动“千斤”的“四两”，则需要拨动“四两”的“四钱”。各类创新平台就是“四两拨千斤”的“四两”，各类创新平台的核心技术和领军人才则是“四钱拨四两”的“四钱”。各类创新平台的建设就是解决“四两”和“四钱”的问题。

创新的技术平台是由专业领域的高端技术人才组成的技术研发、技术成果转让、技术指导团队，其核心是核心技术的形成。建设这个平台，需要引进和培育掌握核心技术的高端人才及其团队。

创新的投融资平台是由金融领域的专家团队和金融及非金融机构组成的具有项目评估、风险评估、资金融通、金融工具利用等多功能的成

体系的运作机制，其核心是资金对项目支持链的形成（财政资金、银行资金、风险资金、社会资金的综合利用）。建设这个平台，一方面需要引进和培养高素质金融人才；另一方面需要引进和组织有实力的金融和非金融机构。

创新的智库平台是由各方面具有预见性、策划能力和运筹能力的高级专家构成的谋略机构，其核心是提出方向性、战略性问题并能解决问题的战略策划大师。建设这个平台，需要聚集各方面的谋略专家。

创新的项目服务平台是由各方面具有项目策划、项目合成、项目指导能力的高端人才组成的项目服务体系，其核心是促生出优质项目并能将项目付诸实施的专家团队。建设这个平台，需要聚集各方面具有项目开发和运作能力的专家团队。

创新平台是由领军人才、专家团队、高效运作机制构成的出智慧、出思路、出技术、出项目、出设计、出谋略的创新发源地。创新驱动战略实施的格局和效能，取决于这些平台为它提供的方向性、路线性和策略性的创新引领。

创新平台建设是开封的短板。缺少这些平台，就很难聚集优质和高端的创新资源。要补齐这个短板，关键是找到建设这些平台的领军人才。

（五）引导民营经济向现代服务业发展

民营经济相对于国有经济来说，资金少、规模小，发展规模较大的制造业有难度。但在发展服务业方面，民营经济则具有自主度高、市场反应快、灵活性强的优势。在乡村资源向城市资源聚集，乡村产业向城市产业转化的过程中，民营经济发挥着主要作用。

建设中原现代服务业之都，为开封民营经济的发展带来了新的机遇。开封市委、市政府应顺势利导，将民营经济引入发展现代服务业的道路。应有的举措是：①列出发展现代服务业的产业目录（可细化），并配套相应的政策措施，公布于众；②召集有品牌、有规模、有实力的民营企业家开座谈会，介绍开封发展现代服务业的政策措施，解答疑问，引导他们选择适合自己的产业方向；③鼓励和支持各类创新平台与民营企业的对接，解决民营企业人才、技术、资金等方面的难题；④对在县、乡（镇）、村发展较好的民营服务业（特别是有绝活、有品牌的企业或个人）重点培育，条件具备时，支持他们到市区发展；⑤成立开封民营企业发展现代服务业促进会，鼓励该会以民间组织的形式制定章程和规则，进行行业管理，促使各行业规范服务，上规格、上档次、上品位。

开封的民营经济有很大的发展潜力，如果能将这种潜力变成发展现代服务业的实力，开封建设中原现代服务业之都这盘大棋就走活了。

课题组负责人：张振立

课题组成员：孟骞、娄春杰、杨建涛、王征

第十章　战略解读（三）开封新经济的发展战略与路径

一、开封市传统工业缺乏增长空间

（一）开封市工业在河南省整个工业体系中的地位并不突出

中华人民共和国成立以来，开封市的工业基础尤其是轻工业的基础还是相当不错的，但是其中一些积极的工业因素在改革开放的浪潮中已经难觅其踪影，造成开封市工业地位的不断下降。虽然这种下降趋势由于郑汴一体化的深入推进得到逐步纠正，但由于开封的工业基础太过薄弱，这种在一定程度上的纠正对开封市工业在河南省工业体系的地位并没有得到根本改善。列举了 2006 年、2016 年河南省各省辖市工业增加值占河南省工业增加值比重的变化情况，可以看出，在 2006 年开封市工业增加值占河南省的比重为 3.0%，仅高于面积和人口规模较低的鹤壁（2.1%）和济源（2.0%）两市。而到 2016 年开封市工业增加值占河南省的比重上升到 3.7%，也是仅高于面积和人口规模较低鹤壁（2.6%）、漯河（3.6%）和济源（1.9%），和 2006 年不一样的是工业规模在河南省的位置总体来说得到了提高（见图 10－1）。但是，要清醒地认识到，从时间趋势来看开封市工业在河南省的总体情况虽有所改善，但是这种改善是建立在比较脆弱的工业基础之上，绝对规模还比较低。

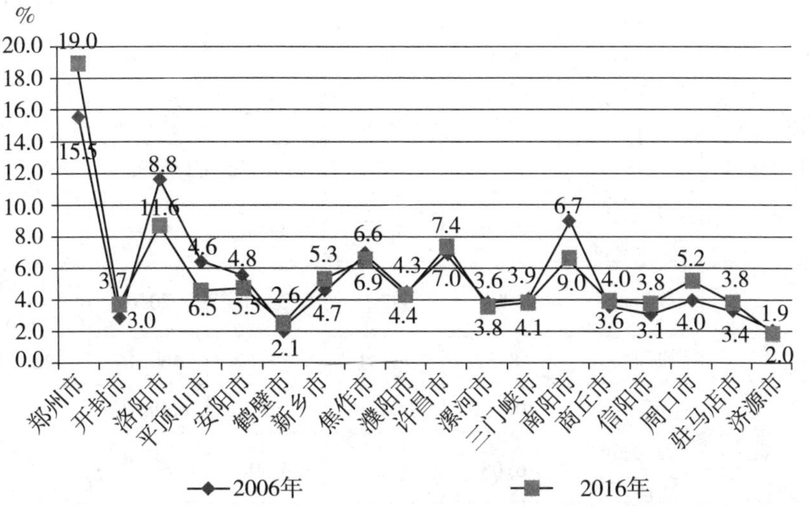

图 10－1　2006 年、2016 年河南省各省辖市工业增加值占河南省比重变化

（二）开封市传统工业发展后劲总体不足

开封市现有产业体系可以概括为“4＋3＋3”产业集群，即装备制造及汽车和零部件产业集群、农产品加工产业集群、化工产业集群、纺织服饰产业集群等 4 个传统产业集群和新能源新材料产业集群、电子信息产业集群、生物医药产业集群等 3 个新兴产业集群以及文化旅游、商贸物流、健康养老等 3 个服务业产业集群，其中四大传统工业产业集群无疑是开封市经济实力进入全省第一方阵的重要载体。但是经过多年的发展，开封市四大传统工业的发展并不理想，表 10－1 列出了 2000 年、2005 年、2010 年、2016 年四个年份开封市四大产业发展情况。

表 10－1　代表性年份开封市四大传统产业主营业务收入情况

	年份	2000	2005	2010	2016	2001—2016 年均增长（%）
装备制造及汽车和零部件制造（亿元）	开封市	27.83	60.05	247.73	668.15	21.98
	河南省	558.97	1580.92	6851.59	21764.59	25.72
	开封市所占比重	4.98	3.80	3.62	3.07	—

续表

	年份	2000	2005	2010	2016	2001—2016年均增长
农产品加工（亿元）	开封市	24.79	46.28	167.43	542.17	21.27
	河南省	430.16	1373	4829.02	11679.58	22.92
	开封市所占比重	5.76	3.37	3.47	4.64	—
化工（亿元）	年份	2000	2005	2010	2016	2001—2016年均增长
	开封市	18.32	45.31	134.57	460.16	22.32
	河南省	302.99	847.97	2855.91	6608.26	21.25
	开封市所占比重	6.05	5.34	4.71	6.96	—
纺织服饰（亿元）	年份	2000	2005	2010	2016	2001—2016年均增长
	开封市	11.99	27.29	115.66	315.03	22.67
	河南省	201.13	400.31	1636.52	4071.87	20.68
	开封市所占比重	5.96	6.82	7.07	7.74	—

四大传统产业中装备制造及汽车和零部件制造是开封市第一大传统主导产业，也是开封市要极力壮大的头号产业。在2000年、2005年、2010年、2016年该产业主营业务收入分别为27.83亿元、60.05亿元、247.73亿元、668.15亿元，2001—2006年均增长21.98%，占河南省比重分别为4.98%、3.80%、3.62%、3.07%，呈不断下降态势，2001—2006年均增长速度也是落后于河南省3.74个百分点。

从农产品加工来看，该产业是开封市第二大传统主导产业，四个代表性年份开封市该产业主营业务收入分别为24.79亿元、46.28亿元、167.43亿元、542.17亿元，2001—2006年均增长21.27%。但是四个代表性年份开封市该产业主营业务收入占河南省比重分别为5.76%、3.37%、3.47%、4.64%，以郑汴一体化战略实施为分界点呈现出先下降后上升态势，但2016年还要比2000年的水平低1.65个百分点，可见该产业近年来增长乏力可见一斑。

与上述两大产业集群在河南省的相对地位不断下降形成反差的是，化工和纺织服饰两大产业集群主营业务收入占河南省比重却相对上升，占河南省的比重大都超过河南省平均水平（5.56%），2001—2006 年均增长速度也都高于河南省平均水平。虽然开封市化工产业集群表现较好，但是受制于产能过剩、环保趋严等宏观环境制约，该产业未来上行空间有限。

可见，在四大传统工业中，除了第四大产业即纺织服饰外，前三大主导产业的发展趋势并不太理想，开封市想要通过传统产业的发展难度很大，急需要寻找新的突破口。

（二）开封市传统工业缺乏带动能力强的龙头企业

火车跑得快，全靠车头带，工业发展需要一批上规模、上档次的龙头企业导航引路。龙头企业具有市场化程度高、经济体量大、产业链条长、资源承载力强等特点，对区域经济的拉动作用十分明显。另外，龙头企业对一个地区产业的纵向合作和横向整合具有十分重要的意义，通过龙头企业的名牌产品优势，采取兼并、重组、整合、合作等手段，不断进行企业规模的扩张和品牌扩张。但从 20 世纪 90 年代以来，各行各业的龙头企业对于开封来说都是奢侈的存在，龙头企业缺失造成开封市工业难以形成合力和规模经济效应。表 10－2 列举了郑州大都市区四个次级中心城市百强民营企业概况，可以看出开封市仅有两家企业上榜，且在全省排名都在 50 名开外，四大传统主导产业中只有一家主营粮食机械制造的开封市茂盛机械有限公司上榜。

表 10－2　2017 年开封、新乡、焦作、许昌四市百强民营企业概况

排名	企业名称	所在地	营收（亿元）	排名	企业名称	所在地	营收（亿元）
57	开封市茂盛机械有限公司	开封	26.95	31	河南心连心化肥有限公司	新乡	59.3
84	开封制药（集团）有限公司	开封	17.88	32	新乡新亚纸业集团股份有限公司	新乡	58.93

续表

排名	企业名称	所在地	营收（亿元）	排名	企业名称	所在地	营收（亿元）
12	金龙精密铜管集团股份有限公司	新乡	152.73	36	河南科隆集团有限公司	新乡	52.44
20	卫华集团有限公司	新乡	100.87	41	豫飞重工集团有限公司	新乡	42.79
排名	企业名称	所在地	营收（亿元）	排名	企业名称	所在地	营收（亿元）
59	河南省矿山起重机有限公司	新乡	25.91	5	河南森源集团有限公司	许昌	307.86
62	河南驼人医疗器械集团有限公司	新乡	25.28	6	河南黄河实业集团股份有限公司	许昌	206.61
26	中原内配集团股份有限公司	焦作	68.48	7	河南众品食业股份有限公司	许昌	203.85
56	河南超威电源有限公司	焦作	27.13	9	河南金汇不锈钢产业集团有限公司	许昌	156.63
63	龙蟒佰利联集团股份有限公司	焦作	24.83	17	河南瑞贝卡控股有限责任公司	许昌	108.52
79	多氟多化工股份有限公司	焦作	19.21	77	西继迅达（许昌）电梯有限公司	许昌	19.63
				80	许昌远东传动轴股份有限公司	许昌	19.17

更重要的是，在郑州大都市区建设背景下，开封、新乡、焦作、许昌等地市都在深度融入郑州，生产要素会面临进一步的重新优化配置，而龙头企业必然是各地市资源配置权争夺的最重要的载体，开封市龙头企业缺失将会使得开封市在传统工业体系里更加举步维艰。

（三）开封市传统工业投融资能力弱且效率低

开封市龙头企业不足也意味着整体的资源利用效率的低下，表10－3详细列举出了2016年河南省各省辖市规模以上工业企业资产负债率与全员劳动生产率情况。从资产负债率来看，企业的资产负债率应该保持在一个合理的范围，太高意味着风险较大，太低意味着利用外部资金的能力较弱，一般来说临界点的理论数据为50%左右。而开封市规模以上工业企业资产负债率为 31.7%，明显低于 50%，仅比周口（25.1%）、驻马店（29.9%）稍高，说明开封市规模以上工业企业融资能力和投资能力较差，企业的发展会受到限制；而全员劳动生产率更是如此，2016 年开封市全员劳动生产率为 140997 元/人·年，为全省倒数第一，在较大程度上说明开封市规模以上企业生产技术水平、经营管理水平、职工技术熟练程度和劳动积极性的综合表现在全省垫底。

表 10－3　2016 年河南省各地市规模以上工业企业资产负债率与全员劳动生产率对比情况

地区	资产负债率（%）	排名	全员劳动生产率（元/人·年）	排名
全省	47.7	—	232740	—
郑州市	59.1	1	270390	6
开封市	31.7	16	140997	18
洛阳市	57.0	2	258045	8
平顶山市	54.1	5	190868	15
安阳市	56.8	3	296780	3
鹤壁市	49.1	8	226016	12
新乡市	51.6	7	240960	10
焦作市	39.1	12	240954	11
濮阳市	34.1	14	316429	2
许昌市	37.8	13	286117	5
漯河市	34.1	14	265068	7
三门峡市	56.2	4	288931	4
南阳市	46.4	9	205917	13
商丘市	39.3	11	184905	16
信阳市	40.8	10	168241	17
周口市	25.1	18	242896	9
驻马店市	29.9	17	195077	14
济源市	53.9	6	321084	1

另外，开封市的产业结构虽然比较轻，但是水资源和能源的消耗效率却并不低。表 10－4 列举出了 2016 年河南省各省辖市规模以上企业单位工业增加值的耗水和耗能量，可以看出，开封市单位工业增加值取水量和能源消费量分别为 23.86 万吨/亿元、0.81 万吨标准煤/亿元，在 18 省辖市中分别排第 5 位和第 8 位，水资源和综合能源消耗排名均比工业排名高。

表 10－4　2016 年河南省各省辖市规模以上工业企业耗水、耗能情况

地区	取水总量（万吨）	综合能源消费量（万吨标准煤）	工业增加值（亿元）	单位工业增加值取水（万吨/亿元）	单位工业增加值综合能源消费量（万吨标准煤/亿元）
全省	340890	14396.83	17526.88	19.45	0.82
郑州市	61923	1785.32	3331.6	18.59	0.54
开封市	15390	524.38	645.08	23.86	0.81
洛阳市	30783	1512.97	1541.51	19.97	0.98
平顶山市	25778	1040.17	811.65	31.76	1.28
安阳市	17405	1656.99	836.37	20.81	1.98
鹤壁市	4473	356.98	460.45	9.71	0.78
新乡市	19277	1016.94	926.25	20.81	1.10
焦作市	24141	1075.9	1160.55	20.80	0.93
濮阳市	10219	477.29	759.86	13.45	0.63
许昌市	10852	633.06	1299.11	8.35	0.49
漯河市	9993	275.58	632.21	15.81	0.44
三门峡市	17142	943.61	676.18	25.35	1.40
南阳市	19205	745.83	1174.51	16.35	0.64
商丘市	9030	506.04	699.24	12.91	0.72
信阳市	34192	528.62	660.15	51.79	0.80
周口市	9728	129.67	918.1	10.60	0.14
驻马店市	11645	453.57	667.7	17.44	0.68
济源市	9713	733.91	326.36	29.76	2.25

二、创新驱动引领下的新经济的内涵理解

对新经济的理解，可以从两个层面认识：①技术层面，诸如新技术、新材料、新能源等，主要指向生产制造方面的创新与应用；②运营模式，诸如新组织、新业态、新规则、新机制等，除了影响生活方式的消费领域外，更重要的是互联网企业与制造企业、生产企业与服务企业之间的跨界融合。

新经济主要的形态有：数字经济、智能经济、无人经济、共享经济、体验经济等。

值得注意的是，新经济对产业发展带来结构性的变化主要表现为：①从强调价值链上下游的分工，到提倡价值网络上的交互与协同；②从注重自身内部研发，到拥抱众包的力量；③从重视领域内的精耕细作，到讲求跨界的组合式创新。大规模协作逐步走向主流，对原有的生产组织体系、企业边界以及劳动雇佣关系形成了新一轮的冲击。

这次中央经济工作会议对于提升中国产业竞争力提出了新要求。①提升产业链水平。当前全球竞争已经深入到产业链上的竞争，早已超越了单个企业之间的竞争。②注重利用技术创新和规模效应形成新的竞争优势。前者是通过创新驱动形成产品差别化，后者是通过规模化发展降低成本。③培育和发展新的产业集群。企业的竞争形态，已经由单体企业之间单一的竞争，演变为产业集群内部企业与企业之间的竞争、集群与集群平台之间的竞争、集群与非集群之间的混合竞争，以及本国集群与国外集群之间的全球竞争。

三、新经济典型案例及其经验总结

（一）鹤壁市光电子产业案例

1. 鹤壁市光电子产业发展过程

河南仕佳光子科技股份有限公司是鹤壁市近年来重点培育的一家创新型企业。其前身仕佳通信很早便进入光纤通信行业，但企业如国内其

他同类企业一样，处在价值链低端，只是扮演着组装厂的角色，利润微薄。但2009年开始，与中科院半导体所接触，并签订合作协议，2010年10月，由中科院半导体研究所集成光电子国家重点联合实验室承担的PLC型光分路器芯片产业化项目落户鹤壁，河南仕佳光子科技股份有限公司于2010年10月26日在鹤壁市工商行政管理局正式登记成立。

为了解决仕佳光子急需的高端研发人员，中科院半导体所起初组织了5名科技骨干赶赴鹤壁实施科技成果转化，随着双方合作的深入，2011年该团队扩大到11人组成。团队的理论成果和现实经验非常丰富。2011年6月PLC型光分路器芯片在鹤壁国家经济技术开发区仕佳光电子产业园的光电集成河南省（鹤壁）工程实验室内诞生，2012年2月开始制作流片，3月项目投产，7月量产。随后芯片的稳定性和良品率不断得到提升，2013年达到国际先进水平。2013年仕佳光子的产能从每月几百张晶圆扩大到每月1000张，到2014年上半年，日企已经基本全部退出中国市场，韩企也仅剩4家企业。从2014年第四季度开始，仕佳光子成为国内唯一可以量产PLC型光分路器芯片的厂商，其生产的PLC型光分路器芯片已经占全国市场份额50%以上，年出货量2000万片，逐渐拥有了话语权甚至定价权，仕佳光子完成了从默默无名到全球最大的光分路器芯片供货商的华丽转变。同时，在PLC芯片技术的基础上，技术人员又研发出AWG阵列波导光栅和VOA可调谐光衰减器芯片等新品，仕佳光子多元化“芯”战略逐步成型。

以仕佳光子为核心的关联产业集群和产业生态也逐步形成，河南标迪通信技术有限公司PLC型光分路器封装能力达到500万套，占全球市场份额的30%；整个光电子产业的光跳线、光组件年产3000万条，占全国市场份额的14%，产业建设也被纳入了《河南省电子信息产业转型升级行动计划》。PLC型光分路器芯片项目获2014年度中科院科技促进成果一等奖、2015年鹤壁市科技进步一等奖，PLC型光分路器芯片项目及后来研发的阵列波导光栅芯片项目获2016年河南省科技进步一等奖，光网络用光分路器芯片及阵列波导光栅芯片关键技术及产业化项目荣获国家科学技术进步奖二等奖。

2. 鹤壁市培育光电子产业的成功经验

第一，主动对接引进中科院半导体所科研团队是最关键的因素。鹤壁市光电子产业发展离不开中科院半导体所高度重视和深度参与，同时中科院河南中心提供了大量咨询、协调和服务工作，使科研人员转移转化工作得到有力支持。目前双方已经不仅仅是合作关系，已经形成了你中有我我中有你的良性发展态势。仕佳光子已成为中科院半导体所的研发平台之一，对半导体所承接更多的国家级科研新项目以及项目转化等都非常有利。依托半导体所的研发力量和人员储备，仕佳光子现已拥有博士生等高级技术人才 50 余人，已建设 5 个省级研发中心，其中有国家发展改革委批准的“光电子集成技术国家地方联合工程实验室”“河南省光电子技术院士工作站”与河南省发展改革委批准的“光电集成河南省工程实验室”等。为了进一步加强双方的合作，2015 年 1 月 22 日由王圩院士牵头在鹤壁共同组建了中国科学院半导体研究所河南研究院，并组建了先进的 DFB 激光器芯片、器件研发生产平台，为高端光电子核心芯片进一步发展打下了坚实的基础，鹤壁市光电子产业的产、学、研、用一体化平台更加完善和有效。

第二，以商招商成集群。仕佳光子这一核“芯”企业的崛起带动了与之配套的相关企业的落地生根并发展起来，坚持走“龙头 + 基地 + 集群”的发展之路。2015 年 5 月为仕佳光子生产的 PLC 型光分路器芯片提供封装作业的上海标迪科技有限公司在鹤壁落地，之后与标迪科技封装相配套的企业如腾天光通信、威讯光电、仕佳通信等也相继在鹤壁落地，这些企业主要生产封装所需的跳线及光纤等产品。而这些后来落地的企业都有自己熟悉的产业生态，这些企业也会带动他熟悉和所在的产业生态中的企业来鹤壁共谋发展，如威讯光电负责人介绍惠州鑫惠诺到开发区投资，而惠州鑫惠诺又将上游公司河南塞纳引进来，河南塞纳又将成都一家光电子企业介绍过来，这样，鹤壁市的光电子产业就像滚雪球一样越滚越大，势能越来越强，目前已形成芯片、模块、光连接器、封装、光纤光缆等完整的产业链。通过充分发挥龙头企业的示范带动效应，一个完整的、有竞争力的产业链生态逐步形成。

第三，政府目标明确，政策保驾护航。在硬环境上，鹤壁市制定了“中原光谷发展规划”，以高质量规划引领高质量发展，避免发展的无序和盲目。同时邀请知名行业专家做中原光谷产业顾问，定期面向辖区光电子企业举办光电子产业专题讲座、研讨会、成果展示会等，搭建了一个为各界人士提供市场、产业、技术和投融资的交流平台。2018 年 9 月 5 日鹤壁市在深圳举办了中国国际光电博览会鹤壁市光电子产业暨中原光谷推介会，加大了中原光谷的宣传推广力度，“中原光谷”已经成为鹤壁市的一张新的靓丽名片。鹤壁市为光电子产业符合主导产业方向、新取得专利证书的国家发明专利、实用新型专利等，对专利权属单位给予全额奖励，2017 年光鹤壁市经济开发区为仕佳光子等企业兑现专利发明奖 68.6 万元，兑现企业引进高端人才奖励 8 万元等。鹤壁市准备联合中原证券公司成立光电子产业基金，重点支持高端芯片、核心器件等关键技术研发、国外先进技术引进、先进技术成果转化项目实施以及骨干企业培育。同时，为了解决企业可能面临的实际困难，鹤壁市向主要企业派驻驻厂干部，驻厂干部每个星期要到企业实际了解情况，对企业实际困难的解决起到了很好的作用。

（二）沈阳机床的智能制造和共享式商业模式

1. 沈阳机床智能制造的发展过程

沈阳机床肩负着我国机床制造业从传统向现代、从中低端向高端发展的重要使命，但数控机床的核心技术长期以来被日本、德国掌握。2007 年 10 月，沈阳机床成立上海研究院，这样做既能够在母体之外搭建一个市场化的创新平台，同时又能够借助当地的人才和实验资源。2012 年 10 月，数控技术研发团队终于攻克运动控制核心技术，成功开发出了完全自主知识产权的“i5 智能数控系统”（i5 是五个英文单词的缩写，即 Industry、Information、Internet、Intelligence、Integration，这五个词正是沈阳机床10年来的汗水与泪水浓缩的结晶），形成10余项发明专利和30多项软件著作权及实用新型专利，i5数控系统成为中国第一个不跟随外国领先者的技术轨道而开发出来的数控系统。

2014年2月，研发逾5年的核心竞争力产品i5系列智能机床正式问世。2015年3月，基于i5智能机床的“i平台、云制造”智能系统又正式发布。i5智能机床就像是iPhone手机本身，而i5平台就类似是苹果的App store，当越来越多的i5机床加入到i平台时，这个生态也就自动成为“云”，每一台设备都变成了一台拥有智能、互联性能的通信设备。依托机床智能、互联的优势，沈阳机床集团面向企业和区域，签约建设有76个智能工厂和12个智造谷，实现了机床工业的分享式经济，用户无需购买机床，带着订单即可入驻生产。这个模式是基于机床全生命价值分享的创新商业模式，是一个云生态，其核心在于提供了一个新的工具和平台。在这个模式里工程师可以在家做软件，为多家企业在云端提供服务。产业工人也不必长期待在车间，可以通过平台进行创新创业，已经从单纯的制造企业向服务型制造转型，剑指“工业高端服务商”。当下的沈阳机床集团，正依托旗下优尼斯工业服务公司和智能云科信息科技有限公司，努力从传统制造业向工业服务商转型，打造基于“工业互联+云服务+智能终端”的创新商业模式，搭建iSESOL云制造服务平台。

2. 沈阳机床在智能制造转型的成功经验

第一，高度重视核心技术研发。虽然作为中国最大的机床厂商，企业领导人对研发技术和所依赖的环境非常清楚，把研发中心设在了技术、人才、市场、信息等相对集中的上海，为核心技术的产生奠定了基础。

第二，企业战略融入到城市战略中。沈阳市是《中国制造2025》试点示范城市，而沈阳机床的异军突起正好成为沈阳市实施《中国制造2025》的主体企业。2016年5月24日沈阳市人民政府办公厅印发了《关于支持沈阳机床集团i5战略计划的实施意见》（沈政办发〔2016〕

60 号），通过按年度支持沈阳机床集团 i5 战略计划相关项目的实施，促进企业建成产业协同、产品开发、服务创新新体系。

第三，智能制造意味着商业模式的转变。沈阳机床的全生命价值商业模式意味着公司在生产、销售、运营等方面要发生裂变。2018 年 1 月 4 日，沈阳机床与国银租赁签署 50 亿元的战略合作协议共同探索在互联网、物联网、大数据技术平台支撑下的设备租赁业务，融资租赁将打破机床产品直接销售给终端用户的传统模式，通过建立加工中心，让更多加工企业共享 i5“智造”能力。同时，沈阳机床牵手腾讯在工业云领域展开深度合作，双方将充分发挥各自在行业内的资源、技术优势，聚合工业领域上下游优质资源，推广价值共享的商业模式，推进云计算在工业领域的应用，丰富互联网解决方案的应用场景，在工业物联网、智能制造、AI 大数据、互联网金融结算等方面开展深度合作，实现共同发展。2018 年 8 月底，智能云科与中国银行浦发银行合作，打造 iSESOL 供应链金融业务，三方共同探索通过独特的大数据增信模式，为线上平台客户提供高效率、低成本的供应链金融解决方案和服务，打造供应链金融新生态，形成工业互联网平台上普惠金融发展的新模式。

（三）成都市生物医药产业案例

1. 成都市生物医药产业的代表性案例

成都高新区制定了发展生物医药的顶层规划，就引进的人才，给予支持、培育成长，目前成都高新区拥有国家千人计划专家 100 多名，生物医药企业 1000 多家，成为令人刮目相看的生物医药研发重镇。

吸引高端人才做法之一是对企业进行补贴，企业有了去国外挖人的底气。在政府政策的支持下，成都海创药业有限公司创始人陈元伟组建了一个由国际生物医药的大公司前高管或顶级大学专家组成的 5 人核心团队。陈元伟等高端人才的先期入川，带动了后续人才的不断集聚。2016 年三位生理学或医学诺贝尔奖得主携其团队落户成都高新区。另外，对高端人才的政策持续时间比其他地区要长，目前全国的人才政策多数以 3 年为期限，但 3 年对生物医药企业来说才刚起步，目前成都高新区每年会在创新创业 5 年以上的企业中，遴选一批企业，支持其长期发展。

人性化的服务是成都高新区引才、留才的重要法宝。2014 年，在海外高新科技人才洽谈会上，成都高新区引进的国家千人计划专家、美国毒理科学院康裕建教授当时向嘉宾阐述 3D 生物打印研究构想，没料到成都高新区负责人当即表达了合作愿望，四川省人民医院副院长邓绍平更是当场向康裕建表示，如果你能成功，我愿意第一个做 3D 生物打印技术制造人造器官移植手术。成都高新区帮助康裕建搭建了研究平台，他的设想得到了多方位的支持，让他对创业有了更多底气和信心。

为解除高端人才生活上的后顾之忧，成都高新区推出了许多特殊政策。在子女教育方面，高端人才的子女可以选择中小学，只要他们提出要求，高新区就会为他们“牵线搭桥”、帮忙办理具体事宜；在就医方面，开辟专门的“绿色通道”，高端人才可以提前预约华西医院的专家，随到随诊；为消除引进人才的“孤独感”，在成都高新区的帮助下，陈元伟创建了高新区人才发展促进会，经常举办各类活动，让归国人员有了自己的“朋友圈”；针对一些外籍人才“办证难”的问题，成都高新区还拟推出“地方粮票”，帮助他们解决在买房、办银行卡等方面的难题。

2017 年 11 月 9 日，成都市新经济发展大会隆重召开，将生物医药产业的发展纳入了 2022 新经济发展的战略板块内，更多生物医药领域的人才将会接收到这个信号，在人才与落户等一系列新政的持续红利下涌向成都。这些因素都将促进生物医药产业的下一步升级，也为成都新经济的发展贡献力量。

截至目前，成都高新区引进的高端人才没有一人跳槽到沿海发达地区去创业。一个人才创办一家企业，一家家企业聚集成一个产业，在这里诞生了海创药业、先导药物、蓝光英诺、奥泰医疗、优途科技等一批有潜力的生物医药企业。除了全球首创 3D 生物血管打印机，这里还研制出国内首台具有自主知识产权的超导磁共振医学成像系统、国内首款智能掌上超声设备，以及陆续进入临床的多款创新药，成都高新区的生物医药产业将给世人更多惊喜。

2. 成都市生物医药产业的成功经验

第一，引入高技术团队和领军人才。成都市生物医药代表性企业的负责人都是行业的领军人才，也都在高规格的科研院所和生物医药企业长期从事相关研究和市场开发，人才对该产业的影响可见一斑。

第二，要培育相关产业环境，包括基础设施环境和产业发展环境。正是成都市高新区在办公条件和科研条件等的先期投入，才让追求效率的生物医药企业不断落地生根，最终成长为完整的产业链条。同时，生物医药产业的发展离不开高规格的医院应用平台，正是成都有华西医院等高规格的需求主体，生物医药企业才能做得更稳。

第三，政府对研发活动的大力支持。2016 年 8 月，成都市出台了《关于加快成都市生物医药产业发展的专项政策》，在政策设计上更注重落实在研发创新、企业培育、市场拓展、产业聚集等方面。针对研发这一特殊环节，专项政策对新药、医疗器械按研发进度分阶段资助，一个 1 类新药，可以取得临床受理号最高可获得 80 万元支持；进入临床 1 期、2 期、3 期试验，最高可分别获得 100 万元、200 万元、300 万元支持，取得注册批件最高可获得 500 万元支持。政府的财力支持大大缓解了生物医药产业前期的高投入与回报周期长的矛盾。

（四）杭州市文化旅游的“智慧大脑”模式

1. 杭州市文化旅游“智慧大脑”模式概况

得益于阿里巴巴生态链的独特优势，杭州市非常重视大数据研究、开发和应用并在 2017 年成立了杭州市数据资源管理局，杭州成为全球首个应用人工智能技术来辅助公共管理的城市。运作模式是以互联网为基础设施，利用丰富的城市数据资源，对城市进行全局的即时分析，有效调配公共资源，推动城市可持续发展，即通常所说的“智慧城市”或“智慧大脑”。杭州作为历史文化名城，“智慧大脑”在文化旅游业上发挥着重要作用，成为提升杭州文化软实力的重要抓手。

杭州市文化旅游业的“智慧大脑”模式构建分为微观和宏观两部分。从微观角度来说，主要用互联网思维改造传统景区，如 2018 年 9 月 21 日，阿里巴巴旗下旅行品牌飞猪首个未来景区样板间西溪国家湿地公园正式在杭州亮相，落地智慧票务、智慧导览等系列功能帮助景区装上智慧大脑。在该系统里，游客线上或线下扫码购票之后刷脸入园，可一次性解决排队、黄牛倒票、游客多次入园等问题，帮助景区减少人力投入，提升管理效能。游园时，智能化小程序智慧导览可帮助游客导航、导游、导览、导购。对于景区来说，在导览平台上，景区可以设计不同的主题玩法，引导游客的游玩路线，设置“打卡活动”，发放景区内商业权益，制造更多“二消”机会，激活景区内“吃住行游购娱”的交叉业态。智慧导览是景区针对在“场”内游客进行自主运营的集合型平台。

从宏观角度来看，地方政府也积极利用互联网思维将景区、道路、酒店、购物等要素有效串联起来，构建一体化的数字旅游平台。如杭州市西湖区作为杭州全域旅游发展的核心地带，正在努力打造全域旅游示范区，建设全域旅游大数据平台也就成了重中之重。2018 年 12 月 12 日，杭州市西湖区旅游大数据平台正式启用，该平台具备实时监测游客人流、监测景点客流、分析酒店预订、分析板块消费、查询旅游相关企业、分析游客画像及评价监测酒店景点等功能。具体来说，如果大数据显示某处景区节假日人流量特别大，那就可以在节假日来临前采取加强交通管制、调整售票等方式来避免拥堵，这就是大数据的“预测功能”。依靠互联网资源，西湖区还通过旅游数据在线、微信公众号“西湖旅游发布”等向游客发布旅游和服务信息，无论是咨询、查询，还是投诉，游客通过一部手机就可以操作。大数据平台还可以充分利用云计算、物联网等互联网技术手段，完善旅游产品供给，通过对游客属性、消费偏好、行为轨迹等的分析，让旅游产品变得更符合游客的需要。这样一来，就能为游客提供全方位的旅游体验，让西湖区的人文与美景都深入人心。比如西溪湿地的火柿节、听芦节，就是根据时令、景区自身的特色为游客量身打造的旅游体验产品。而兰里景区的特色旅游产品芝麻茶，就是极具地方特色、深受游客欢迎的伴手礼。

2. 杭州市的成功经验

第一，政府把智慧城市理念贯彻得很彻底。杭州的旅游的智慧大脑模式之所以能够成功是因为整个杭州市都处在阿里巴巴构建起来的数据大脑体系中，杭州是阿里巴巴的总部所在地，杭州市政府与阿里巴巴的阿里云人工智能平台联合建立“智慧城市”具备得天独厚的优势，该模式在苏州等城市已经推广。文化旅游产业是城市功能的体现，在城市数字化后，文化旅游的智慧化程度就大大提高。

第二，在旅游资源重点地区可以先行先试，杭州市西湖区就率先建成了全域旅游大数据平台。

第三，依托“互联网＋”企业做文章。在整个城市不具备智能化时，也可以通过景区与飞猪的智能化改造相连接，纳入到阿里的数据大脑中。

（五）上海市智慧养老产业案例

1. 上海市智慧养老产业做法

上海市是中国最早进入人口老龄化的城市①，其中长宁区是国家智慧健康养老示范基地，该区将智慧养老纳入“十三五”信息化顶层设计，以整合共享公共服务资源为主线的“一云多屏”为服务模式的智慧社区综合服务平台项目基本建成，云数据中心已汇聚区内 11 个部门 40 类公共服务数据；完成居民电子健康档案、远程医疗协同服务平台、家庭医生工作服务平台、“医健通”等信息化服务体系建设。推出“信我——健康长宁”APP 服务终端，随时网上预约挂号、查询电子健康档案、与家庭医生在线互动。此外，长宁区还积极打造“养老淘宝”服务模式，在网站或者微信打开养老服务包，可以像点餐那样选择自己

① 1979 年，上海 60 岁及以上户籍老年人口占总人口比例首次超过 10%，这也是当时中国第一个达到联合国人口老龄化划分标准的城市。

想要的养老服务，居家养老、送餐、洗衣、扦裤脚应有尽有，不出家门，尽享信息化养老服务。

上海安康通健康管理有限公司是养老企业的代表，以自主运营的居家呼叫中心、自主研发的信息管理系统、专业化的家庭服务团队为基础，整合优质社会资源，以平台统筹服务开展，现已形成五大区域中心，包括负责整体统筹的总部指挥中心、以线上线下资源统筹为核心的虹口指挥中心、以居家养老监管为核心的杨浦指挥中心、以智慧社区为核心的静安指挥中心以及以线上平台为核心的宝山指挥中心。公司以信息化手段统筹“居家——社区——机构”全养老周期，以大数据串联“生——老——病”全生命周期，打造“生有希望，老有所养，病有所医”的全周期智慧健康养老体系。该公司经过近 17 年的发展，安康通已成为国内成立时间最长、规模最大的智慧养老服务品牌，其智能化信息网络平台、供应商和志愿者团队已覆盖全市 16 个区（县），累计为 20 余万老人提供优质的智慧健康养老服务。

2. 上海市培育智慧养老产业的成功经验

第一，政策或规划高度重视。在面对“互联网 +”带给养老领域可能的变革时，上海市经信委积极推进物联网、大数据、人工智能技术在大健康领域的应用，自 2014 年以来，上海市经信委会同市民政局、市卫计委、市食药监局、市人保局等部门，制定《上海市健康物联网工作推进方案》并组织实施，在居民健康管理、养老照护、疫苗监管等领域成效显著。上海市“十三五”规划纲要中指出：要扩大多层次养老服务供给，需要“充分运用移动互联网、物联网等技术，创造养老服务的新业态、新模式”。《上海市老龄事业发展“十三五”规划》（2016 年 10 月）、《上海市“一键通”为老服务项目指南》（2017 年 12 月）、《“健康上海 2030”规划纲要》（2018 年 4 月）都对推进智慧养老做了进一步的阐述。

第二，战略合作获取技术支撑。2017 年 11 月 8 日，长宁区人民政府与华为技术有限公司、中国联通上海市分公司达成战略合作，共建

“虹桥智谷”华为联通人工智能科技创新示范中心，打造人工智能产业高地，为上海市智慧健康养老产业发展和应用提供技术支撑。

第三，通过智慧医疗助推医养深度融合。长宁区建成了集居民电子健康档案、远程医疗协同服务平台、家庭医生工作服务平台、“医健通”等为一体的信息化服务体系，推出了“信我——健康长宁”APP服务终端。

四、创新经济的基础认知

通过以上五个典型案例的梳理，可以得到创新经济能够成功的三点共识：

第一，创新要素的聚集是前提。与过去传统的依靠生产要素投入的经济发展模式不同，新经济的驱动力主要在创新性的生产要素上做文章，集中在引智，引进高水平科研团队。高水平科研团队是创新的源泉，引进高水平科研团队才有引进先进智能制造信息技术的可能。所以，开封要下大力气重点推进中科院、国内外一流大学在开封设立分支机构和分校，大张旗鼓地引进高水平科研团队。新经济的发展必然不是依赖要素的“量”，而是依赖要素的“新”，围绕新技术、新产业、新业态、新模式等四个方面不断聚集创新要素，通过创新性生产要素不断聚集整合优化现有资源配置，以此提高本地区新经济的竞争力。

第二，创新成果的产业化是核心。新经济有两个发展方向：一个是向技术研发层面；另一个是向创新成果的应用层面。受限于内外部因素的限制，开封市新经济往单纯的技术研发层面发展很显然不现实，只能够往创新成果的应用层面方向寻求突破。因此，开封市应积极对接有技术成果转化需求的高等院校、科研院所、高新技术企业等，促使他们的创新成果在开封进行商业化的应用转化。另外，开封市目前有大量新经济的应用空间，比如智慧城市、生物医药、文化旅游、智慧养老、传统企业智能化升级改造等，因此应围绕创新成果的产业化这一核心，大力发展新型经济业态。

第三，创新孵化器的引进是关键。新经济带来机遇的同时，潜在的风险必然尾随，因此企业孵化器对于高新技术为特征的新经济企业具有非常重要的作用。企业孵化器通过为新创办的科技型中小企业提供物理空间和基础设施，提供一系列的服务支持，制定相关的优惠政策，帮助新兴的小企业迅速壮大形成规模，进而降低创业者的创业风险和创业成本，提高创业成功率，促进科技成果转化，培养成功的企业和企业家。

五、开封培育新经济的指向选择

（一）以旅游为突破口，打造数字经济平台

主动深化“两宋论坛”，挖掘和培育数字经济新增长点。杭州在数字经济领域的实力和基础非常雄厚，将建成具全球竞争力的数字贸易中心。开封要积极主动深化“两宋论坛”，拓展合作空间，紧紧地与杭州捆绑，要抓住数字经济机遇，创新思路，挖掘和培育数字经济新增长点。

积极与飞猪等互联网旅游企业对接，对景区进行智能化改造。飞猪是阿里大生态体系的有效组成部分，在未来 3 年内计划在约 1000 家景区实施智能化改造，主要是将视频图像分析、人脸识别、语音识别、调度算法等技术与旅行中的各个场景相结合，助力景区、餐饮、住宿、出行、商场、娱乐等各行业的改造优化，加速产业链价值融合创新。

积极呼吁和联合郑州市共同打造“郑开智慧大脑”城市工程。2017 年 11 月 15 日科技部宣布将依托阿里云建设城市大脑国家新一代人工智能开放创新平台，这也意味着“城市大脑”有望成为更多城市的“标配”。郑州作为国家中心城市，开封作为郑州国家中心城市功能的最重要的拓展区，应该借鉴杭州“城市智慧大脑”做法，积极与阿里云对接，建设“郑开智慧（数据）大脑”工程。有了数据大脑后，整个城市功能在现有资源不变条件下，使用效率将会大大提高，诸如交通拥堵、入园排队等制约旅游业和城市功能发挥的障碍将会大大降低。

早在2010年，开封市就已经开启了建设“数字开封”的发展大幕，迈出了具有战略意义的一步。2013年，开封市明确提出大力实施信息化领先发展和带动战略，建设以数字化、网络化、智能化为主要特征的智慧城市。2015年，是智慧开封建设具有里程碑意义的一年，开封市获批国家智慧城市试点，全市拉开“互联网+城市”“互联网+产业”“互联网+大数据”的智慧发展大幕。2017年，智慧开封“三平台”（城市公共信息融合服务平台、大数据共享交易平台、智慧产业合作发展平台）相继投建或筹建，逐步构建起政府、企业、公众间的信息共享枢纽。此外，开封市还筑牢智慧城市建设的环境基础，实施“光网工程”“云网工程”，建设大数据中心，完善政务网络，为数据资源交换共享创造条件。

（二）通过并购等方式，传统主导产业融入全球产业链

战略新兴制造业和战略新兴服务业发展的趋势，即形成富有竞争力的上中下游一体化的产业链集群。伴随这种制造业内部协调，产业链集群化会形成研发、设计、物流、配送、销售等生产性服务业配套的供应链系统化，以及由总部协调控制的、分布在全球各地区各环节的贸易清算、结算价值链的枢纽化。这种产业链集群化、供应链系统化、价值链枢纽化，正是现代国际化大产业的核心竞争力之一，现代企业、现代经济的全球竞争力，一靠技术，二靠资本，三靠产业链、供应链、价值链的全球化运作能力。基于开封传统产业的现实，应该通过并购等方式融入全球产业链，进入被动的新经济化改造过程。

（三）生物医药

生物医药的重要抓手是科研团队和领军人物的引进。成都生物医药产业近年形成的孔雀“西南飞”离不开高端创新型人才的引进，开封市应积极与中科院、中国医学科学院、清华大学、兰州大学等科研院所展开合作，搭建高水平的公共服务平台创新体系，吸引各类生物医药企业和机构进驻，快速扩大产业规模和影响力，在较短的时间内出形象、见成效。同时，应大力培育生物医药应用环境，搭建有利于科研成果转

化的平台，把生物医药纳入到大健康范围体系中，带动本地区康养产业发展。

制定切实可行的支持政策。以成都为对标城市，在基础设施和科研条件、税收、住房、子女教育等方面出台力度较大的政策并切实落实，以真诚和效率打动企业。财政可以对落地生物医药企业分阶段资助，鼓励企业进行研发创新和成果转化。

瞄准重点领域突破。目前开封市真正的生物医药产业还比较缺乏，因此疫苗、血液制品、体外诊断试剂、基因工程药物、抗体药物等五种大类产品就有了巨大的发展空间。但是并不能搞全面开花，应瞄准市场急需的领域，重点发展新型疫苗、诊断试剂及基因工程药物，包括具有自主知识产权且未曾在国内外上市销售的、预防重大疾病的新型高效基因工程疫苗，用于心脑血管疾病、肿瘤、血友病等重大疾病以及其他单基因遗传病治疗的基因工程药物等。

以生物医用材料和植入器械为突破口，大力发展医疗器械产业。医疗器械行业是典型的新经济范畴，涉及医药、机械、电子等多个技术领域，其核心技术涵盖医用高分子材料、检验医学、血液学、生命科学等。长期以来我国的大型医疗器械以进口为主，被业界称为“GPS”的GE、飞利浦、西门子等跨国公司，长期垄断着中国医疗器械市场。但在经济全球化竞争和我国医改深入进行的双重背景和压力下，国产医疗器械打响了以“国产化”为目标的突围攻坚战。2014 年，习近平总书记在上海考察医疗器械企业时讲到，医疗设备是现代医疗业发展的必备手段，要加快高端医疗设备国产化进程。2015 年 5 月《中国制造 2025》战略中将高性能医疗器械列入推动突破发展的重点领域，一大批医疗器械企业强势崛起。开封要想做大做强医疗器械产业，要重点聚焦创新性强、附加值高的数字医学影像设备、高端治疗设备、微创介入与植入医疗器材、检查诊断仪器、个性化定制器械及配套试剂等产品的研制，以研发具有自主知识产权的、高性能、高品质的高端医疗器械产品为目标，突破一批共性关键技术和核心部件。鼓励优德医疗等企业不断吸收、借鉴国内外先进生产工艺，加大与高校和科研院所合作力度，根据市场需求不断钻研产品核心技术，研发出在国内乃至国际领先的产品。立足开封和郑州大都市区实际，积极对接迈瑞医疗、上海联影、新华医疗、鱼跃医疗、东软集团、乐普医疗、威高集团、微创医疗等代表性医疗器械企业，寻找合作机会。

（四）电子信息

电子行业作为制造业的基础环节，在创新技术的加持下，电子信息产业的市场也更为细分。除了 PC、智能手机、家电、工控等基础领域，汽车电子、医疗电子、军工领域等细分市场也逐步成为民营电子信息企业的囊中之物。我国电子信息产业已经走过了初中后期的发展阶段，已经形成了沿海城市产业规模成熟，并逐步延伸到内陆地区。越来越多的电子企业把制造工厂迁移或增设到内陆地区，企业本部仅保留市场、技术、客服财务等部门。对于这场产业转移的浪潮，广东深圳受影响最大。2016 年华为撤离深圳，但华为的市场部仍扎根深圳，华为与东莞签订智能制造、人才扶持方面战略合作。这是产业转移的新方向，不仅符合企业的盈利需求，而且也符合产业的转型升级。并且从国家对半导体及集成电路产业的重点扶持中就能看出，电子信息产业核心竞争力将决定我国未来科技发展的高度。

在新经济的浪潮下，开封市亦做了大量工作并取得了显著的成效。目前正在推动华为公司进驻开封智慧大厦，借助华为平台用新技术再现开封厚重的历史文化，推动开封形成基于智慧城市支撑基础上的从芯片到模组的相关产业，推动基于 ARVR 技术基础上的开封文创产业发展。2018 年 8 月 21 日，“开封 · 中关村智酷人才与产业创新基地”项目签约，该项目以软件开发人才培养为切入点，带动开封软件产业发展，延伸产业链条，形成产业集聚，为开封产业转型发展与高质量发展注入新要素、增添新活力。

电子信息产业有两个可能的发展方向：第一是围绕手机及关键零部件，仔细研究手机及关键零部件哪些是核心技术？哪些核心技术存在转化的可能？第二是选择重点科研院所、研究机构，尝试通过各种渠道了解他们可能在开封转化的研究成果。

（五）智慧养老

引入专业化的“互联网+”养老企业，搭建智慧化的养老服务平台。智慧养老主要在于利用信息技术搭建各方参与的平台，平台搭建后老年人能通过运用大数据平台和智能化分析推荐技术最大可能地缓解对养老政策不熟悉、养老资源不知道、养老服务获得难等问题。

构建“淘宝式”养老服务产品供给模式，通过大数据搭建信息平台，整合为类似的商城，包括家电修补、脱排清洗、家政、理发、磨刀等各类服务供应商。老人需要时就可以在平台上像点快餐一样方便，大大提高了老人生活的便利程度和舒适度。

更加注重养老服务产品的人性化和多元化。老人的养老需求不仅包括物质生活方面，而且包括医疗护理、精神慰藉、自我尊重和价值实现等方面。智慧养老能够利用大数据原理把老年人的各种需求及背后的心理变化进行追踪，养老服务更加贴心。

智慧养老为居家养老开展医养结合提供了巨大发展空间。中国养老最大的难题是健康体魄的持续性与获取医疗护理的便捷性，老年人对医疗服务资源的依赖性，迫切需要为老年人构建综合的、连续的、适宜的医疗服务。由于观念和发展水平所限，开封市居家养老实际意愿比重应该会更高，居家养老想要得到全方位的照顾和照料是非常困难的，而智慧养老就可以解决这一难题。

（六）文化创意

文化创意产业的发展离不开统一的规划和谋划，开封市政府应制定专门的发展规划，用高质量规划引领文化创意产业的高质量发展。规划中要优化文化创意产业功能区、文创小镇、文创街区、文创空间等的布局，实现集聚发展、错位发展。政府要编制《文创产业政策汇编》，将与文化创意产业发展有关的财政、税收、土地、人才等政策汇总，方便企业了解和对照。

对城区老工业搬迁后的厂房等设施予以保护并进行文化创意性产业开发。老工业厂房见证了开封市老工业的辉煌历程，这些典型的工业文明遗产不应该消失，相反会成为城市精神的象征和寄托。开封市要着力整合资源，通过政府指导、社会参与的模式，盘活存量、引导增量，切实有效地引进优质文创产业项目。争取用 10 ~ 15 年时间，建成以工业文明展示、研发设计、建筑设计、文化艺术及咨询服务等文化创意产业为核心，集创意办公及配套生活、商业设施、城市公园为一体的综合性文化创意产业高地。

对城区老工业基地的文化创意产业开发要积极发动民众广泛参与，营造出人人参与创新的良好氛围。开封居民对老工业有很深的感情，对老工业的创意性开发离不开他们的参与。可以通过网络、海报、户外广告等多种形式的广泛宣传，举办类似“创意金点子大赛”“市民创新屋”等活动，让市民真正成为创意的主人并参与其中乐在其中，促使形成更多接地气的创意。

积极推动文化创意产业与既有产业的融合发展。早在 2014 年国务院就下发了《关于推进文化创意和设计服务与相关产业融合发展的若干意见》，提出了“创意产业化”和“产业创意化”并重与组团发展。文化创意产业与现有产业的融合发展使得文化创意产业有了存在的基础，而传统产业也因为有了创意而更加富有活力和竞争力，融合发展对开封市产业结构的提升无疑是大有帮助的。

文化创意产业的开发要更加重视新经济理念。目前，互联网、物联网、再制造、大数据等技术发展和应用使得文化创意产业有了更大的空间和更多的机会，将催生出一批具有新技术、新业态、新模式、新产业特征的文化创意服务业。

（七）人工智能

目前，人工智能正在以史无前例的广度、深度和速度，逐渐成为不同行业的基础设施，并在席卷更多商业资源的同时，不断为公众创造价值。2016 年 3 月人工智能概念正式进入“十三五”重大工程。随后国家对于人工智能的支持政策密集出台，并于 2017 年进入政策红利爆发期：2017 年 3 月，在十二届全国人大五次会议的政府工作报告中，“人工智能”首次被写入政府工作报告；2017 年 7 月，国务院发布《新一代人工智能发展规划》，明确指出新一代人工智能发展分三步走的战略目标，到 2030 年使中国人工智能理论、技术与应用总体达到世界领先水平，成为世界主要人工智能创新中心；2017 年 12 月，工业和信息化部印发了《促进新一代人工智能产业发展三年行动计划（2018—2020 年)》，明确提出要推动人工智能和实体经济深度融合，加快制造强国和网络强国建设。在这一系列国家政策的红利刺激和促使下，各地纷纷出台人工智能产业发展政策，人工智能已经成为各地发展新经济的重要驱动力。同时，人工智能与传统行业的不断结合，人工智能产业链正经历爆发式增长，未来在机器人、“人工智能 + 金融”“人工智能 + 医疗”“人工智能 + 安防”“人工智能 + 家居”等领域的推广会引领第三次产业变革。可以说，从智能城市、智能交通，到智能家居、智能医疗、智能教育，从宏观到微观，智能生活正扑面而来。如今，越来越多的智能产品，如看护机器人、智能警察、火车站人脸识别进站等频繁出现在人们日常生活中，由此带来全新的商业模式和机遇。

在面对人工智能时代浪潮下，开封市从上到下应积极选择主动性改变，抓住人工智能时代发展的历史机遇。结合多方面因素，课题组认为开封市应在以下三个方面努力：

第一，下大功夫促使观念转型。人工智能技术将会给传统的工作观念带来一场革命，艰苦的机械工作将被智能设备代替，人们将会逐渐从重复的、低级的、繁杂的体力劳动中解脱出来，这也意味着未来人们的工作和生活方式将会更加具有挑战性。所以开封市要想抓住未来人工智能发展的先机，必然要对人们的传统工作与生活观念进行更新，并适时加以诱导，做好迎接人工智能宣传工作。

第二，积极推动人工智能与开封市传统产业深度融合。开封市传统产业必须主动寻找人工智能技术的应用场景，积极构建以技术为纽带的产业价值链。考虑到传统企业独立开发和应用人工智能所需的投入很大，而且有失败的风险，传统行业应依托各类平台型企业作为应用建设的龙头，推动其共性技术、资源和服务的开放共享，以促进人工智能技术在开封市传统行业的落地，促使传统产业焕发出新的生机。

第三，在全省打造郑开“双创走廊”背景下，积极推动人工智能项目在自贸区落地生根发芽，在国内外寻求人工智能产业的合作对象。进一步对接、学习电子科技大学荷福研究院、荷福人工智能科技集团的科技研发以及产学研结合等情况，在羽毛球机器人、姚明机器人、智能建筑机器人、快速人脸识别系统、指静脉识别系统、脑电波系统、智能家居机器人等产品上找准合作切入点。

此外，新经济的发展离不开优良的营商环境的支撑，开封营商环境以及干部队伍素质一直以来受到诟病，要以壮士断腕的气魄，发挥“店小二”的服务精神，优化营商环境。

总之，总结四句话：智能协同平台搭建，引进科技借脑发展，都市定位开放突破，营商环境切实保障。

课题组负责人：李燕燕

课题组成员：张建秋　吕亚琪

第十一章　战略解读（四）
全面提升公共基础设施与公共服务体系

一、引　言

2018 年 3 月 5 日，国务院总理李克强代表国务院向全国人民代表大会做了政府工作报告。报告对政府过去五年的工作成绩进行了总体回顾，并明确了 2018 年经济社会发展总体要求和政策取向。2018 年是全面贯彻党的十九大精神的开局之年，是改革开放 40 周年，是决胜全面建成小康社会、实施“十三五”规划承上启下的关键一年，新时代新气象，新发展新引擎，作为经济社会发展的重要载体支撑和制度保障，基础设施和公共服务将继续成为新一年工作的重点。一个城市的公共基础设施和公共服务体系是城市经济社会活动承载的平台，是经济社会发展的重要支撑，是资本、人才、信息、产业等各要素流通与聚集土壤。开封近年来的飞速发展，离不开公共基础设施和公共服务体系的全面提升。

2006 年以来，郑汴一体化始终是开封发展的第一战略。十多年来，背靠郑汴一体化发展战略，开封进入了发展的快车道，社会经济、城市建设、民生事业各方面都取得了长足的发展，达到了新的高度，也面临着新的挑战。侯红书记在市委十一届六次全会的讲话上提出：“以创新为驱动建设新型工业化城市，以开放为引领建设国际文化旅游名城，打造中原现代服务业之都、生态宜居魅力古都、郑汴港核心重要支点。”对开封市公共基础设施和公共服务体系的建设，提出了更高的要求。

二、公共基础设施的提升

本章主要从交通、旅游及宜居三个方面，对开封市公共基础设施建设提出指导性建议。

（一）建立完备的区域间连接交通基础设施，推动郑汴全方位深度融合

2018年以来，郑州推动实施国家中心城市建设重大项目3461个，总投资预计为43659亿元，截至2020年年底累计完成投资29017亿元，其中一个重要工程即为郑州四环快速化工程，全长93.3公里，总投资369.79亿元。

随着绿博组团、白沙组团和官渡组团的兴起，郑州正在以惊人的速度不断东扩，郑州雁鸣大道杉杉奥特莱斯距离郑开分界线，只有10公里，而在杉杉奥特莱斯向东3.5公里的地方，已经被省委、省政府初步确定为建设河南奥体中心的选址。开封西区的路网建设，也已经基本完成，郑开大道已经全面承担起联通郑州和开封的主干功能。郑汴一体化，已经到了一个全新的节点，进入了全新的阶段。

基于这样的背景，开封的最新定位是：借力省会，呼应郑州，融入航空港，与郑州开展全方位、多层次合作，全力推进郑汴一体化深度发展。重点是打造五条通道，共建三大产业，发展三大领域，加强产业发展方面的与郑州进一步强化合作，实行错位发展、差异化发展，在产业、交通、资源、环境、生态等方面优势互补，逐步形成产业差异化发展体系，最大化的发挥两地的优势，实现两地更好更快发展，共同打造郑汴一体化核心增长。“五条通道建设”就包括郑开北通道——东京大道西延工程、开港大道项目、郑汴沿黄大道（省道312线）项目、国道310线南移项目、郑汴地铁对接。这是开封市委、市政府对郑汴一体化深入理解之后的精准定位，五条通道的建设，也正是开封亟须打通的关键，更对开封整体的公共基础设施布局提出了更高的标准。在此基础上，我们提出以下建议。

1. 加快郑开大道快速化改造及其他快速通道的建设，继续推动郑汴港一体化深度发展

随着郑汴一体化的不断发展，郑州与开封之间人流、物流的增长不断加快，现有的郑开大道和城际铁路已经不再满足快速交通的需要。据调查，郑州开封之间的拼车日均达到3000辆次，而郑开大道每逢周末、节假日、上下班高峰期，都会出现不同程度的拥堵、郑开城际铁路人满为患，交通不畅，城际公交也失去了相对的便利性。郑开大道作为郑汴联通的核心干道，其交通效率的改善已经成为当务之急。因此首先要着力推动郑开大道快速化改造，全面缩短郑州开封核心通道联通的时间距离，进一步推动郑州开封互通互联。

在具体措施方面，建议着力开展以下工作：①部分路段实行机动车与非机动车硬隔离；②进一步减少红绿灯的设置，小型路口逐步由大型路口代替；③在基础设施允许条件下将限速由80公里/小时提升至100公里/小时。

此外，也需要推动开封与郑州绕城高速进一步深度融合，如尝试连霍高速开封至郑州段豫A、豫B牌照免费等措施。

2. 全面推进城际轨道交通建设，力争米字形高铁体系副中心地位

郑州为中心的米字形高铁体系为城市发展带来的巨大收益是有目共睹的，开封应当全力推动融入到这一体系当中，进一步提高在铁路交通网络中的权重。建议规划建设连通开封至郑州南站、开封至新乡或平原新区站之间的城际铁路，推动开封与郑合、郑万、郑太、郑济及京广高铁线路的有效连接，从而融入以郑州为中心的米字形高铁体系中，将开封建设成为米字形高铁体系中的次级枢纽，在此基础上，建设环绕开封城区、贯通各个文化旅游核心区的城际铁路，打造精品旅游线路，助力开封全面发展。

具体而言分为两个方面：在郑州端，建议仿照新郑国际级机场城际铁路与城市轨道交通的连接方式，将郑开城铁郑州端直接引入地下，与郑州地铁1号线和5号线无缝对接；在开封端，一方面继续建设宋城路至开封站的连通工程；另一方面，建议建设宋城路站至开封北站的轨道交通连接工程。

建议开封规划建设城市轨道交通工程（不过国家发改委好像已经禁止）。北线延东京大道，东起东环路，西至开封北站。南线东起开封站，西至宋城站。或是从开封站引出绕行穿越市区的轻轨线路，连通开封北站高铁线路，再绕向宋城路与郑开城际对接。形成以开封站为枢纽，连通郑州东站和机场与郑州南站、开封北站，绕行穿越开封城区的城际和城市轨道交通网络。

谋划推动拟议中的机场—南站至开封城际铁路规划建设，也与开封站对接。

3. 尽快启动沿黄生态大道建设，与郑州共同打造黄河风景核心生态带

黄河是郑州开封共同的珍贵资源，是城市发展的共同基础。要加快与郑州沿黄生态带全面对接，深度挖掘黄河历史文化底蕴，丰富开封旅游城市内涵，为城市发展提供生态屏障，也为居民提供良好的休闲场所。加快落实开港大道和开港经济带建设，推动郑汴港协同发展。

4. 谋划推动郑汴新区建设，全面推动郑汴一体化向纵深发展

郑汴一体化的发展已经到了新的节点，一体化的最大障碍，已经不再是基础设施和公共服务体系，而是制度。要推动郑汴一体化深度融合发展，最有力的措施，就是打破制度藩篱，全面对接，协同发展。建议不断推动和呼吁将以开封西部片区、郑州中牟组成的副省级郑汴新区建设上升为国家级战略，实现全面带动郑汴一体化向纵深发展。

（二）公共旅游基础设施体系建设

近年来，随着城市形象的明显改善与旅游文化品牌知名度的提升，开封游客数量持续高速增长，文化旅游相关产业也支撑了开封经济的快速发展。数据显示，近 10 年来第三产业是开封经济增长的主要动力，其中文化旅游是最主要的推动力量。但作为一个将文化旅游放在优先位置发展的城市，开封与之相配套的公共基础设施建设还不够完善，集中表现为以下几个方面：受原有规划建设限制，开封城市中心主干道与核心景区周围道路狭窄，扩宽难度大，且主要景区周边缺少空间建立大型停车场；节假日高速路口及主要景区路段拥堵成为常态；旅游基础设施中层次多样化水平较低、文化元素凸显不够充分等。

上述问题在近年来开封旅游业高速发展的背景下显得尤为突出，严重约束了人流增量，一定程度上降低了游客的旅行体验，造成游客流动频率高，滞留时间短，体验链条短，以及高附加值产品缺失等问题，制约了开封建设国际文化旅游名城的目标。本节力图在剖析当前开封市旅游基础设施建设存在的主要问题及其成因的基础上，提出以特色小镇建设为依托，统筹规划综合性旅游集散中心与公共交通旅游线路，建立较为完备的公共旅游基础设施体系。具体分为三方面内容。

1. 建设基于特色小镇的综合性旅游集散中心

当前开封文化旅游发展面临的主要原因之一是缺少综合性旅游集散中心，导致通过各种交通工具进入开封的游客，与日常出行居民的共用基础设施，形成如今的节假日混乱局面。为此，需要强化周边聚集疏散功能点建设。建议结合特色小镇规划，在紧邻主城区及核心景区位置，规划建设以旅游集散、住宿休闲消费为指向的，集吃喝玩乐为一体的综合性旅游集散中心，为人流疏散提供空间，降低人流流速，增加游客停留时间。具体内容如下：

（1）特色小镇规划建设要体现出综合性与差异性。特色小镇要具备旅游集散的功能，首先要做到能够把游客吸引进来。因此，需要突出小镇的“特色”，总体来说应该具备综合性与差异性。综合性是指特色小镇要建设成集旅游、购物、休闲、住宿及特色餐饮为一体的综合性度假区。其核心是让游客能够利用夜间或景区游览的空余时间，在特色小镇中很便捷地享受到各种综合性服务。例如，建议将鼓楼等知名夜市复制入特色小镇，让游客在酒店门口就能够享受到开封特色美食。此外，为最大可能满足当前游客的差异化偏好需求，让游客住得下，玩得长，特色小镇之间要体现出差异特色。除所在区域不同外，特色差异应主要体现在景区辐射范围与小镇本身主题的不同。建议根据主要景区聚集空间及各区域优势，分别在主城区四周建立三至四个差异化、以特色小镇为依托的综合性旅游集散中心。先期可在城市西北方向（金明区、龙亭区，西湖周边）建立滨湖特色小镇，在东部（顺河区）依托地热开发建立温泉特色小镇，在禹王台区依托繁塔、禹王台核心景区改造规划建设集旅游购物为一体的特色小镇。

（2）有针对性地引入国际高端连锁酒店（万豪、希尔顿或洲际）与特色民宿。多样化的住宿条件能够满足不同层次游客来开封旅行，能够缓解日趋紧张的住宿接待压力，提升开封文化旅游的包容性和附加值。先进的酒店管理服务水平与极具特色的历史文化氛围，能够在很大程度上提高游客体验，为口碑建设奠定基础，让游客能够住得下、住得好。

（3）配套建设大型地下停车场。停车难是很多城市都面临的一个问题。目前很多省内游客都选择自驾来开封旅行，但开封主城区受景点分散程度高、建设空地少等因素，很难再规划出供大型停车场。因此，自驾游客到达开封后如果能够被吸引至特色小镇，则有必要配套建设大型地下停车场，为游客愿意乘坐公共交通工具入市游览奠定基础，从而在很大程度上降低主城区交通压力。

在开封市旅游基础设施建设中，需要特别指出两点：①应充分引入并利用社会资本参与旅游基础设施建设，减少政府投资压力的同时，更希望将新的旅游文化宣传管理理念带入开封。南方部分著名文化旅游名城开发建设的相关经验值得借鉴。②旅游基础设施建设完成后一定要实施动态管理。开封旅游显著的淡旺季特征决定了其人流的时期分布是高度偏态的，因此，相应基础设施规划建设时应充分考虑动在高峰期和非高峰期态实行管理的可行性，尽可能降低建设与运营成本。

（4）规划建设联通各个综合性旅游集散中心的城市三环快速通道。开封城市框架的进一步扩大已经势在必行，迫切需要在现有交通干道不断优化的基础上，推动城市三环快速通道的建设，加强城市与外部、城市内各个区域之间的交通与联系，提高要素流动的效率。

2. 统筹规划便捷的公共交通旅游系统

如何让游客便捷的进出及游览主要景区，是提升开封旅游服务品质的重要任务，也是城市旅游基础设施建设的基本要求。

（1）建设边界的公共交通线路。为了让游客愿意选择公共交通游览市区主要景点，需要系统筹划便捷的公共交通旅游线路。难点在于如何基于现有条件，在尽可能不干扰本市居民出行的前提下，设计城区旅游公共交通运营系统，具体包括城区线路的规划、线路配套设施的设计及运营方式等多方面。具体如下：①连接旅游集散中心和城内景区的公共旅游交通线路规划。②公共旅游交通道路的设计，需要体现出道路的开封风格、专属性和动态管理特征。③火车站及长途汽车站的直达旅游集散中心公共交通系统，方便旅客无缝对接。

（2）建立城区私家车禁行区。目前开封城墙内核心城区交通道路在平日压力逐渐增大，逢节假日更是拥堵不堪。直接在现有交通条件下规划旅游专线，效率很难得到发挥。因此，建议考虑在城区 14.4 平方公里内设立私家车禁行区。禁行区内仅允许新能源汽车、公共交通及旅游人力车等入内。禁行区内规划专用旅游线路，并在各景区周边配套多个换乘站，尽最大可能方便游客乘坐公共交通工具游览各主要景区。考虑到禁行区内居民生活的便利性，先期可在节假日等旅游旺季规定时间段内设定禁行规则，然后逐步常态化。

基于特色小镇的综合性旅游集散中心配合便捷的公共旅游交通系统，最终期望达到的目标是：让游客无论是乘坐公共交通还是自驾抵达开封后，能够首先抵达旅游集散中心，并入住酒店。白天可以乘坐便宜、便捷的公共交通游览主要景区，晚上在酒店周边享受特色小镇提供的各种服务。

3. 新建扩建出入城区主要道路和高速路口

出入城区的便捷程度影响着游客的出行意愿与体验，在很大程度上决定了开封文化旅游形象与口碑。目前开封现有出入城区的相关基础设施并不能满足游客数量的日益增长，因此需要在这方面下大力气改进。

具体建议如下：

一是加快启动高速公路出入口扩建新建工程。开封各高速路口（尤其是连霍高速金明大道出入口）逢节必堵现象已经持续多年，严重影响游客出行。建议扩建连霍高速出入口至双向10道（5进5出），并可借鉴郑州机场高速节日期间的动态管理模式，高峰期临时增加出入口数量；启动连霍高速开柳路出入口建设以及打通禹王台区机场东路至郑民高速出口的相关工作，拓宽自驾游客出入城区高速口，并在节日期间实行联动预警管理，充分利用信息化手段化解高峰流量。

二是拓宽高速公路出入口沿线公路工程。建议拓宽金明大道（连霍高速至东京大道段）至双向6车道，并新建高速公路出入口与旅游集散中心连接道路，最大限度保证自驾旅行车辆能够快捷、方便地直接停留在旅游集散中心。

通过上述措施，鼓励更多游客乘坐公共交通抵达开封，并选择其偏好景区的旅游集散中心（特色小镇）入住。白天利用景区专用旅游公共交通工具与相应线路游览，晚上在入住的特色小镇。大大缓解节日期间市区交通拥堵情况，且让游客能够留得住，玩得好，极大提高旅游产品的附加值。

（三）充实文化旅游名城的内涵，推动水系建设和景区建设

1. 全面推动水系建设，构筑内外联通的水系大格局

开封素以水系发达闻名遐迩，有“北方水城”之美誉。市委、市政府实施的“宋都水系工程”，通过三期的水系规划建设沟通开封众多的河流、湖泊，构建水系网络。“宋都水系工程”共分三期进行，水系一期工程，修建广济河，将龙亭湖与铁塔湖连接起来；水系二期工程，将龙亭湖与包公湖连接起来；水系三期工程，通过挖渠将龙亭湖—阳光湖—包公湖—铁塔湖四湖连接起来。

通过三期水系工程的实施，最终将连接起开封主要的河流和湖泊，形成更加发达的水系网络，更加利于水系旅游业的发展进步。

水系的建设是开封推进国际文化旅游名城的重中之重，在水系的建

设过程当中，要努力恢复和重建古代开封市发达的水运交通，大力发展水运旅游产业，形成较别具一格交通和旅游观光体验，为游客提供一系列亲近水系、投身水运的环境。要深挖水系内涵，丰富水系内容，进一步推动高标准景观及生态建设，打造特色亮点。要结合全省战略，着力推动与郑州水系的全面贯通，推动隋唐大运河郑州开封段的贯通，加快运粮河引黄调蓄工程，通过碧水河、众意湖、晋安河实现与开封西湖连通。而开封西湖将通过涧水河与东护城河与老城区内的湖泊、水系连通起来，实现内外水系环绕，贯通古城新城，把开封的过去、现在和未来紧密联系在一起，展现开封辉煌灿烂的历史文化，将自然景观、历史文化、商业景观、人物活动相互渗透、融合，集水、景、街、文化于一体，成为一幅流动的《清明上河图》。更要以此为契机，全面推动生态湿地、森林公园等建设，着力打造生态宜居魅力古都。

2. 进一步推进各个核心景区建设，全面充实国际文化旅游名城内涵

加快推进恒大童世界、清明上河园三期、宋"潮"文旅、小宋城二期、大相国寺周边整体改造、开封府二期、朱仙镇国家文化生态旅游示范区二期、开封水系一期二期贯通、繁塔禹王台核心景区、东部温泉小镇等项目建设，以高标准、高质量的景区建设，充实文化旅游名城内涵，进一步凸显开封功能定位，为文化旅游发展提供强力支撑。

3. 全面推进城市建设质量，打造现代化宜居城市

加快推进城市区域特别是老城区内及东南部片区棚户区拆迁改造工程，加快推进文明城市建设，全面改善生活和交通环境，进一步推动旅游、生活等各方面配套设施建设，全面补齐短板。

三、公共服务体系的提升

（一）公共服务的概念界定

公共服务是指由政府或公共组织所提供的具有共同消费性质的公共物品和服务。公共服务具有公共物品的特性：①非排他性，人人可以享用公共服务，一个人的使用并不排除其他人的使用。②非竞争性，一个人的消费不会影响其他人的消费。但在现实生活中，纯粹的公共服务较少，大量存在的是“准公共服务”。这就要求政府在生产和供给上采取更加灵活的方式和手段。

根据内容和形式，公共服务可分为基础公共服务、经济公共服务、公共安全服务、社会公共服务。基础公共服务是指通过国家权力介入或公共资源投入，为公民及其组织提供从事生产、生活、发展和娱乐等活动都需要的基础性服务，如提供水、电、气，交通与通信基础设施，邮电与气象服务等。经济公共服务是指通过国家权力介入或公共资源投入为公民及其组织即企业从事经济发展活动所提供的各种服务，如科技推广、咨询服务以及政策性信贷等。公共安全服务是指通过国家权力介入或公共资源投入为公民提供的安全服务，如军队、警察和消防等方面的服务。社会公共服务则是指通过国家权力介入或公共资源投入为满足公民的社会发展活动的直接需要所提供的服务。社会公共服务是为满足公民的生存、生活、发展等社会性直接需求，如教育、医疗、社会福利、文化体育事业以及环保等。本部分的研究对象为社会公共服务。

社会公共服务在一个国家或地区发展过程中起着十分重要的作用。在目前激烈的地域竞争过程中，争夺创新要素和人流的集聚已经成为地区经济发展的重要因素，而这在很大程度上取决于一个地区的公共服务的供给状况。教育承担着社会、经济、文化、政治等功能，是提高人力资本、推动经济发展的基本途径。此外，教育还有助于促进社会流动，促进社会整合与社会公平。义务教育是整个教育体系的基础，义务教育公平体现着个人成长的起点和未来发展机会的公平。医疗与公共卫生在国民经济和社会发展中具有独特地位。对于个人来说，健康具有重要的本体性价值，是衡量人的素质的主要指标。从社会角度讲，健康构成一个社会人口素质的基础。投资于健康就是投资于未来经济发展，社会拥有了健康就是拥有了财富。社会保障是社会的“安全网”和“减震器”，构建规范稳定的基本社会保障制度有助于提高全体社会成员的生活质量，营造安定有序的社会环境。

（二）开封市公共服务发展的定位与基本思路

一个地区公共服务的定位与发展应该服务于该地区的定位与发展方向。根据我们长期的研究与思考，开封的定位与发展方向是国际旅游文化名城、中原现代服务业之都、郑州大都市区重要的创新中心、郑汴港核心区的重要支点、沿黄地区最具魅力的生态宜居现代化都市。开封未来的发展依然需要依托郑州谋求发展，通过推动郑汴之间全方位深度融合，在郑州大都市区体系中找准自己的位置，放大比较优势，做优公共基础设施和公共服务体系，做大做强现代服务业，大规模吸引人流和创新要素聚集，孕育高新技术产业，发展经济新业态，形成制造业增量突破和极具内生动力的增长中心，带动经济社会发展走上良性运转的轨道。

开封公共服务体系建设应该围绕上述定位展开。未来开封公共服务体系建设不应以满足自身需求为目标，而是为郑州大都市区、中原城市群提供优质的公共服务，把其作为自己的比较优势，以此吸引创新要素和人流聚集，进而带动开封的发展。

（三）开封市公共服务体系发展的现状与问题

1. 开封市公共服务体系的发展现状

得益于丰厚的文化积淀，开封的公共服务体系相对完整，教育医疗事业发展基础较好，尤其是随着近年来开封经济的复苏，文化教育医疗卫生事业也呈现蓬勃发展态势，一批在省内甚至国内比较知名的机构如河南大学、开封高中、河大附中、淮河医院、求实中学等发展迅速，为开封的公共服务体系建设奠定了坚实基础。

在教育方面，全市共有各级各类学校 2318 所（含省属），在校生 132.69 万人、教职工 8.06 万人、教育人口 140.75 万人，占总人口的 27.07%。其中，幼儿园 1084 所（包括民办 794 所），在园幼儿 204098 人；小学 931 所（包括民办 88 所），在校生 472950 人；初中 218 所（包括民办 51 所），在校生 211865 人；特殊教育学校 9 所，在校生 606 人；普通高中 46 所（包括民办 18 所），在校生 105393 人；中职学校 20

所（包括民办4所，省属3所），高职学校7所（包括省属4所），本科学校3所（包括民办2所），研究生培养机构1个。目前，开封市小学和初中毛入学率分别达到100.91%和106.13%。学前教育三年毛入园率达到85%。高中阶段毛入学率达到90%。

在医疗卫生方面，开封市目前拥有医院84所，18802个床位，卫生技术人员数16969人，职业助理医师5556人，执业医师4908人。卫生院数93所，社会卫生服务中心站73个，疾病预防控制中心11个，医学科学研究机构1个，医学在职培训机构3个。

在社会保障方面，开封市内共有72家养老院，有证养老机构66家，全市区内共有6000左右床位数，其中有证床位数5900个，无证床位数800多个。截至2018年11月底，全市养老保险参保人数287万人，参保率84.7%；失业保险参保人数22.7万人，全市城镇登记失业率2.75%，低于4.5%的控制目标。

开封市的营商环境建设取得了突破，走在了全省前列。2018年以来，开封市委、市政府高度重视优化营商环境工作，将其作为全市工作的重点，出台了《开封市进一步优化营商环境实施方案》，建立起了优化营商环境双月通报点评例会制度。一年来，在市委、市政府的领导及第三方评估的正确引导和监督下，全市各单位不断提升为企业和群众服务的能力和水平，持续推进优化营商环境工作，深化“放管服”改革。坚持以服务最优、门槛最低、负担最轻、机制最活、支持最强、保障最全、效率最高为目标导向，举全市之力打造营商环境国际化引领区。目前，全市优化营商环境工作已经步入正轨，各单位评估得分的最低分由第一期的67分提高到了第五期的82.93分，80分以上的单位数量也由第一期的33个增加到了第五期的48个。

此外，开封市博物馆、图书馆在新区完成新馆建设并已投入运营，开封市体育中心也在筹建过程中。目前，图书馆已经实现节假日不休息365天对外开放和免费开放工作，阅览大厅实现全开架借阅，博物馆也已实现免费开放。全市体育系统的大型体育场馆、健身广场、体育公园等场地实现了免费或低收费开放。

近年来，开封市在环保方面做了大量工作，在能源结构调整、产业结构调整、交通运输结构调整、工业大气污染、机动车污染治理、扬尘治理、污染天气应急应对以及水污染、土壤污染方面取得了显著成效，2018 年 4 月份，开封市空气质量及同比改善程度在全省 18 个地市中排名第 2，受到省环境攻坚办通报表扬，水环境和土壤环境质量持续改善。

2. 开封市公共服务体系发展中存在的问题

如上所述，虽然近年来开封市公共服务系统建设获得了快速发展，但随着经济社会快速发展和进步，人们对优质服务的期望值显著提高，教育医疗规模和层次都出现了明显的短板。如果把开封定位于为郑州大都市区和中原城市群提供优质的服务的话，这种短板和缺陷尤其明显。无论从开封市现有教育、医疗的规模和层次还是各级政府现有的规划看，基本着眼于满足开封市自身的需求，而没有把眼光投向更广大的区域层次。

从教育方面看，目前开封市各级教育均存在明显短板。

第一，幼儿教育，目前开封市幼儿园数量偏少，质量层次偏低，民办幼儿园占幼儿园总数的 73.25%，多数民办幼儿园办学质量层次较低，而高端幼儿园数量偏少，无法满足人们对高质量幼儿教育的需求。

第二，中小学基础教育阶段，目前开封市中小学基础教育的规模尚无法满足本市的学龄儿童入学需要，更不用说为郑州大都市区和中原城市群提供优质的教育服务。优质的中小学教育资源是吸引创新要素和人流聚集的最重要的因素之一，而在这方面开封市与郑州市无法相提并论，近年来优质的教育资源不断涌向郑州，开封原来的教育优势已逐步丧失，这可从历年的高考成绩排名得到考证。

第三，高等教育阶段，目前开封仅有 5 所普通高校，其中 2 所本科院校和 3 所专科院校，仅有河南大学在全省有一定的影响力。高等教育的这种数量和层次不要说与郑州相比，即使与省内的其他地市相比如洛阳、新乡等地也处于绝对的弱势地位，这是开封难以吸引高端人才的重要原因之一。

从卫生医疗方面看，开封市目前拥有医院 84 所，18802 个床位，其中三甲医院 5 家，分别是开封市中心医院、河南大学淮河医院、开封市中医院、河南大学第一附属医院、解放军一五五中心医院。从数量上看，与周边地市相比，开封市的医疗机构数量不少，但随着经济社会的发展，人民对健康的需求呈现多样化，公立医院面临新一轮改革的任务，与建设国际旅游文化名城、郑州大都市区创新中心、中原现代服务业之都、生态宜居城市的定位相比，开封市目前的医疗体系尚无法满足要求。

从营商环境建设看，在取得一些成绩的同时，更应正视开封市与发达地区尚存在较大差距，比如在信息化建设、服务意识及办事效率等方面还有很大的提升空间。

在环保以及文化体育等方面，与周边地区相比，开封市目前没有明显的比较优势，尚无法做到吸引要素聚集的目的。

（四）开封市公共服务体系建设的政策建议

（1）转变思想观念，达成共识。观念决定行动，开封未来的发展取决于在大郑州都市区和中原城市群的准确定位，找准自己的比较优势，围绕中原现代服务业之都吸引人流和各种创新要素。因此，开封的公共服务体系建设的目标不能仅满足于自身的需求，但目前各级政府和组织出台的规划基本是围绕自身的需求展开建设，未能考虑到开封的定位和未来的发展方向，更没有做到为郑州大都市区和中原城市群提供优质服务的需求。这源于对开封未来定位的认识不清晰，尤其是各级干部队伍对这个问题没有清楚的认识，因此，应该通过各种手段转变开封人的思想观念，在广泛而充分的讨论达成共识的基础上，通过专题宣讲、会议、培训以及各种媒体的广泛宣传，让人们接受开封市新的定位和发展方向。

（2）完善政府规划，科学布局，留出足够的教育、医疗用地空间，保证足额及时供给，以优质的教育、医疗服务吸引创业者和就业者，加速人口流入，为新一轮发展战略的顺利实施提供保障。

（3）建设中部医疗健康养老高地。与郑州实现错位发展，突出本地优势，利用开封旅游和生态宜居城市建设的机遇，促进医疗旅游融合和医养结合新业态的发展，把开封建设为中部地区医疗高地和健康养老中心。具体措施如下：①依托开封市中心医院、河南大学淮河医院、河南大学第一附属医院、开封市中医院、开封市儿童医院、开封市妇产医院等综合实力和专科优势较强的省、市级医院谋求发展。同时积极开展与域外高端医疗机构合作，引进先进技术、优秀人才和管理理念，聚集高端优质医疗卫生资源，创建国家及省级重点医学专科，谋建区域医疗中心，打造中部地区医疗发展高地。②利用郑州大都市区、中原城市群、自贸区、开封生态宜居城市的建设机遇，鼓励和支持部分医疗机构转型为专业健康养老机构，加强医疗机构与社会养老机构合作，积极引入国内领先、国际一流的医疗健康机构提供高端医疗健康服务，开发宋中医药文化资源，探索建设中药贸易城，争创国家中医药健康旅游示范区，规划健康养生观光路线。促进健康养老、养生保健、休闲度假等服务产业发展，促进医养结合发展新业态，积极推进中部健康养老中心建设。

（4）培育和引进高端教育和研究机构。

一是利用好现有资源。为河南大学的双一流建设提供保障，引进高素质的人才，充分利用其科研资源和成果聚集创新要素；在中小学和幼儿园层次，结合国家消除义务教育阶段大班额规划和普及高中阶段教育计划，实施改建扩建和新建的方式增加供给，满足人们日益增长的对教育的需求；在职业教育层次，通过实施职教攻坚二期行动计划，加强职业学校内涵建设，争创职业教育品牌校特色校，把开封建成河南省职业教育的高地。

二是引进高端教育和研究机构，通过提供土地、财政、税收等方面的政策优惠，鼓励国内外高校和高端研究机构落户开封，政府可利用各种途径大力宣传开封的优势，以达到吸引高等院校和科研院所入驻开封的目的。引进一批高质量的中学，支持国内知名的中学在开封开办分校，以此吸引创新要素的集聚。

三是鼓励和支持社会力量兴办教育，在目前批准筹建北大培文学习的基础上，通过政策上的优惠鼓励更多社会力量在开封办学。

四是提高教师待遇提升教育质量。好的教育是通过教师完成的，因此，提高教师待遇，留住和吸引优秀的教师是关键。通过完善教师招录、培训、提高工资待遇以及奖励等环节提升教育质量。

（5）持续推进营商环境建设。一要加大全市信息化建设及非现场办理的力度，积极争取财政资金支持各单位信息化建设的软硬件设施；二要继续在优化营商环境方面做出努力和提升，要保持着优化营商环境永远在路上的心态，力争用1～2年的时间努力打造出最佳的发展环境，全力推动开封软实力竞争力走在全省乃至全国前列，营造营商环境的“开封品牌”。

（6）持续加大环保的投入治理力度，大力发展文化体育事业，着重建设博物馆群和图书馆群。当前形势下，对创新要素的吸引方面，环境起着重要作用，因此，在环保方面，秉持绿水青山就是金山银山的理念，开封市应走在全省前列，强力推进对大气、水污染的治理力度，做到以优质的环境吸引创新要素和人流聚集的目的。充分发挥开封市历史文化名城的优势，加大对传统和历史文化的挖掘，建设一批在全省乃至全国有影响力的博物馆和图书馆。

课题组负责人：耿明斋

课题组成员：蔡胜勋、乔晗、杨新、陈明明